自治体
経営リスクと
政策再生

宮脇淳［編著］
佐々木央・東宣行・若生幸也［著］

東洋経済新報社

はじめに

　本書は、自治体経営に関して応用的実務に資することを目的としている。このため、コンサルタント、行政、研究の三つの視点から自治体経営を検証し、行政の実務者はもちろんのこと、官民連携に取り組んでいる民間事業者やNPO組織など、そして事例研究から理論を学ぶ学生・研究者など幅広く読んでいただける書籍である。

　第1にコンサルタントの視点からは、数多くの自治体経営や政策展開に携わり、計画策定、行政評価などPDCAサイクルの確立に関する第一人者である株式会社富士通総研公共事業部プリンシパルコンサルタントの佐々木 央（あきら）氏が「第3章　総合計画・行政計画とPDCAサイクルの進化」を通じて、実効性のあるPDCAサイクルのあり方について事例を紹介しつつ、実践的に解説する。行政評価を導入しつつも、自治体経営の進化に必ずしも貢献する仕組みとならず、評価を行うことが目的となり事務処理の位置づけに陥っている実態、あるいは行政評価の実効性の向上を目指しつつも、その手法を見出せず試行錯誤が続いている実態などを克服する視点と具体的手法を紹介してくれる。

　さらに、株式会社富士通総研公共事業部シニアコンサルタントであり、北海道大学公共政策大学院研究員・元専任講師でもある若生幸也（わかおたつや）氏が「第5章　情報化を基盤とした事務事業の進化」で情報化を基礎とした広域化・民間化の視点から事務事業の再生・進化について検証する。自治体間、官民間の連携、そして自治体経営で重要な課題となるリスク管理においても情報化の視点からの検証がなければ、十分なガバナンス機能を発揮することはできず、公共サービスの劣化に結びつく。若生氏は、多くの地方自治体の事務事業の改善に取り組んできた経験に加え、大学での理論的研究を通じて理論と実践を結びつける中で応用力の高い内容を提示している。

そして、行政の視点として総務省大臣官房秘書課課長補佐（前自治財政局公営企業課準公営企業室課長補佐）東宣行氏が「第4章　公営企業のあり方の検討」で地方財政や地域の公共サービスの持続性の確保に密接な関係をもつ地方公営企業について検証する。東氏は、上下水道をはじめとした地方公営企業の改善に向けた制度設計とその実践のためのルール形成に携わり、地方自治体の様々な事例を踏まえつつ、独自の視点も含めリスク管理と事業再生の実践的モデルを提示している。

　最後に、北海道大学の宮脇が「第1章　自治体経営の進化とリスク」、「第2章　自治体経営・1980年代以降の理論と実践」で自治体経営に関する基本構造と理論的変遷について整理する。21世紀の自治体経営や行政評価が目指す方向性を、これまで蓄積してきた自治体経営のノウハウなども視野に入れつつ整理する。本書は、第1章から順次読み進める必要はない。読者が関心のある章から読み進め、相互に密接に関係する章へと読み進めていただきたい。最後に、本書の出版に尽力してくださった東洋経済新報社出版局の伊東桃子さん、岡博惠さん、そして清末真司さんに厚くお礼申し上げます。

2017年4月

　　　　　　　　北海道大学法学研究科・公共政策大学院教授　　宮脇　淳

自治体経営リスクと政策再生◎目次

はじめに ……………………………………………………………………… iii

第1章 自治体経営の進化とリスク　宮脇　淳

1 自治体経営の構造的変化 …………………………………………… 2
- **1-1** 情報化とガバナンス構造の変化　2
- **1-2** 財政情報の進化とリスク認識　4
- **1-3** 進化の機能　8

2 自治体経営の耐久力と公共政策の展開 ……………………………… 11
- **2-1** 緊張への耐久力　11
- **2-2** 自治体経営の基本構造　14
- **2-3** 自治体経営と公共政策　18

3 活力構造の変化と自治体経営の変遷 ………………………………… 21
- **3-1** エンパワメント　21
- **3-2** 情報化と脱増分主義　27
- **3-3** 情報化と内発型資源の重視　30

4 自治体経営の進化を生み出す力 ……………………………………… 33
- **4-1** 融合力とネットワーク力　33
- **4-2** 法的思考＋政策思考　34
- **4-3** 自治体経営を支える基礎力　36

5 構造的対立への対応力 ………………………………………………… 38
- **5-1** 構造的対立の意味と複雑化　39
- **5-2** 対立への対処　40

第2章 自治体経営・1980年代以降の理論と実践　宮脇　淳

1 管理から経営、行動志向型への転換 ………………………………… 44

  1-1 管理志向型　45
  1-2 行動志向型　45
  1-3 行動志向を支える実践力　46
  1-4 自治体経営の組織力　48

2　**NPM 理論** ·· 49
  2-1 NPM　50
  2-2 自治体経営における共通要素　51
  2-3 マネジメント・サイクルの充実　54
  2-4 NPM の限界と課題　58

3　**財政と金融** ··· 63
  3-1 財政赤字拡大と政治の自立性　63
  3-2 損失補償契約の本質的リスク課題　69

4　**公共選択アプローチから PPP への進化** ······················· 70
  4-1 厚生経済アプローチと公共選択アプローチ　70
  4-2 PPP への進化　72

5　**21 世紀の自治体経営進化に向けた理念** ······················ 77

第3章　総合計画・行政計画とPDCAサイクルの進化　　佐々木央

1　**行政計画のリスク管理機能の必要性** ····························· 80
  1-1 地方自治体の行政計画の位置づけ　80
  1-2 リスク顕在化とリスク管理計画の重要性　82
  1-3 行政計画及び PDCA サイクル　84

2　**戦略的行政計画のあり方** ··· 87
  2-1 行政計画の分類・特性と問題点　87
  2-2 計画の役割・機能の明確化　89
  2-3 計画の策定主体・策定体制　92
  2-4 計画の構成・内容　98
  2-5 戦略的総合計画の策定・マネジメント改革の実践例　101

3　**戦略と戦術、選択と集中の重要性** ······························· 104
  3-1 総合計画における戦略と戦術の重要性　104

3-2　選択と集中の重要性　106
　4　マネジメントに資する指標 ………………………………………109
　5　総合計画と政策分野別行政計画及び財政計画との関係 ……110
　　　5-1　政策分野別行政計画のあり方の方向性（策定時、運用時）　110
　　　5-2　総合計画と財政計画との関係　112
　6　計画の実効性向上のためのマネジメントのあり方 …………115
　　　6-1　行政評価の全体像と本質　115
　　　6-2　総合計画の具体的なマネジメント方法　117
　7　行政経営の高度化のための庁内体制 ……………………………128
　　　7-1　庁内の体制及び関連制度　128
　　　7-2　実効性の高い「策定・推進体制」とするための条件　131

第4章　公営企業のあり方の検討　　　東　宣行

　1　公営企業の特徴と直面するリスク ………………………………134
　　　1-1　自治体経営における公営企業の位置づけ　134
　　　1-2　公営企業内外の環境変化と経営リスク　138
　2　公営企業の経営原則 ………………………………………………139
　　　2-1　公営企業の制度的位置づけ　140
　　　2-2　公営企業の経営原則の整理　142
　3　的確な経営の現状の把握 …………………………………………150
　　　3-1　評価・判断の「ものさし」と「めもり」　150
　　　3-2　住民ニーズの存在に関する評価　151
　　　3-3　事業目的としての公共性に関する評価　152
　　　3-4　経営の健全性に関する評価　152
　　　3-5　老朽化状況に関する評価　157
　　　3-6　サービス内容の十分性・サービス供給の実現性に関する評価　158
　　　3-7　費用の効率性に関する評価　159
　　　3-8　投資の適切性に関する評価　161
　　　3-9　使用料回収の実現性に関する評価　162
　　　3-10　一般会計など負担の充足状況に関する評価　165

3-11 公営企業会計の財務規定の適用の必要性　166
　　　3-12 経営の将来予測の方法　169
　4 **公営企業の適正性・非代替性の検討**　170
　　　4-1 公共性の原則の充足状況に課題がある場合　171
　　　4-2 独立採算の原則の充足状況に課題がある場合　172
　5 **公営企業の戦略的経営**　175
　　　5-1 組織・人材面に関する取組み（ヒト）　176
　　　5-2 一般会計の各部門との緊密な連携（ヒト）　179
　　　5-3 近隣基礎自治体・広域自治体との緊密な連携（ヒト）　179
　　　5-4 施設・経営面に関する取組み（モノ・カネ）　180
　　　5-5 経営戦略として取りまとめていく上での留意点　187

第5章　情報化を基盤とした事務事業の進化　　若生幸也

　1 **広域連携・官民連携による事務事業進化の視点**　192
　　　1-1 人的基盤形成の重要性　193
　　　1-2 地域における担い手最適化とガバナンス　195
　　　1-3 目的に応じた事務事業執行体制の構築と標準化　201
　2 **情報化を基盤とした事務事業進化の視点**　205
　　　2-1 情報通信革命の構図　205
　　　2-2 行政組織の情報化と官民ガバナンス　207
　3 **情報化を基盤とした事務事業進化の取組み方法**　211
　　　3-1 情報化を基盤とした事務事業進化に向けた流れ　212
　　　3-2 対象課題変化の観察力の強化　214
　　　3-3 アンケート調査による対象課題変化の観察・分析方法　218
　4 **事務事業の類型化**　221
　　　4-1 広域連携の対象となる事務類型　221
　　　4-2 官民連携の対象となる事務類型　222
　　　4-3 事務事業の可視化・標準化　223
　5 **モニタリング機能の強化**　233
　　　5-1 モニタリングの構成　233

  5-2 経営リスク情報を踏まえたモニタリング 239
6 情報備蓄とフィードバック ……………………………………240
  6-1 観察データの備蓄 240
  6-2 事務事業可視化情報の備蓄・フィードバック 242
  6-3 モニタリング情報の備蓄・フィードバック 243
7 事務事業進化を支える仕組み ……………………………………243
  7-1 情報システム基盤 243
  7-2 組織・人材体制 245

索引 ………………………………………………………………247
執筆者紹介 ………………………………………………………251

第1章
自治体経営の進化とリスク

超少子高齢化、グローバル化、情報通信革命の進展は、経済社会活動やコミュニティの質的変化、情報化や民間化の進展、地方債の市場化をはじめとする金融主導型財政運営など新たな経済社会の枠組みやリスク構造を生み出している。この新たな枠組みやリスク構造に対応するため、自治体経営にも大きな進化が求められている。

加えて、施設の老朽化や先送りの中で根雪化した実質債務の増加など、従来の右肩上がりの中で堆積してきた課題も顕在化し、新たなリスクと過去から堆積したリスクの両者への対応が自治体経営にとり重要な課題として存在している。この課題への対応を通じた組織、政策・施策・事務事業などの再生が、21世紀の地方自治体にとって喫緊かつ重要な取組みとなっている。

第1章では、第3章以下で取り上げる「行政計画とPDCAサイクル」、「公営企業のあり方の検討」、「情報化を基盤とした事務事業の進化」を検討する上で前提となる自治体経営の構造的変化について整理する。

1 自治体経営の構造的変化

1-1 情報化とガバナンス構造の変化

1 自治体経営の意味

自治体経営とは、「将来住民の選択肢を奪うことなく、現在住民のニーズに対応するため、限られた資源を有効に活用すること」である。したがって、現在住民のニーズを最優先し、短期的視野で実質的借金を増加させたり、様々な公共料金を必要以上に低く抑制し、施設などの老朽化を深刻化させたりして、将来住民に大きな負担を残すことは、自治体経営として不適切となる。一方で、危機感だけを過度に募らせ、将来住民の選択肢の確保を最優先することで、現在住民のニーズを軽視することも自治体経営として不適切である。

将来住民と現在住民のニーズを「妥当性」と「適正性」をもって結びつけるのが自治体経営の機能である。妥当性とは、必要な情報を共有し行政や議会での議論、そして必要に応じて地域や住民も参画し政策を議論して選択するプロセスを確保すること、すなわち、政策の議論や選択に民主的かつ体系的なプロ

セスを担保することである。適正性とは、政策の議論や選択において目的達成に向けた明確な判断のための行動規範（評価のものさし）を共有すること、すなわち、目的達成の行動規範で政策の良し悪しを判断し、優先順位をつけて体系化することである。

自治体経営に構造的変化が求められている原因として、21世紀の超少子高齢化の進展があることは多言を要しない。過疎化と都市部集中が同時並行的に進行することへの対応、介護・医療や子育て環境の整備、空き家問題、高齢化による高層マンションの縦型限界集落の発生など超少子高齢化・人口減少への対応が、国政、そして自治体経営の根幹にかかわる課題となっている。

さらに根底的な課題として、グローバル化と一体化した情報化の進展が挙げられる。自治体経営を構成する要因は多様であり、①人的資源力、②資金力、③地域の資源力、④官民を問わない政策力、⑤ネットワーク力、⑥情報力など広範に及んでいる。こうした要因のすべてに、決定的かつ広範な影響を与えているのが、情報通信革命による人間行動の変化である。

2 情報化が自治体経営へ与える影響

情報通信革命は、インターネット、クラウドをはじめとした通信手段などの問題にとどまらず、人間社会の情報の流れや情報の質・量を変化させ、個々人あるいは人間集団の意思決定の構図に影響を与えることで、地域の経済社会活動の質にも変化をもたらす。

たとえば、インターネットの発達は、インターネット取引など新たな流通・決済ルートの形成に加え、在庫状況や空席・空室状況の瞬時の確認、他店舗間の価格比較など新たな情報ツールを生み出し、消費者行動に大きな変化をもたらしている。また、e-Taxなど行政における電子申請の拡充も、窓口へ住民が出向く移動コストや窓口職員の申請書処理に伴う転記の転換コストを減少させ、行政手続きに関する申請者・行政担当者両者の行動に大きな変化をもたらしている。

情報は、組織・地域・国の内外を問わない人間関係を形成するための中核的要素であり、情報化は、人間関係を形成する情報の「集積」と「伝達移動」の流れを変える。すなわち、情報化は、人間関係を通じた経済社会活動の権限と責任の体系化を行う基本的要因であり、ガバナンス構造を構築する中核的要因である。同時に、インターネットなどによる情報の伝達移動がオープン化し、様々な社会現象が相互連関性を強め、信頼性の異なる情報が横断的に共有され

る中で、情報化は分野ごとに細分化された縦割りなどに代表される自治体経営の従来の枠組みの変革をも求める要因となっている。

たとえば、子育て政策の展開には、教育、福祉、医療、施設、交通など幅広い分野を通じた横断的かつ時系列の情報の蓄積と伝達移転が不可欠であり、公共施設の再編も同様に地域や分野、そして、世代を超えた情報の蓄積と伝達移転が必要となる。そうした情報の蓄積と伝達移動を支える行政組織の構築が「年齢・時間軸による切れ目や分野による狭間」を生まない政策展開として求められている。

1-2 財政情報の進化とリスク認識

1 公会計改革

(1) 行政の人間行動

たとえば、行政の人間行動に大きな影響を与える情報として、財政情報がある。財政に関する情報の質・量を通じた蓄積と伝達移動のあり方は、自治体経営に決定的な影響を与える。

財政情報は、1980年代以降、自治体経営の深刻な課題の一つとして位置づけられてきた地方債など公的債務の増加を受けて、情報としての質的進化が強く求められてきた。その進化では、債務残高の多寡、国債・地方債発行条件など金融資本市場の視点が中心課題となり、自治体経営と財政実態を結びつける公会計改革の取組みが今日でも続けられている。

公会計改革の取組みは、グローバル化を進める企業会計の考え方の公会計への組込み、財政法上の現金主義・単年度主義の修正、発生主義や管理会計の導入、資産・負債や減価償却などストック情報の充実、そして、ライフサイクルコストやセグメント会計の導入など広範多岐にわたっている。こうした財政情報の質的変化は、予算編成、事業発注などのプロセスにおける情報の蓄積と伝達移動を通じて、人間行動の集合体である行政組織とそこで展開される自治体経営だけでなく、民間化や予算・政策議論への住民参加などを通じて、官民関係や地域の人間行動にも変化をもたらしている。

(2) 住民の認識と理解・見える化

公会計改革を通じた財政情報の蓄積と伝達移動の変化は、自治体経営の進化にとって重要な取組みである。しかし、一方で住民の公的債務、地方財政、財

政情報、さらには公会計への認識が高まり理解が深まっているかは、現在においても極めて疑問な状況にある。

① 可視化と見える化

　財政は「数字に凝縮された住民の運命」ともいわれる。そうした認識とは裏腹に、住民の自らの運命たる財政への関心は大きく改善していない。この原因は、公的債務をはじめとした財政情報の「可視化」は進んでも、「見える化」が進んでいないことにある。可視化とは、公的債務など地方財政にすでに関心をもっている人々に必要な情報を提供し理解を深めてもらうことである。可視化に対しては、予算書・決算書の開示、財政情報や関連する資料・データの提供などにより理解を深める環境を整備することが重要となる。

　これに対して見える化とは、地方財政にそもそも関心のない人々の目に財政情報をさらし、まず、財政問題の存在を認識してもらい、関心をもつ動機をもってもらうことを意味する。詳細で質の充実した財政情報を地方自治体のホームページに掲載し、財政年報的な資料を作成して開示しても、住民がアクセスし手に取らなければ情報は伝達移動しない。まず、住民の目にさらし伝達移動の対象として認識してもらい、財政について気づきをもって考えようとする行動に結びつけることが重要である。認識なしに考えることや理解することを求めることは不可能である。見える化は、新たな認識をもち新たな行動に結びつける点にポイントがある。自治体経営において財務管理や金融市場を念頭においた会計的側面に加え、住民に財政情報を認識してもらい気づきなどを得て新たな行動に結びつける見える化に資する情報の蓄積・伝達移動の再構築が必要となる。

② 収支均衡型の課題

　たとえば、第4章で詳しくみるように、地方公営企業の事業計画では、甘めの将来需要予測に加え、普通会計からの規定外の資金の繰入れ、施設老朽化などに対する維持管理・更新の抑制による費用の先送り、過度な料金負担の抑制などを計画内容に組み込み、形式的に収入額・費用額が等しくなる収支均衡型で示すことが少なくなかった。しかし、表面的な収支均衡の計画は、住民の視点からは危機の本質をみえづらくし、漫然と事業が継続できるかのような錯覚を生じさせる要因ともなる。事業の持続性を担保する必要費用とそれに対する不足額を明確にして、不足額に対する財源措置の選択肢を示して議論する姿勢が自治体経営には必要となる。

　施設老朽化に対する必要費用を抑制する場合、機能維持に対する別の対応を

行うのか、将来的に当該施設を統合・廃止するのか、施設の機能をほかの代替的手法で展開するのか、周辺自治体との連携で機能を補うのかなどの議論を同時並行で行うべきであり、漫然と先送りすることは自治体経営の視点からは避ける必要がある。

2 リスクへの新たな認識
(1) 財政の意味
① 財政の意味の拡大

一般的な財政概念は、「国や地方自治体など公的部門の経済活動」である。このため、現在住民に向けた財政情報としては、金額で示す貨幣的価値として認識できる毎年度の予算や決算を通じた様々な経済活動の内容、そして、過去からの財政運営で積み上げてきた財政赤字の規模などの実態が中心となる。

経済活動の視点からは、税・借金、資産購入や補助金・交付金の支出、賃金の支払いなど金額で直接示せる貨幣的価値が財政情報の中心となり、ノウハウの蓄積や情報収集や政策思考のための時間の確保、そして住民のボランティア活動、さらには良好な自然環境の存在など必ずしも貨幣的価値では直接表現できない視点は、財政情報としてはもちろんのこと、それに基づく政策議論でも劣位となりやすい。さらに、将来のリスクに関しては、足元での貨幣的価値としての認識に限界があり、その発生の有無も一定の確率事項に過ぎないことから、当該情報への信頼性自体も限定的なものとして受け止められやすい。

政策的な債務の意味は「ある者が他の者に対して一定の行為をする（作為）または行為をしない（不作為）負担を負うこと」である。国や地方自治体の政策は、民主的なプロセスの下で成立した後に、賛成者だけでなく反対者、そして賛成・反対を示せない将来の住民をも拘束する力をもっている。現在の住民の意思決定が将来住民の行動を左右し、負担を生じさせる関係にあるとすれば、リスクとして積極的に認識し、計画づくり、そして財政運営や行政評価も含め自治体経営の意思決定に恒常的に組み込む努力が必要となる。

② 新たな公会計の機能

従来の公会計の目的は、財政民主主義の確保と充実にある。公会計を通じて、行政の責任範囲の明確化（責任の明確化原則）、住民の財と行政管理の財産の区分の明確化（財産帰属の明確化原則）、住民に不利益を与える情報の開示（保守主義の原則）、そして、住民の意思決定に役立つ情報の提供（有用性の原則）が担保されていることが重要となる。

こうした公会計の機能に加え、自治体経営の意思決定に資する情報としてのリスク要因を積極的に認識、ストックとフロー両面の財政の全体像や将来像を見据えることができる情報の提供、そして、ライフサイクルも含めたコストの全体把握が可能な情報提供などが必要となる。

（2）人員削減・外部化の留意点

　自治体経営の「持続性」とは、前述したように「将来住民の選択肢を制限・奪うことなく、現在住民のニーズを最大限満たすこと」である。したがって、形式的収支均衡だけを目指した足元の職員数削減や事務事業の外部化が、公共サービスの質的劣化を構造的に深める結果となれば、将来住民の公共サービスに対する選択肢を制約する要因となる。

　職員給与やコストの削減で数字上の財政収支は一時的に改善しても、非貨幣的価値も含めて自治体経営に将来のリスクを埋め込む結果となれば、それが将来において顕在化することで、地域の持続性確保に向けた選択肢は奪われる。職員数の削減、事務事業の外部化などの取組みと同時に、行政機関が蓄積してきたノウハウの伝承に加え、民間化に伴うモデル形成などに向けたコーディネート力や民間化の成果に対するモニタリング力など新たに必要となるノウハウ、そして自ら政策を生み出す思考力の育成が不可欠となる。

　こうした点は、外部化がゴミ収集、清掃、保育など現業ベースを中心に行われても、公共サービスである以上、同様の結果となる。なぜならば、ノウハウの蓄積と伝承に関する仕組みを形成せず、人員削減や外部化に取り組んだ場合、総務や企画も含めて部門を問わずコーディネート力やモニタリング力を支える情報は拡散し、将来住民に向けた公共サービスの質などを大きく低下させる要因となる。そのことも、自治体の持続性を失わせる要因となる。

（3）財政健全化指標と地方財政の実態

　2010年以降、地方財政の悪化スピードは減速し、財政運営状況も改善傾向を示してきた。2015年度決算ベース健全化判断比率などの速報値によると、財政健全化法に基づいて早期健全化基準以上で財政再生団体となっているのは北海道夕張市のみとなり、財政健全化団体は2008年度では21団体あったものの、2013年度の青森県大鰐町を最後に2015年度もゼロとなっている。

　また、地方公営企業の経営状況を示す公営企業会計の資金不足数は、2015年度で47会計となり、2014年度の58会計に比べて減少している。さらに、全

公営企業会計数6,796会計中、健全化基準以上の資金不足比率となっている会計数は10となった。健全化基準以上の資金不足比率を抱える会計の事業分野は、簡易水道1、交通1、病院1、宅地造成3、観光2、その他2（魚揚場事業、看護専門学校事業）となっている。

　地方財政全体、地方公営企業などの改善傾向のほとんどの要因は、①日本銀行の超低金利・マイナス金利政策と地方債の繰上償還制度の実施による利払費の大きな減少、②指定管理者制度や非常勤職員の拡大など外部化に依存した人件費の削減にある。しかし、指標上の財政健全団体数、そして、地方公営企業の資金不足会計数の減少とは異なり、地方財政の実質的リスクは拡大している。従来の過剰投資、維持更新投資の先送りなどで従来から堆積してきた負のストックによるリスクの顕在化に加え、超低金利・マイナス金利政策の転換、民間も含めた今後の労働力不足の深刻化による外部化の限界などが明確になったとき、現状のままでは自治体経営の持続性確保が困難となる。

1-3　進化の機能

1　見えない非効率の克服
① 見えない非効率

　進化とは、「絶え間ない変化」を意味する。進化は、改革とは異なる。改革が、短期的に大きな枠組みの再構築を行うのに対して、進化は、日常から見直しを積み上げていくプロセスである。進化機能は、外部からの強い圧力ではなく、地方自治体内で自ら課題を発掘し、政策議論、財政運営のプロセスを通じて自覚的にフィードバックすることで生まれる。

　自覚的フィードバックの目的に、「見えない非効率」の発掘がある。前述の財政健全化法の説明においても整理したように、多くの地方自治体では、これまで職員数や歳出削減による組織・業務のスリム化に努力してきた。しかし、職員数や予算額など表面的な数値のみに依存したスリム化は、業務の多様化や複雑化、そして組織の新たな情報蓄積や伝達移転の仕組みづくりと連動せず、行政組織の効率化や地域の持続性に対して大きなリスク要因となる。行政組織の中の意思決定や行動の中には、無意識化している「見えない非効率」があり、それを残しながらのスリム化が進行するからである。見えない非効率の中に、将来に向けたリスクを抱え込む非合理な意思決定や人間行動を生む組織体質が存在する。

② 逆機能

　予算額や人員などを削減しても、従来展開してきた意思決定や行政活動に潜む「見えない非効率」を温存し続ければ、行き着く結果は行政内の非効率の比率を拡大させ「努力しても報われない実態」となる（図表1-1）。たとえば、情報化などの取組みを進め管理職の階層を減らしてフラット化を実現、あるいは決裁手順を簡素化しても、インフォーマルな側面で従来同様の意思伝達と決裁のルールが残存し、二重の負担が発生するなどである（暗黙のルールの優位性）。そのことは最終的に、職員のモティベーションの低下と公共サービスの劣化に結びつく。

　こうした実態の場合、効率化に努力するほど、自治体経営の機能が劣化するいわゆる「逆機能」をもたらす。逆機能とは、課題を改善しようとして取り組んだことが、意図せず当該課題を深刻化させることである。見えない非効率は、日常のルーティン的に実施してきた当たり前と認識し、無意識化している領域に多く存在する。自治体経営の自覚的フィードバックとは、常に見えない非効率を組織と職員自らが意識的に掘り起こし、克服に向けて新たな意思決定や行動原理を創造することである。

2 非合理な意思決定
（1）ハインリッヒの法則

　自覚的フィードバックを促す視点として、米国での労働災害の実証分析から整理されたマネジメントに関する「1：29：300の法則」、いわゆるハインリッヒの法則がある。組織内で一つのミスや問題が生じた場合、背後には29の組

■ 図表1-1　見えない非効率

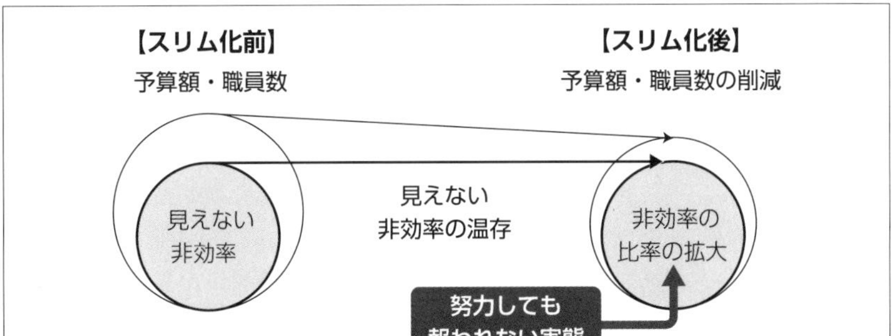

織内で認識できる問題点があり、29の認識できる問題点の背後には300の組織内の視点では認識が難しい問題点（見えない非効率）が存在していることを示唆する法則である。

　組織内で認識された一つのミスや問題点は、行為者などによる一つの原因から導き出されることはほとんどない。原因は多くの場合に、複合化し相互に関連し合った集団的人間行動からもたらされる。一つのミスを組織内で精査することで、さらに認識可能な29の問題点が発掘され、それだけではとどまらず、300ともいわれる深層部に宿る日常化し無意識化した見えない非効率を本格的に発掘しなければならず、この発掘には、組織内だけの視点では困難性が伴う。もちろん、29や300の数字は現実のケースにより異なり、イメージ的な側面をもつ。重要な点は、組織内で従来の視点で発掘できる問題点は、原因の1割程度に過ぎないことへの意識である。

　300の日常化し認識しづらい見えない非効率を放置し続ければ、当然に組織に病巣は残されたままとなり、同じミスや問題点を繰り返し発生させる。表面的な問題点に目を奪われることなく、人間行動として問題点を自覚的に掘り起こす姿勢が必要である。

　日常的に、組織自らは発掘困難な問題点を外部の視点などを取り入れつつ、継続的に行政評価などの仕組みを通じて発掘し、問題を見直している組織は30の問題点も減少し、結果として組織全体の効率化が進む。とくに、情報化による経済社会活動の相互連関性の高まりは、従来にも増して見えない非効率の発生とハインリッヒの法則の重要性を示唆する結果となっている。

（2）非合理な意思決定
① エスカレーション

　見えない非効率を抱え続ける要因として、個人や組織を通じた「非合理な意思決定の構図」がある。非合理な意思決定の具体例としては、

- 行動エスカレーション＝「今までやってきたから」に代表される経験や従来繰り返してきた行動を根拠に、将来への継続を正当化すること、
- 規模エスカレーション＝予算・人員など規模の大小のみで優先順位を判断すること、
- アンカーリングエスカレーション＝最初に接した情報に大きく左右されること、
- フレミングエスカレーション＝組織、地域などに好意的な情報を優先しや

すいこと、
・アクセスエスカレーション＝日常よく使うルートから得る情報を優先しやすいこと、
・勝者エスカレーション＝成功体験に左右されやすいこと、

などが挙げられる。こうした非合理性を含んだ意思決定は、見えない非効率を通じて組織や地域にリスクを埋め込む要因となる。このため、日常から非合理な意思決定の存在に留意し、自覚的に修正していくことが重要となる。

② 脱表面的な課題・原則への認識

　以上の見えない非効率、非合理な意思決定は、組織だけでなく地域への政策展開でも同様に内在する問題である。経済社会現象では、表面的な課題・原因はすぐに認識できるものの、本質的課題・原因は容易に顔をみせない。なぜならば、経済社会現象の本質的課題・原因は、時間的・空間的に遠い位置に存在するからである。すなわち、時間的に過去から積み上げられ、組織間や人間行動の相互の関連性の中で投網のように形成された原因が存在し、こうした原因のうち表面的に認識できるものはごく僅かに過ぎない。

　たとえば、東京一極集中により地方の過疎化が進むとする考えは、表面的な認識に過ぎない。地域により東京との関係は多様であり、技術革新による地域産業の衰退が人口流出に先行して生じた場合など様々である。したがって、単純に東京での生活コストや税負担の実質的引き上げなどによって地方への人口移動を促して東京一極集中を正そうとしても、人口減少への歯止め効果は地方によって千差万別である。一律的・外見的な東京一極集中とは異なり、本質的課題・原因は容易に顔をみせない別々のところに存在する。わかりやすい表面的課題・原因のみに対処した政策の有効性は低く、地域問題を根本的に改善する効果をもたない危険性が高い。

2　自治体経営の耐久力と公共政策の展開

2-1　緊張への耐久力

　自治体経営の目的は、地域の持続性確保にある。リスクの顕在化や環境変化が激しくなる中で、この目的を達成するには、自治体経営の耐久力、すなわち、様々な緊張要因に向き合い対応する自治体経営力が必要となる。その対応すべき緊張の第1は、ストック問題のフロー化である。

1 ストック問題のフロー化

① フロー問題のストック化

　公会計改革を通じた財政情報の内容は、税で返済する国及び地方自治体の長期債務残高の共有からスタートし、短期的資金繰りである政府短期証券・短期借入、外部組織である独立行政法人・地方公営企業などの債務残高を加えた概念、退職給与や減価償却・維持管理費用などライフサイクルコストを踏まえた視野へと拡大してきた。しかし、損失補償契約など公会計上では、直接的には顕在化した債務額とは認識されないものの、将来的に税負担が求められる可能性が一定確率で存在するリスクを含めた概念へ視野を拡大させ、将来リスクを積極的に受け止める財政情報のさらなる充実が不可欠となっている。

　従来の財政運営では、維持管理など必要支出の先送り、リスク認識の軽視などにより、フローたる毎年度の税収などで対応できない財政需要は、将来の税収増加を当てにした借金の拡大などに代表される有形・無形のストックとして堆積させてきた。たとえば、上下水道など生活インフラに関する毎年度の住民の使用料・利用料負担を必要以上に低く抑え、不可欠な維持更新投資を先送りし、実質的にストックたる施設などの老朽化を激しくするなどの場合である（毎年度の使用料負担というフローの問題を、施設の老朽化というストック問題に転嫁するケース）。

② ストック問題のフロー化

　そうしたフロー問題のストックへの転嫁が経済社会の成熟化とともに限界に達し、今後の財政運営ではストックに堆積した維持更新費用など潜在コストが現実の支出として顕在化することが進む。その顕在化をフロー（毎年度の負担）でいかに受け止めるかが大きな課題となる。前述の上下水道など生活インフラの例でいえば、施設の老朽化が限界に達して一気に巨額の更新維持投資などが必要となり、毎年度のフローの税負担や使用料金の多額の引上げに転嫁する構図（ストック問題のフロー化）である。

　ストックに堆積した潜在的リスクを毎年度の負担であるフローに転嫁し、住民負担を拡大して施設や公共サービスを維持するのか、それとも公共サービスとしての必要性を再検証して破棄するのか、民間手法の導入など提供手法を本質的に変化させるか、自治体経営では、公共施設の再編に限らず「あれかこれか」の選択が、すべての政策領域で重要となる。その議論と意思決定は、地域の持続性を確保するための緊張関係であり、この緊張に対応するリスクへの認識も含めた情報の蓄積と伝達移動を受け止める耐久力の強い自治体経営の体質

を確立することを意味している。すなわち、自治体経営のリスク管理型経営への進化である。

2 リスク管理型経営

リスク管理型経営とは、既存の総合計画・事業計画などが考慮していない状況変化に対して、「いかに対応するか」を事前に検討・立案し、日々の自治体経営に組み込むことで、緊張関係と向き合い対応することを視野に入れて準備しておく経営形態である。

（1）不測事態への認識と対応

経済社会の「環境変化はない」と考えるほどリスクは高くなる。不完全でも将来の変動を確率要因として認識することが、リスクから受ける地域のマイナス影響を軽減する。確実に発生が見込めない不測の事態の中でも、将来の状況の中で発生する確率が比較的高く、組織や地域に対する影響度も大きいリスクに焦点をあて、発生した場合にいかに対処するかを事前に考えることが耐久力のある自治体経営のカギとなる。

たとえば、計画と現実にズレが生じた場合、国、地方自治体を問わず「景気の落ち込みにより」などの理由が提示されることがある。しかし、景気はそもそも変動するものである。変動する景気について異なるケースを認識し、ケースごとに生じた場合の対処方法・選択肢を事前に整理しておくことが重要である。これにより、自治体経営でよく生じる適時適切な政策が機動的に実施できない、いわゆる「政策のラグ」を抑制することが可能となる。

耐久力ある自治体経営の形成では、①不測事態への認識（将来起こり得る事態の列挙と確率イメージ、組織などに与える影響度の把握、事態発生の見積もり）、②行動開始時期の判断（不測事態の発生が近いことを知らせるシグナル予兆の認識と列挙、シグナルを認識し、その認識を伝達する部局の明確化）、③対応策の事前提示（発生したあるいは発生すると思われる不測事態の影響を緩和する戦略の事前形成、緩和政策が計画や財政に与える影響の測定、緩和戦略実践のための事務事業の形成）などに関する意思決定と自覚的フィードバックによる検証が必要となる。

（2）リスク管理型計画

こうしたリスク管理型の計画策定を可能にする経営情報の形成、行政評価な

どを通じた意思決定への反映により、強い耐久力をもった自治体経営の基礎を創造することになる。

　たとえば、改善が進んだ2000年以降の地方財政が極めて長期化した低金利状態を財政運営の構造の中に常態化して組み込んでいることは前述したとおりである。その中で、金利上昇や変動による財政負担リスクは、少なくともケース分けによる影響度を認識し、その認識に応じた政策の選択肢を用意する必要がある。また、グローバル化による企業間競争が激しくなる中で、企業依存度の高い地域では税収の変動だけでなく、企業の移転に伴う地域経済への震度なども積極的に事前認識し、地域所得の多様化など継続的な政策的対応が必要となる。こうした点は、高齢化した地域の年金所得への依存の限界、世界景気や政治情勢の変動に伴う観光客数の増減など、様々な点に存在している。常に、以上の点を幅広く認識するネットワーク形成が大前提となる。

　リスク管理型計画の策定は、将来の不確定な事項に対する事前認識と対処準備であり、財政の単年度主義など財政原則との関係などにより、直接的に予算に盛り込むには限界がある。しかし、首長をトップとした執行機関たる行政においては、自治体経営の基盤として形成することが不可欠である。そのため、執行機関の権限と責任を明確にしつつ、機動的な経営を展開できる基盤づくりも必要となる。議会のチェック機能は重要である。しかし、自治体経営に対する無秩序な議会の関与は、逆に自治体経営に対する首長をトップとした執行機関の責任を不明確にし、自治体経営の機動性を低下させる逆機能たる側面をもつことにも留意すべきである。

2-2　自治体経営の基本構造

1 行政経営と地域経営

　自治体経営は、「行政経営」と「地域経営」から構成される。行政経営は、地方自治体の行政機能・組織を中心とした視点であり、地域経営とは住民・企業など経済社会活動を中心とした視点である。情報化などによる経済社会の人間行動との相互連関性が深まる中で、行政経営と地域経営は、密接不可分の関係としてとらえることが地域の持続性確保には必要となっている（図表1-2）。

　行財政改革など行政機能と組織、公共サービスの提供などの見直しは、当然に地域住民の生活や経済社会活動に影響を与える。そして、民間企業やNPO・地縁団体なども含めた地域経営の良し悪しは、税負担力、コミュニティ

■ 図表1-2　パワーシフトと自治体経営

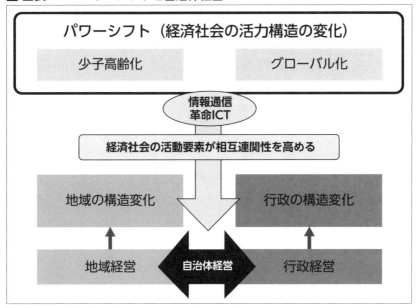

の質、住民の年齢構成の変化などを通じて行政機能と組織、公共サービスの質に影響を与える。

　自治体経営の目的は、すでに指摘しているとおり「地域の持続性の確保」であり、持続性とは「将来の住民の選択肢を奪うことなく、現在の住民ニーズを最大限満たすため、限られた資源を有効に活用すること」である。このため、自治体経営は、行政や地方議会の独占物ではなく、また、その展開には常に次世代を睨んだ長期的視野と住民の責任も含めた参画が求められる。

　一方で、現在の住民ニーズを無秩序に受け止めるのではなく、優先順位をつけ取捨選択する力が同時に求められる。自治体経営の進化、すなわち、絶え間ない変化は、何によってもたらされるのか。それは、現状に対する自覚的フィードバックを原点とした「創造的批判」である。批判には、根拠となる証拠や議論に基づかない否定的批判（感覚的なダメ出し型批判）と証拠や議論に基づく創造的批判（体系的な提案型批判）がある。主観的な否定的批判は、新たなイメージ形成には結びつかない。創造的批判の視点があって、はじめて自治体経営は進化する。

2 創造的批判とPDCAサイクル

　自治体経営の進化に求められるのは、住民ニーズを否定的批判で単に排除するのではなく、また、無秩序に受け止めることでもない。創造的批判に基づく、優先順位の形成が自治体経営の進化をもたらす。自覚的フィードバックと創造的批判のプロセスを、行政評価などのPDCAサイクルに埋め込むことが重要となる。創造的批判を支えるPDCAサイクルに関しては、「実効性」と「実行性」の二面性が求められる。

（1）実効性と実行性

　第1の実効性とは、当初の計画どおりに淡々と進行することではなく、計画などで示された自治体経営の方向性に基づく目的を実質的に実現するため、構造的環境変化に対応して当初予定した実施方法や優先順位を変更し、政策や事務事業のスクラップ・アンド・ビルドを行いつつ目的達成への接近を最優先することである。第2の実行性とは、計画などで決められたとおりに事業などを淡々と進める進行管理を中心とする取組みである。

　地方自治体の事業においては、①経済社会環境などに大きく左右されることなく着実に進めるべきセーフティネット的事業や法令などによる義務の事業と②経済社会環境の変化に適切に対応していくべき戦略的自主事業がある。前者については主に実行性が、後者については実効性が柱となる。ただし、前者の実行性確保でも、事業の優先性を明確にする中で資源の配分を確保する必要があり、セーフティネット事業や義務的事業であっても必要性は常に検証する必要があり、その点では経済社会の構造環境変化の影響と無縁ではない。PDCAサイクルでは実効性を重視しつつ、実行性を着実に展開することが前提となる。詳細は第3章で整理する。

　さらに、政策は常に外部環境から影響を受ける。たとえば、地域政策の成果指標は、単独の地方自治体だけで完結するものではなく、グローバルな経済社会情勢はもちろんのこと、地方自治体間の競争や連携による継続的な環境変化の中で達成することが求められる。その意味からも地域政策のPDCAサイクルでは、構造的環境変化からの影響が各地方自治体でも異なるため、自治体経営において、①事業の継続条件を明確にするゴーイングコンサーンの検証、②実効性確保のための手段の見直し、③実効性（目的実現性）と実行性（進行管理性）の一体的機能の確立とそのためのリスク認識の仕組みを、それぞれの地方自治体で検討し形成する必要がある。

（2）実効性確保の類型

　実効性確保のための自治体経営の対応は、逸脱型、未来型、探索型、設定型に分けられる。なお、目標とは、目的を達成するための段階的接近における段階ごとのゴールを意味する。したがって、実効性確保は、第1段階では目的を維持しつつ目標・手段の見直しを行い、第2段階としては目的自体の適正性の判断を行うことになる。

①逸脱型対応は、目的の達成を維持しつつ、その接近プロセスが何らかの原因によって維持できなくなった場合、原因を明確にして新たな接近プロセスとその下での手段を選択する。

②未来型対応は、目的の達成を維持しつつ、その接近スピードの維持が何らかの原因で困難となった場合、原因を明確にしてプロセスを維持しつつ、目標値への接近スピードとそれに基づく段階・手段の新たな設定を行う。

③探索型対応は、目的の達成を維持しつつ、その水準の見直しを行い、目標変更を優先して行い、そのギャップを埋める接近プロセスや手段の最適化を図る。

④設定型対応は、目的自体の再検証を行い、目的の新たな設定の中で目標などのプロセスと水準を設定する。

　以上に加えて、最終的に実効性そのものの確保を断念する「終結型」の選択も重要となる。とくに、自治体経営の資源が限定的となる中で、公共施設の再編、官民連携、自治体間連携など新たな枠組みを模索しつつ、従来の枠組みにおける実効性そのものの有効性議論も最終的に重要となる。

（3）目的の重要性、手段の優先性

　実行性では、進捗率、目標達成度など進行管理における判断が中心であり、主に「事務事業評価」として機能する。これに対して、実効性は実現すべき基本理念・目的に接近するための手法たる政策間の優先順位を含めた判断であり「政策評価・施策評価」として機能する。

　評価に関して、①目的の重要性と手段としての政策の優先度は異なること、②地域の構造環境変化（人口推移、産業、コミュニティ、行政、政治など）が目的の達成を加速させる要因か、それとも妨げる要因となるかにより政策の優先度が異なること、などが重要である。

　①目的の重要性と政策の優先度が異なる点については、目的の重要性が高くてもその達成の時間軸の長短により具体的な政策選択の優先順位は異なる結果

となるなど、目的への接近方法の違いによって生じる。たとえば、長期的な自然環境保護が目的として重要性が高くても、中期的な観光施設の充実が地域の持続性のために必要であれば、施設整備などが政策的に優先する場合がある。その際には、長期的な自然環境保護の目的を忘れることなく、優先する施設整備においても長期的に自然回復可能な手段や自然に与える影響を必要最小限度に抑える手段などを選択していくことになる。

②目的と環境変化の方向性とは、構造的環境変化が当該目的と方向性が同じであり、達成に対して加速させる要因である場合は政策の優先度は低く、構造環境変化の方向性が異なる、あるいは妨げる要因である場合は政策の優先度は一般的に高い。たとえば、東京の過密問題は、全体の人口減が続く中で長期的には解消する方向にある。したがって、過密問題自体へ対処する政策の優先度は低く、むしろその解消スピードや解消に向けて発生する地域的な空き家やコミュニティの空洞化の問題などに政策の優先度が移行することになる。

2-3 自治体経営と公共政策

行政経営と地域経営を融合させる自治体経営の手段の核は、公共政策の展開である。公共政策は、「価値観の異なる他者との協力関係を形成し、これを維持しつつ理想と現実を繋げる手段の集まり」である。公共政策は、様々な価値観をもつ人間集団を対象に働きかけ、人間集団の行動に変化をもたらす。したがって、公共政策を担う自治体経営では、地域の様々な人間行動を注意深く観察し、きめ細かな地域のメッシュ情報を集積すると同時に、多様な利害関係をもつ人間行動に働きかけていく視点が重要となる。

1 地域の人間行動への関心

自治体経営は、第1に地域の個々人あるいは集団としての人間行動とその相互関係に関心をもつことが大前提となる。戦後の中央集権的体質での地方自治体、とくに基礎自治体の政策展開は、国や都道府県の政策を多く知り、それを活用できるかが重要なポイントとなっていた。いわゆる、知っていること、国や都道府県からの情報蓄積を重視する構図である。

そのため、公共政策を展開するための基礎自治体の重要な資源である地域の人間行動に関する観察やそれを通じた体系的な情報蓄積が十分とはいえない実態にある。利害関係の政治的な吸い上げ（いわゆる「マッチポンプ」）や声の

大きい意見など部分的な人間行動からの情報蓄積はあっても、一般住民、とくに特定の利害関係集団には属さないサイレントマジョリティ（無言の多数）の人間行動への関心、観察は劣位化している。アンケートなどの手法で地域住民のニーズを把握する努力が展開されているものの、アンケートの設計・調査に関する質の確保と得た情報の体系的分析に基づく活用が十分でない場合が多い。

　自治体経営においては、知っていることに加えて生み出すこと、すなわち地方自治体が自ら政策を新たに創造する力が不可欠であり、その力の大前提は地域の人間行動の観察とその蓄積である。地域にどのような資源があり、活用に向けていかなる組み合わせが有効か、地域の人々を結びつけ、力を発揮してもらうコーディネート機能が重要である。自治体経営におけるコーディネート機能は、日常の住民生活とそこでの人間行動を認識し、そこに潜む課題に対処していくことであり、コーディネート機能を支える前提は、地域の人間行動の観察力である。

2 政治との関係

（1）合成の誤謬

　自治体経営の公共政策においての第2の課題は、公共政策の議論を通じた政治との関係である。国の官僚組織と国会との関係と異なり、基礎自治体を中心とした地方自治体では、日常からすべての領域に議会、議員との関係が程度の差はあっても存在する。加えて、日本の地方自治の仕組みが大統領制と議院内閣制の両面をもつ制度となっており、首長をトップとした執行部側と議会側の権限・責任が必ずしも明確化されていない。そうした中で、機動的な自治体経営を確保していくためには、政治との関係を常に意識する必要がある。意識するとは、利害関係や意見を単に吸い上げ、受け止めることではない。以下にみる、一般意志、輿論の形成・把握を目指した議論の積み上げと、それによる責任の明確化を意味する。

　たとえば、国政だけでなく地方政治でも広く展開されているマニフェスト選挙で提示された政策メニューを、個々の有権者が主体的かつ合理的に選べば、自治体経営が適切に展開できるというほど単純ではない。個々の有権者にとっての主体的かつ合理的な選択も多様な価値観に基づき行われ、その集まりたる全体の経済社会では、合成の誤謬、いわゆる矛盾を生じさせやすい。

　これは、ルソーが指摘した全体意志と一般意志の視点でもある。ルソー（J.-J. Roussau）は「個の選好の総和は、公共の利益とは程遠い」と指摘し、個の

選好の総和に過ぎない「全体意志」を公共の利益に結びつけるには、「個の間の開かれた窓」による応答が不可欠であるとした。その上で、個が結びついた開かれた関係を通じて、全体意志を社会的利益に結びつける必要性を述べている。こうして形成される意志をルソーは「一般意志」と呼んでいる。

　この点は、世論と輿論の違いからも説明できる。今日では未分離に使用されることが多いものの、世論（せろん）と輿論（よろん）は本来異なる概念である。世論は、マスメディアなどから形成された社会の空気、多勢に流された意見を示し、それが大衆情報化社会になると、この世論がとくに大きなパワーをもちやすくなる。これに対して輿論は、議論や対話を展開した上で形成された意見を意味する。自治体経営の進化に資するのは、輿論である。しかし、世論を無視した自治体経営は、多勢のイメージと乖離するため実現性に乏しい状況を生み出す。このため、世論を受け止めつつ政策思考や政策議論を充実させつつ、輿論へと高めていくことが必要となる。

　以上の視点から、自治体経営においては、常にアンテナを広く張り、住民の一般意志と輿論を把握して生かしていくことが不可欠となる。議会が次にみる烏合化を強めている場合は、とくに議会と執行機関との機能と責任の明確化が重要な点となる。

（２）議会の烏合化

　政治とは、地域のルールを形成し、維持し、変更し、廃止する人間行動である。そこでは、価値観の異なる人間行動に目を向け、相互に意識することが大前提となる。しかし、今日の地域の人間行動は、自分の利益を優先的に考え、それを実現するため合理的に選択し行動しがちで、異なる価値観を意識せずパブリックから距離をおくことが得となる傾向が強まっている。このため、ルソーの指摘する全体意志が一般意志に優越し、世論が輿論より優先する構図を形成しやすい。

　インターネットをはじめとする情報技術の進展に伴う大衆情報化社会の広がりにより、無秩序に発信される情報によって多様かつ大量な問題点が自治体経営と政策議論に投げ込まれる。信頼性の異なる無秩序な情報を無秩序に受け止めることで、自治体経営の進化の方向性を混沌化する。こうした現象は、議会主義の危機にも結びつく。行政のチェック機関としての議会の機能が無秩序な情報の波に翻弄された否定的批判にとどまれば、議会自身が流動的で異質的な「烏合の衆」の状態に陥る。このことが、議論を通じた社会的統制、すなわち

地域のルールを形成し維持して変更していく役割自体をパブリックから遠い存在にし、住民の政治・議会に対する信頼も低下させる。政治の本来機能は、全体意志を一般意志化し、述述した輿論の体質を育てることにある。

　自治体経営の進化が、他を認識し創造的に批判することから生まれることは前述したとおりである。この原点にある他への認識が失われれば、自治体経営の進化は停止する。細分化された事業単位の行政評価など分断化された個々の合理的な視点だけではなく、他者の人間行動、その集団としての地域や組織に目を向けることが自治体経営を進化させる。そのことが、様々なリスクを認識して負担を分かち合う耐久力ある自治体経営を形成する。

3　活力構造の変化と自治体経営の変遷

3-1　エンパワメント

　自治体経営が緊張感をもって対処しなければならない構造変化とは何か。その実態を整理して次に掘り下げる。

１　情報化と自治体経営

　情報通信革命が地域の経済社会の人間行動に与えた影響、すなわちエンパワメント[1]（進化を支えるために必要な力）が生み出す自治体経営への第1の変化は、経済社会を動かす決定要因を経済的財力から情報へと移行させたことである。情報の開かれた流れと共有の形成が地域の様々な活力構造（経済社会の決定要因）、そして、活力主体の意思決定の構図を変化させ、これまで分断されていた領域を情報が結びつけ、経済社会全体の相互連関性が強まる時代を迎えた。

（1）情報化の進展と行政体系

　戦後日本の経済社会は、経済的財力（財閥など）を中心にした大量生産・大量物流・大量消費による経済活動（産業国家時代）の効率化を優先し、「標準化」と「階層化」を基本としつつ、経済社会の専門化と細分化を進める縦型

---

[1] エンパワメント（empowerment）は、社会、地域、組織の構成員が経済社会の発展に対して必要な力を発揮することであり、本稿では地域が経済社会の発展にとって必要な力たる地域エンパワメントを意味する。

ネットワークの構図を官民ともに強める段階から発展した。別の表現では、財力を背景としたプロダクトアウト（生産主導の経済）中心の時代といえる。

標準化とは、様々な利害関係者間の調整を効率的に行うための画一的な規格・ルールづくりであり、階層化とは、機能とそれに伴う責任を特定の階層（地位）ごとに配分することを意味する。行政機関であれば、国の各府省による縦割りを中心とした国、都道府県、市（区）町村の三層構造、政治であれば、政党や利害関係で結ばれた族ごとの派閥とそれに依拠した、党本部、都道府県連、支部などの構図、民間企業であれば、事務畑、営業畑、技術畑などとそれに依拠した本社、支社、営業所などの階層構造である。

標準化と階層化の過程を通じて、一定の利害関係集団や官僚的エリート集団が情報を蓄積し、だれにいつその情報を伝達配分するかに影響を与え、それ自体が権力化し、権力に支えられた情報格差（情報の非対称性）が多層的かつ地域的に形成されている。同時に、利害関係が拡大する経済社会活動の中で、財源など資源配分の利害調整を限定された利害関係者間で効率的に行うために、利害関係集団への参加者を限定的にし、縦割りの分断された領域・集団の細分化がさらに進んだ。たとえば、業界団体の構図、弁護士・司法書士・行政書士など資格の細分化をはじめとして日常生活にも縦割りの構図が組み込まれている。

しかし、今日の情報化の進展により、縦割りや階層の領域を越えて量的な情報共有が急速に進み、従来の情報の分断的蓄積とその配分による優位性発揮の縦割りの枠組みが崩れ、地域の諸活動の相互連関性が著しく強まる中で、行政の寡占的体質を背景とする権力構図が大きく揺らぎ、変化する時代となっている（情報国家時代への進化）。具体的には、

①官と民、文系と理系の垣根、財閥資本による系列など経済社会の縦割りの枠組みが崩れ、水平的情報共有の領域が拡大し、細分化された領域の再融合が求められると同時に、政策の展開を官僚などの特定層の寡占的存在から住民参加・地方からの提案など開放的構図へと移行させる流れを民間化や情報公開の充実とともに形成したこと、

②情報の水平的共有領域拡大と共有速度の高まりにより、政策情報の蓄積と伝達の体系が変化し、国・都道府県・市（区）町村の上位下達型情報共有の階層的プロセスに影響を与えるとともに、道州制、大都市制度や複数の地方自治体による圏域形成の議論など国・都道府県・市（区）町村の三層構造の行政体系の見直し議論にも結びつく流れを形成したこと、

③財政資金調達の多様化とグローバル化の流れが金融自由化とともに加速し、政策におけるリスク管理に向けた視点と幅広い情報蓄積の重要性が著しく高まったこと、
④大衆情報化社会の深化が、政策に対する個々の主観的感覚の影響力を高め、複雑な争点を単純化して受け止める単純化の傾向を強めたこと、
など自治体経営にも様々に大きな影響を与えている。

(2) 大衆情報化社会と情報カオス

情報化の進展は、自治体経営に新たな可能性をもたらす一方で、大衆情報化社会の深化を通じて、不信頼性の拡散など様々なデメリットも生じさせている。

大衆情報化社会が深化すると、信頼度の異なる様々な情報が無秩序に発信されることにより、情報の質的な信頼性確保が困難となり政策情報の蓄積と伝達が混沌（カオス）状態となりやすく、そこからみえてくる着眼点も無秩序化し多様化と流動化を著しく進める。こうした着眼点と信頼性の無秩序化は、自治体経営に対する悪い意味からのポピュリズムを拡大させ、経営理念、そして政策展開自体を無秩序化させる要因となる。このため、発信される情報の生成方法や参照情報を注意深く検証する必要が今まで以上に重要となっている。

(3) 投機的自治体経営

ポピュリズムは、住民ニーズを政治に反映させることを本来意味する。しかし、住民の主観的感覚としてのニーズを政治が無秩序に受け止め、それに翻弄され、政策全体が大きく歪む（ゆが）という悪い意味で使用されることが多い。こうした実態は、投機的自治体経営とも呼ばれる。

投機的自治体経営は、政策全体を歪めるだけでなく、政策的な失敗の連鎖を生み出す。なぜならば、自治体経営において住民から提示されたニーズに対応しようとして行動しても、次にその目的から離れた別の住民ニーズが提示されるとそれへの対応行動を選択し、両者を行き来する中で自治体経営自体に対する信頼性を失わせていくからである。

なお、情報を通じた自治体経営の機能不全の構図は、二つの流れで生じる。第1は、情報を全く流さず受け手にとって情報過疎の現状を生み出すこと、第2は、無秩序に大量の情報を提供し、受け手にとって信頼性の判断も含め、情報の整理・消化不能な現状を生み出すことである。近年では、後者の危機が深刻化しており、受け手にとって必要かつ有用な情報を選別できず、結果として

第1の情報過疎と同様の実態を生み出している。

2 大衆情報化社会と意思決定リスク
(1) 大衆情報化社会と政策形成リスク
　以上のように大衆情報化社会の深化とマスメディアの発達は、様々な情報を細分化した単位で誰でも自由に発信し、情報として流通させることを可能にするとともに、何人でも受け止められる構図をつくり上げている。

　分断された個々人の価値観、利己的な批判・評論が自由に展開できる社会となり、一方的な価値観だけを押しつける批判やその批判に対して意見を論じる評論が氾濫しやすくなり、利己的・主観的な意見などを「住民の声、住民のニーズを聞く」という美辞のもとに政治が無秩序に受け止める構図が生まれやすくなる。こうした構図は、政策の質を劣化させ、自治体経営自体のポピュリズム体質を拡散させる。政策に対する個々の主観的感覚の影響力が高まることで、相互連関性が高まる経済社会の複雑な争点を単純化して受け止める傾向を強める。この単純化は、経済社会に存在する課題の原因を表面的に認識する傾向を強め、有効な政策選択を困難にする。それだけでなく、細分化された主観的感覚の思考や議論は、自治体経営の核となる公共政策の形成に深刻なリスクを生じさせることになる。

(2) 性急な一般化
　深刻なリスクの第1は、「性急な一般化」である。特定の課題を解決する政策手段は数多く存在し、加えて、経済社会活動が複雑化する中で一つの手段だけですべてを解決することは極めて難しい状況にある。こうした状況を認識せず、主観的感覚と細分化された知識や視野によって数ある選択肢を限定化して認識し、有効な選択肢を除外することで最適な意思決定を困難にしてしまうことが性急な一般化である。

　性急な一般化により、指摘された事項や選択した政策手段が課題全体の中で占める重要性について検証する視野や機能が不十分となり、自ら指摘した事項が唯一無二の選択肢で唯一最善の解決策だと誤って認識し思い込むことで、創造的批判機能を失い政策内容の進化を停止させる。財政資金による単純な商品券配布など所得補てん、一過性の強いイベントの展開、補助金や費用優遇だけに依存した工場誘致などが地域の持続性確保には限定的効果しかもたないことなど、過去に様々な問題点を生み、効果も疑問視された政策と類似した内容の

政策が、新しい政策であるかのように繰り返し提示される現象は、以上の性急な一般化が要因となっている。
　個々人や組織がもつことができる知識や視野は当然に限定的であり、異なる視点からの情報共有や政策議論のネットワーク化が不可欠である。しかし、性急な一般化は、主観的感覚や「わかりやすさ」の名目のもとに、そのネットワークを否定する結果となりやすい。

（3）問題認識の不統一

　深刻なリスクの第2は、「問題認識の不統一」である。性急な一般化のリスクはネットワークの形成を困難にするため、政策を考える前提となる経済社会に対する観察のアンテナを狭く粗い構造とし、政策の選択肢だけでなく政策によって解決すべき問題認識自体を限定化させてしまうことにあった。その延長線上として、問題認識の限定化が深刻化すると、本来認識すべき課題との乖離が大きくなり、最悪の場合は全く異なる内容の問題に対して回答する流れをつくり出し、本質的課題の解決を困難にする。こうした乖離を、問題認識の不統一という。
　地域の活性化の政策議論を行っても、活性化の意味を業界、地域、利害関係ごとに別々に意識し、議論の前提となる問題認識自体を不統一な状況としてしまうことを意味する。

（4）問題解決と評価の不在

　深刻なリスクの第3は、「問題解決と評価の同時進行」である。本来複雑な構造をもつ経済社会の課題を単純化して把握し、解決策との間で単純化・直線化して理解する傾向を強める。このため、問題解決に対する多くの選択肢を排除するとともに、解決策を限定化して形成させやすくなる。その結果、本来、経済社会で生じる課題は複雑な人間関係の中でもたらされるにもかかわらず、複雑な関係を単純化して理解し、自ら認識した問題認識と解決の手段を唯一の存在として意識するため、自分の問題認識などの良し悪しを様々な視点から判断する本来の自己検証的評価が機能しなくなる。

（5）相互連関性への認識の歪み

　深刻なリスクの第4は、「相互連関性への認識の歪み」である。情報化の進展で情報共有が縦割りを越えて急速に進展し、経済社会の諸活動の相互連関性

を著しく強める中で特定の問題が単独で存在することはなく、他の問題と相互に連鎖し影響して存在する度合いを高めている。このため、認識された問題の位置づけが本質なのか徴候なのか、無視をしていい雑音なのか注意を要するサインなのか、すぐに対処すべきシグナルなのかについて判断する力が今まで以上に重要となる。主観的に把握した特定の課題だけを単独で認識する構図は、リスクだけを拡大させる。

たとえば、商店街の衰退は、大規模店舗進出だけでもたらされるのではない。消費者の嗜好や家族構成の変化、商店経営者の高齢化と跡継ぎ問題、商店自体の老朽化や品揃えなど、因果関係の強弱はあっても、そこにはいくつかの主要な要因が相互に関連している。

(6) 物語の暴走

以上の深刻なリスクを抱えた自治体経営は、さらなる大きなリスクを最終的かつ複合的に生じさせる危険性がある。主観的感覚から埋め込まれた思い込みをもった政策思考は、一定の問題点に対して限定的な選択肢しか抽出せず、限られた解決策の中だけで自治体経営を展開する。このため、政策に対する物語の暴走を生じさせる。

物語の暴走とは、思い込み、あるいは限定的な視野をもった思考から掘り起こした出来事を多面的な分析や検証を行うことなく、経済社会全体に共通する一般的で大きな問題として位置づけてしまうことである。具体的には、特定の地域の活動事例、特定の事業に関する成功事例・失敗事例を経済社会全体の話として置き換えてしまうことを意味する。自治体経営において、実践と理論の架橋が必要な理由は、現実の出来事の中に真実が存在するからである。しかし、現実は容易にその真実をみせない。個別の出来事の羅列による一般化は推測の域に達するだけで、まだ十分な分析を必要とする段階にある点に留意すべきである。

物語の暴走は、様々な面で生じやすい。たとえば、男女参画社会の実現に対して、国や地方自治体の審議会など会議体における女性比率の向上を目標として掲げる場合が少なくない。もちろん、審議会の女性比率の向上が男女参画社会の実現の一歩となる。しかし、審議会の女性比率の向上が男性の育児参加など実社会の男女相互の参画社会を実現するまでには、複線的な多くの段階と多くの要因が関係する。男女参画社会の実現という目的の達成には、様々な原因が複雑に関係し、目標と目的を一直線に思考することはできない。

さらに、短期的視野の政策も物語の暴走を生みやすい。保育園の整備など子育て世帯への支援は地域の活性化のために必要不可欠である。しかし、地域の長期的活性化には、子育て世代たる親に対する政策だけでなく、子供が長期的に地元に定着する政策展開が必要となる。それなしでは、子供世代は地域外に移り、親世代が残ることで将来の超高齢化の構図を加速させるからである。

同様の例は、地域政策でも生じる。地域の雇用や所得拡大を目指して行った工場誘致が機械化や省エネ化で雇用などを期待したほど生じさせない場合である。ロボット化など技術革新や新興国の急速な発展により期待したほど雇用が増えず、税やエネルギーなど費用の優遇措置が終わるなど短時間の中で他に移動することで、逆に住民の流出原因や税や使用料の負担増加の原因を形成するなどの事例もある。将来のリスクを十分に認識しない政策展開も、物語の暴走を生む要因となる。

物語の暴走の繰り返しは、最終的に自治体経営自体を困難にする。自治体経営の中にリスクをため込み、そのリスクを財政運営や組織を通じて抱え込むことが困難となった場合、自治体経営は「ダムの決壊」すなわち内部から崩壊する構図に至る危険性をもつ。

3-2　情報化と脱増分主義

情報化の進展が悪いポピュリズムの流れを通じて、性急な一般化とともに情報の量・質の変化を生み、自治体経営の意思決定にも大きな変化をもたらすことを整理した。しかし、その変化は、新たな政策の歪みをもたらす危険性を抱える一方で、今日の自治体経営に歪みを生む原因となった増分主義（incrementalism）の視点を見直す要因でもある。そこで、現在の自治体経営の体質をさらに理解するため、増分主義を通じた産業国家時代の自治体経営をめぐる意思決定の特性をまず整理する。

1 増分主義の意味

増分主義は、米国の公共政策を専門とする政治学者リンドブロム（C. E. Lindblom）が公的部門の政策変化が漸進的に生じることを指摘し、費用対効果など効率性を軸とする政策決定の非現実性を批判する中で実践性の高いモデルとして提示した考え方である。この考え方では、利害関係者間の調整など現実の意思決定の実態を踏まえ、将来の自治体経営や政策の姿を過去の自治体経

■ 図表 1-3 増分主義の体質

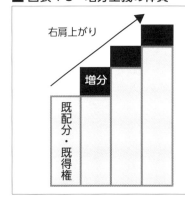

特性
① 増える分の配分を決定。
② 既配分・既得権の堆積。
③ 規模拡大の恒常化。
④ 満足化現象の強まり。
⑤ 経営概念の必要性の低さ。

営や政策の延長上にとらえることを基本とする。

戦後日本の右肩上がり経済社会を背景とした自治体経営は、漸進的変化を基本とする増分体質を現実的に有している。増分体質の自治体経営は、現実が抱える様々な利害関係の反映である経済社会課題の複雑性を意思決定の前提としてまず認識し、利害関係の複雑性の中で許容できる範囲の限定的な選択肢の中から政策を選ぶ流れを形成する。

このため、従来からの利害関係を前提として取り組んできた内容の正当性をまず認識・確保し、既存の利害関係を重視して従来からの継続を優先する。構造的変化の時代には、非合理な意思決定とそれに基づく自治体経営に陥りやすい構図となる。既得権の維持を優先し、従来から用意されている経営の選択肢の中から、漸進的に許容される政策を選択する「引出し型経営」となりやすい体質をもっている（図表1-3）。

2 増分体質の自治体経営

増分体質の自治体経営では、
①意思決定者が現在の政策に対するあらゆる代替案を検討するだけの時間・情報・力をもたないこと、そして政策選択肢の判断軸をすべて認識することには限界があることを前提として受け止め、従来の政策判断軸を容認しやすい構図を形成すること、
②本質的に将来に関する情報の信頼性は劣位となる点を考慮せず、新しい政策提案に対しては不確実性やリスクが高い点を強調し、前例踏襲型が安定

性や政治的正当性に優れていると経営的に判断する傾向が強いこと、
③既存政策に基づく過去からの継続的投資の存在を、既存政策の継続性について財政面から正当化する要因（いわゆる「サンク・コスト（sunk cost）」など）として重視し、政策に対する慣性的機能が生じやすいこと、
④既存の利害関係の範囲にとどめた妥協的調整により対立的意思決定を回避し、最終的な政治的調整においても受け入れられやすい構図を形成すること、
などの特性を指摘することができる[2]。

こうした特性による自治体経営は、行動規範性の面から政策の保守的傾向を強めやすく、大きな構造的変化に直面した政策の進化への対応力は著しく劣位とならざるを得ない。

3 増分体質の情報の質

増分主義は、将来の自治体経営や政策の姿を過去の延長上にとらえることを基本とする。このため、増分主義の下で自治体経営を支える情報の質は、
①既存政策に対する過去の投資は正しいことを前提とするため、一度始めた事業の見直しが進まず、使用率の低いあるいは重複した施設が残り、少額の補助金などが長く維持されるなど、過去の政策の是非を認識し検討する視点に欠けること、
②一方で、毎年度予算の財源確保が困難でも、政策を実施するために財源的に不足する点は将来の負のストック（債務やリスク堆積など）に転嫁する姿勢が強く、このため、本質的にストック情報の質が劣位しやすいこと、
③将来に向けた不確実性やリスク、将来確実に必要となる再投資費用や退職給与、将来の維持・管理費などを単年度主義の下で認識せず将来をみない性格が強いこと、
などの特性が指摘できる。したがって、増分主義の下でのリスク認識は、極めて限定的な範囲と視野にとどまり、その矛盾を将来のストックに転換する構図にあったといえる。

限定的なリスク認識を可能にした背景には、20世紀後半を中心とする①右肩上がり経済による所得規模の継続的拡大、②国内中心に管理可能な金融市場による財政主導型金融体質（国内的視野で金融市場を管理し、財政資金の需要に優先して資金を割り当てる構図）などにより、フローの矛盾を構造的に先送

---

[2] 宮川（1994）pp. 158-161。

り可能な体質が存在したことが挙げられる。

　しかし、経済の成熟化が進み継続的な所得拡大が困難な時代、そして金融市場のグローバル化の進展に伴う資金の流動性が高まり、財政主導型金融体制の限界が明確になるなどから増分主義を基本とする自治体経営の構図と、そこでの意思決定のあり方も大きな転換を求められている。それなしでは、自治体の持続性を確保することが困難となっている。

3-3　情報化と内発型資源の重視

1　内発型資源

（1）リージョナル化

　情報化によるエンパワメントが与えた自治体経営への増分主義に続く変化要因は、内発型資源の重視である。情報化による情報ネットワークの飛躍的進化は、グローバル化とともに情報が極めて速いスピードで様々な縦割りの垣根と階層を越えて共有され、地域の経済社会活動にも大きな影響を与えている。そのことは、①国内の経済社会の資源を多様化させ、様々な活動だけでなく、リスクの相互連関性の適切な把握と配分を自治体経営に求めると同時に、②リスク管理のセーフティネットとして、地域政策とグローバル政策の融合を求める流れを強めている。

　グローバル化に対応し翻弄（ほんろう）されない持続的な地域づくりには、従来の国による標準化された枠組みとそれに依存した外発型自治体経営だけでなく、地域資源を個性的に自ら活用し多面的な高付加価値化を目指す政策の視点、すなわち、地域に根ざした価値を引き出して拡充すると同時に、地域の欠点を克服するリージョナリズム（地域主義：regionalism）[3]の視点、いわゆる内発型資源の活用が重要となる。

（2）地域のセーフティネット

　内発型とは、グローバル化（globalization）とローカル化（地域限定化：localization）の混成語であるグローカル化（glocalization）とも表現され、地球規模の視野をもちつつ地方にある資源を生かし、地域の所得循環を少しでも

---

[3] リージョナリズム（regionalism）は、「地域統合」として経済社会的に関係を強めることも意味するが、本稿では「地域主義」として地方の自主性を高めていくことを意味する。

厚くする視点を重視する。一つの地方自治体の視点からだけでなく、地球や国を創造する視点からの地域資源の活用が自治体経営でも重要となっている。

また、リージョナル化の進展により地方の異なる資源による地域間の競争が展開されると同時に、相互に異なる資源で結びつくことでリスクに対して補完し合う持続性に向けた地域間のセーフティネットが形成される。国が担保する画一的なセーフティネットに加え、地域間、官民間、さらにはコミュニティにおける多層型セーフティネットの形成を可能にしている。この形成には、事業単位だけでなく施策単位に視野の中心をおいた自治体経営の展開が不可欠となる。

物語の暴走で例示した工場誘致も、人材やノウハウ、コミュニティや物的資源をはじめとした地域の特性を活用した生産プロセスを組み込んだ誘致であれば、単純なコスト競争による工場の移転などに比べ耐久力が強くなる。仮に、工場が移転しても、第三セクターなど公的仕組みの活用で地域にノウハウをもった人材を残すことができれば、地域の劣化の歯止めとなる。

2 長期的動態的視野

さらに、超少子高齢化、グローバル化の進展の速度と深度は地域によって大きく異なり、地域の受けるインパクトの違いを静態的だけでなく時間軸とともに動態的に認識し、そのタイムラグなどを相互に活かせる経営視野が重要である。

たとえば、日本全体の高齢化率が上昇するのとは異なり、基礎自治体単位では2030年代以降も65歳以上人口が増え続けるのは大都市圏が中心となり、むしろ非都市部では65歳以上人口が減少局面に入る地域も多い。こうした動向の違いは、高齢化政策の必要性や優先性が量的面を中心に基礎自治体間で均一ではないことを意味する。

国境を越えた地域間グローバル競争の激化は、前述してきたように情報通信、電子機器など先端産業の誘致に補助金や減税策をセットにして展開してきた優遇型地域産業政策の持続性への限界を明確にしている。外発型エンパワメントにグローバル化が重なり合い、新興国を含めた激しいコスト競争と技術開発競争の中で国内外を通じた民間企業の立地の流動化を生み、地域政策の持続性に対する不確実性を強めている。そこでは、長期的に経済社会活動は変化することを認識し、民間企業に地域が合わせる優遇型だけではなく、地域が本来もつ資源に合わせた産業を戦略的に育成・立地させる内発型資源による戦略が今ま

で以上に重要となっている[4]。

3 メッシュ情報

　内発型自治体経営の実現には、地域の細かい情報、すなわちメッシュ情報の集積と活用を地方自治体も重視するネットワークづくりが必要となる。国などの制度や政策を組み合わせた地域政策だけでなく、自ら政策を生み出すためには、地域の人間行動に加えそれが形成する地域のメッシュ情報の蓄積と活用が大前提となる。

　地域政策は、地域の人間行動に働きかけ、それをより良い方向に変化させていくことを核とする。なぜ、地域の商店街は衰退するのか。前述したように、大規模店舗の進出だけに原因があるのではなく、大規模店舗に買い物などに向かう人間行動を認識しそれを変える、あるいは変化に対応する手段とその手段の現実化ができない点にも原因がある。この原因を明確にするには、地域の経済社会活動に関する細かい情報の集積が前提であり、地方創生の政策の土台ともなる。

　こうした点は、経済産業活動だけでなく、公立病院の経営をはじめとして地方財政に大きな影響を与える医療に関する計画策定とその実施など、他の領域においても同様である。自治体経営において地域医療の実情を把握することは、一定の公的統計を除いて難しい状況にある。実情の把握の前提として、「いかなる範囲と質」で情報を把握し観察するのかを明確にする必要がある。

　たとえば、病院への入院患者はもちろんのこと、入院から外来へと治療形態が移行した退院患者のデータの把握も地域医療には重要となる。なぜならば、医療や介護の提供を施設から地域、コミュニティ、家族へと移行させる流れの中では、外来へと治療形態を移行させた患者の医療・介護等の質などに、体系的かつ継続的に着目し、情報として集積・共有することが大前提となるからである。

　また、地域の資源を発掘し地域の特性として、国内はもちろんアジアに向けてもグローバルに発信し、観光、特産品の販売などの拡大に結びつけていくことは、地域の活力を生み出す取組みとして重要である。その際に留意すべきなのは、受け手である内外の消費者のニーズを把握する市場調査を踏まえたマネジメントの展開である。どんなに優れた地域資源でも、消費者のニーズを認識

4　足立・森脇編著（2003）pp. 49-60。

した発信とマネジメントを展開しなければ、単なる押し売り型戦術となり、地域資源が生かされない結果となる。

4 自治体経営の進化を生み出す力

前節までみたように、超少子高齢化、グローバル化と一体化した情報化やリージョナル化の進展は、増分主義による自治体経営の限界を明確にしている。

増分主義を脱却し自治体経営の進化、すなわち、過去の延長線上の意思決定を正当化するのではなく、経営手法の見直しによる変化のプロセスを恒常的・自覚的に自治体経営の意思決定過程に組み込むことが、構造的変化の時代には必要となっている。いわゆる「知っていること」から「生み出すこと」への進化である。具体的には、経済社会の構造的変化と相互関連性に対応した自治体経営の実践性を確保することであり、自治体経営の複合的視野とその融合、経営の不確実性とリスクへの対応が重要な課題となる。

4-1 融合力とネットワーク力

1 融合力

自治体経営に求められる第1の力は、複合的視野の形成とその融合である。21世紀のグローバル化社会、情報化社会では、様々な経済社会の問題自体が相互に関係し合う相互連関性を強くしている。経済、財政、金融、社会福祉、自然環境、技術開発などあらゆる問題が相互に原因と結果の関係をもつ相関性を強め、縦割りの視点や領域だけから経済社会の諸課題を整理し解決できる範囲が限定的になり、分断化された視野の有効性を低下させている。

自治体経営における複合的視野の形成には、①自らの担当分野の問題解決に対しても、経済社会全体を通じて縦割りの担当にとらわれない広く長期的な視野をもつこと、②リスクや不確実性を認識する積極的視野と思考を充実させること、③限定化されない広範な利害関係を認識する視野をもつと同時に、利害の類似点・相違点を認識し体系化する力を養うこと、が重要となる。

戦後の経済社会の発展では、経済成長とともに縦型ネットワークによる標準化・階層化、専門化・細分化を進めた。自治体経営の視野も専門化・細分化が進むことで断片的となり、経済社会の将来の変動要因、すなわちリスクに関する考察が不足し、問題への対処を困難にしている。たとえば、子育て政策は関

連分野が極めて広い領域である。幼稚園、義務教育などの教育分野、健康・保育などの医療・福祉分野、共働き環境の充実などの労働分野、男性の育児休暇促進など、総務・人事分野など幅広い部門の複合的視野と連携がなければ、出産・育児・保育から義務教育・高等教育に至るまでの時間軸を一貫した子育てとして政策展開することは困難となる。

2 ネットワーク力

　自治体経営の充実に欠かせない第2の力は、ネットワーク力である。ネットワークとは、節（主体＝人、組織・集団）と経路（関係）から構成される流れであり、節と経路をいかなる構図と質で構成するかでネットワーク全体の性格が異なるものとなる。

　情報化の視点から整理すれば、ネットワークの節は「情報蓄積」、経路は「伝達移動」の機能を担う。節が分野ごとに専門化・細分化された単位となれば、そこに蓄積する情報も限定的・分断的となり、節を結びつける経路の視野も狭視化し相互連関性への対応が弱体化する。行政だけでなく経済社会全体の縦割り構図が細分化し、全体像をみる目が劣化する。そのことは、全体構造の変化とそれが抱えるリスクへの認識を弱める。

　経済社会構造が大きく変化する時代を迎え、専門化・細分化した節の課題が深刻化し、社会的相互連関性の視点とそれによる「現実問題の解決能力」の向上が自治体経営においてリスク管理の面からも重要な課題として顕在化している。専門化・細分化の深まりは、縦割りの細分化された視点の充実には資しても、相互連関性を深めた課題に対するより広い視野からの考察を形骸化させる。既存の専門領域だけではなく、領域間をつなぐ経路を対象とする自治体経営の充実が必要となっている。縦割りをつなぐネットワークの経路をいかに形成するかで、自治体経営の性格も異なるものとなる。政策立案・行政評価でも、細かな単位ではなく経路も含めた施策単位の検討が重要となる理由もここにある。

4-2　法的思考＋政策思考

　第3の力は、法的思考と政策思考の融合である。従来の増分主義の自治体経営は、制度を知るための法的思考が中心となって展開されてきた。自治体経営の進化で基盤となるのは、法的思考に加えて、政策思考を充実させることである。

■1 法的思考と政策思考の比較

　法令によって支えられた現行の政策・制度の理解は、当然に法解釈やそれに基づく具体的事項に対する運用など法的思考を中心として展開される。とくに増分主義の中で中央集権的に国の制度・政策が中心とされた時代の地方自治体では、国の法令を着実に執行することが主な役割であり、そこでは法的思考が求められた。とくに、基礎自治体では国や都道府県の制度や政策を理解し、それを着実に実施することが地域政策の柱であり、自ら地域の人間行動とその関係に着目して新たな制度や政策を生み出す思考は地方自治体においては相対的に劣位となっていた。

　しかし、自治体経営の進化には、構造変化に伴う政策や制度の見直しが不可欠であり、既存政策・制度と新たな政策・制度との連続性のガバナンス問題として法的思考とともに政策思考の視点が重要となる。新たな政策・制度に対するガバナンス形成は、まず、政策思考が中核となるからである。このため、法的思考と政策思考の一体性が確保されなければ、自治体経営の進化は極めて緩慢なものとならざるを得ない。法的思考の特色は、

　①人為的に定められ特定の社会で実効性をもつ実定法の基準に従うこと、
　②事実関係の認識と法的分析を行うこと、
　③過去の出来事を事後的個別的に検証すること、
　④白黒の二分法的思考が中心となること、
　⑤十分な証拠に基づく推論を重視すること、

にあり、法的思考は全体として過去をみる性格が強い。これに対して政策思考は、

　①理想に向けて現在の制度に配慮するもののそれにとらわれないこと、
　②将来思考的かつ包括的な視点で検証すること、
　③幅広い選択肢を発掘すること、

など法的思考とは異なる特色をもち、現在の政策・制度と摩擦的性格をもちやすい。

■2 思考の融合

　法的思考と政策思考の相互関係の充実に向けて、次の三つの視点が重要となる。

　第1の視点は、自治体経営における個別事例・現場の問題点から接近する帰納法的視点である。法的思考は個別の過去の出来事に対する分析を通じて法的

問題を発掘することであり、その問題を将来の政策や制度設計に発展させ、普遍化する思考が政策思考である。

個別の出来事をベースとして問題点を認識する帰納法的視点は、従来の政策・制度を見直すことに有効性の高い接近方法であり、自治体経営の原点ともなる。問題点と政策の発想は、現場に宿るという現場主義の原点でもある。政策思考により個々の出来事から問題点を認識し、それらから共通要素や類似要素などを束ねて普遍化、すなわち上位概念化することを意味する。この普遍化により、一層広い領域に共通要素・類似要素を活用する自治体経営の応用力が形成される。

第2の視点は、過去と将来をつなげる視点である。前例踏襲型の増分主義とは異なり、前例にとらわれず変化させ自治体経営の進化を確保するため、法的思考により従来の政策・制度を踏まえた上で、それを起点としつつ新たなルール・規範性の判断を行う前提となる経営哲学を共有し、経営規範を形成する。そこでは、自らが現場を観察・分析し新たな哲学を生み出すこと、すなわち「知っていること」から「生み出すこと」への転換が重要となる。

第3の視点は、分析と評価の融合である。分析とは特定の出来事の構成要素、たとえば、子育て政策については、子育てを担う両親、子供自身、さらには子育てに直接間接に影響を与える職場、教育機関、コミュニティなどの要素に分けて認識し、それらのもつ共通点・類似点・相違点など諸点を明確にすることである。こうして明確にした諸点を応用し、人間行動の特性を政策面から把握し、子育て以外の領域での人間行動と比較することで、他の政策形成に活用する応用力を高めることが可能となる。

分析で明らかとなった要素や諸点を一定の行動規範からの良し悪し、すなわち実現したい目的・目標の実現に向けた共通価値をものさしとして良し悪しを判断することが評価である。分析と評価は、明確に区別すると同時に、両輪として機能させる必要があり、自治体経営にとっては、分析なき評価は無謀であり、評価なき分析は空虚である。

4-3　自治体経営を支える基礎力

自治体経営を充実させる力を形成するために最も重要なことは、職員、そして組織全体の体系的政策力を向上させることである。首長のリーダーシップは、重要である。しかし、長期的な視野に立った場合、自治体を恒常的に支え続け

る行政職員とその組織の政策力の向上が地域の持続性を担保する最終的なセーフティネットとなる。

とくに、効率化・スリム化を目指した行財政改革が進む中で、職員数の減少、年齢構成の歪みなどが生じ、自治体全体の視野からの経営そして政策を考え実践するノウハウの蓄積と移転伝承が難しい状況に陥っている。自治体職員の研修において専門知識の蓄積は不可欠なものの、より根源的に形成すべき自治体経営に向けた基礎力として、①観察力、②分析力、③伝える力がある。この三つの力を体系的に形成する職員研修を織り込むことにより、政策を探求するプロセスを日常的能力として形成することができる（図表1-4）。

① 観察力

基礎自治体職員のもつ大きなメリットは、地域と日々接する中での行動力の発揮であり、そのために地域内、そして地域と職場を越えたネットワーク形成を図る必要がある。ただし、漠然と行動しているだけでは、自治体経営力や政策形成力は養われない。行動する中で重要な変化や異常に着目する「観察力」が必要である。

観察とは、注意深く対象をみることである。注意深くみる視点は、①基礎的視点である出来事に関する外見面の観察（形・大きさ・位置・統計数値など）と時間的変化の観察（時間経過などの比較）、②応用的視点である出来事の内面に存在する人間行動の観察（動機づけ、意思決定、行動様式など）と、人間行動に影響を与える環境面の観察（経済社会環境との関係）である。こうした視点からの観察力を充実させることで、自治体経営の基盤をなす情報蓄積の体

■ 図表1-4　自治体経営を担う力

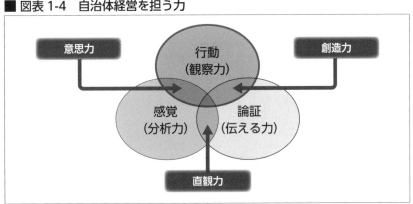

系が形成される。

② 分析力

　自治体経営を養う基礎力には、前述した分析の力が必要となる。具体的出来事や事例を観察して多く認識するだけでなく、そこに潜む諸点の発掘と認識、すなわち普遍化が不可欠となる。この諸点の発掘に不可欠なのが、「分析力」である。

　分析とは、観察した対象を構成する要素に分けて、他の観察対象と比較することで共通点・類似点・相違点を見出すものである。多くの出来事の中に潜む共通点・類似点・相違点を認識することで、複雑化した経済社会の課題を生み出す原因を表面的ではなく、時間や空間を越えて本質的な視点で発掘することが可能となる。

③ 伝える力

　さらに、観察で得られた知識・情報を新たな政策のイメージの形成に結びつけるには論証力が不可欠となる。論証力とは、知識・情報を体系的に組み合わせ新たな構図を形成し、それを他者に伝えると同時に、他者からの意見を踏まえてより良い政策に進化させる力である。自治体経営や政策を進化させるには、創造的批判を受け入れ議論を展開できる力が必要となる。政策議論を展開するコミュニケーション力といえる。

④ 直観力と創造力

　自治体経営には様々な課題に対してどこに原因があるか、みつけ出す直観力が重要である。直観力は、分析力と論理力によって形成された、知識と経験が原動力となって発揮される。単なる一時的な思いつきや山勘ではなく、恒常的に気づきを生む能力である。そして、分析力と観察力が重なり合ったときに地方自治体の職員として自治体経営に対する行動規範に支えられた意思力が形成され、観察力と伝える力が重なり合うとき、創造力が発揮される。

　先例、法令や制度に熟知していることは重要である。しかし、それだけでは自治体経営を担うことはできない。「知っていること」を「生み出すこと」に進化させるため、観察力、伝える力、分析力の融合を目指した職員研修体系が自治体経営の充実には不可欠である。

5　構造的対立への対応力

　なぜ、21世紀の自治体経営には、創造力が必要なのか。それは、構造的対

立への対処にある。経済社会の成熟化による資源制約、そして社会的相互連関性が高まるほど、自治体経営の対象とする課題の構造的対立が先鋭化する。この構造的対立の克服が、地域の持続性確保に向けた自治体経営にとって不可避な課題となっているからである。

5-1 構造的対立の意味と複雑化

　構造的対立とは、問題解決に向けて相いれない排他的な解決点（両立困難）をもつ二つ以上の考えが共存すること、すなわち、資源制約が強まる中で縦割りの分断された視点からは共通の解決点が見出せない状況を意味する。たとえば、九州の諫早湾における漁業と農業間の水門の開閉に関する裁判も含め2000年代に入りとくに先鋭化した地域対立、都市部の児童公園を保育園に転用することに対するコミュニティ内での対立、公共施設の廃止・統合に関する住民間の対立など、従来の右肩上がりの成長を前提に新たな場所や施設などを確保するだけでは問題を解決することができない局面である。

　こうした構造的対立に対し、従来の増分体質での自治体経営では、足元の利害関係者間の損失を最小化し妥協的な結論に到達することで、問題の深刻化を回避する手段が中心となっている。予算編成や人員削減における一律カット方式（シーリング方式）に代表される利害関係者間の耐えられる対立の均衡点を求める方法である。しかし、増分体質ではなく政策資源が限定化し最適化を求めていく段階では、妥協的均衡点の形成と維持に限界が生じると同時に、利害調整に関与できない多くの住民は解決点が見出せない中に残されるため、全体として自治体経営や政策への信頼性を低下させる結果となる。

　加えて、大衆情報化社会の深化は、主観的感覚議論を政策議論に組み込みやすくし、構造的対立の複雑化を加速させる要因となる。ニーズの多様化が進み、相互に排他的な解決点をもつ二つ以上の考えが共存することが多い今日の自治体経営の中で、従来の利害関係者だけでは解決が困難化している現状での意思決定には何が必要か。その類型として、

　第1に「耐えられる対立の領域」にとどめること、

　第2に「対立の操作」を行うこと、

　第3に「意思力の操作」へ進化すること、

がある。

5-2　対立への対処

1　耐えられる対立の領域の形成

　第1の耐えられる対立の領域にとどめることは、足元の利害関係者間の損失を最小化し現実的・妥協的な結論に到達することで問題の深刻化を回避する意思決定である。いわゆる、皆で少しずつ我慢する構図であり、従来の自治体経営の多くは、このレベルでの意思決定を中心としてきた。

　たとえば、高度成長から中成長、さらには低成長へと日本の経済成長が低下した1970年代から80年代にかけて、新たに配分する資源制約が強まる中で、少しずつ配分を削減し既存の枠組みを維持しつつ、将来の資源拡大を期待し利害関係者間で我慢する構図である。予算や人員に関する一律削減方式などが代表的な対処法であり、その結果、少額の補助金が多く残され、細分化された組織ごとの人員が不足するなどの実態に陥りやすい。

　この場合、既存の自治体経営に関与できる限定的な利害関係者間での意思決定を中心に対立を調整することになるため、前述のように意思決定に関与できない利害関係集団に属さない多くの人々は既存の対立の中に残されることになる。このため、自治体経営、政策そして政治に対する信頼感が失われるリスク要因ともなる。

2　対立の操作

　第2の対立の操作とは、地域などの将来像に関して否定的な構図を提示し、解決策の模索に向けた行動を惹起する方法である。この方法では、実行しないかまたは不十分な実行に伴う否定的な将来像を提示し、危機感からの政策議論を活発化させ解決に向けた妥協的協力に方向づける。いわゆる「危機感を高め解決に導く」方法である。

　この方法は、危機感を投げかけることで利害関係者だけの議論から脱却し、住民全体の認識を高める機能をもつ。たとえば、地方自治体の財政再建策において、財政破綻した場合の公共サービスの劣化など否定的な構図を提示し危機感を共有し、耐えられる対立の構図では解決できない大きな事業の見直しなどを実施する流れを形成することなどである。

　こうした方法は、現状と将来への情報の見える化を進め多くの住民の危機的認識を形成し、危機的状況を回避する手段としては有効なものの、意思決定に参加できない人々の危機感によって既存の利害関係の見直しを漸次的に進める

ことを基本とするため、従来の枠組みや体質から抜本的に転換するには限界がある。加えて、既存の利害関係を通じて政策の意思決定に関与できない人々の位置づけは変わらないことから、既存枠組みが従来どおり残され、同類の問題を繰り返す体質となりやすい。

3 意思力の操作

　第3の意思力の操作とは、利害関係集団だけでなく住民全体で見てみたいと考える理想的構図を大胆に提示し、対立を克服する手段である。第2の「対立の操作」と異なる点は、否定的な構図ではなく、対立している利害関係者だけでなく、利害関係集団に関与できない住民にとっても共通して見てみたいと願う理想的・創造的な将来像を提示することで、その実現に向けて積極的に協力する流れに導くことにある。

　対立の操作では、危機を回避する範囲での取組みはできるものの、経済社会に対して新たなイメージを形成するまでには至らない。自治体経営を通じて配分可能な資源が制約的になるほど、意思力の操作による理想的将来像を示し対立を克服しなければならない領域が経済社会の成熟化とともに拡大する。それだけに、新たなイメージを形成する視点が不可欠となる。

（宮脇　淳）

【参考文献】

足立幸男（2009）『公共政策学とは何か』ミネルヴァ書房
足立幸男・森脇俊雅編著（2003）『公共政策学』ミネルヴァ書房
公文俊平（2004）「地域情報化をめぐる課題」湯浅良雄・坂本世津夫・崔英靖編著『地域情報化の課題』晃洋書房、pp. 3-24
田中成明（1989）『法的思考とはどのようなものか』有斐閣
日本政治学会編（1984）『政策科学と政治学』岩波書店
宮川公男（1994）『政策科学の基礎』東洋経済新報社
宮川公男（2002）『政策科学入門　第2版』東洋経済新報社
宮脇淳（2010）『創造的政策としての地方分権—第二次分権改革と持続的発展』岩波書店
宮脇淳（2011）『「政策思考力」基礎講座』ぎょうせい
宮脇淳・若生幸也（2016）『地域を創る！「政策思考力」入門編』ぎょうせい

第2章
自治体経営・1980年代以降の理論と実践

CHAPTER 2

　第1章で整理したように、自治体経営には大きな進化が求められている。これまでも1980年代以降「管理志向型から行動志向型」、「組織から地域・圏域」と対象を拡大させ、行政管理から自治体経営へと変遷していた。

　この変遷の背景には、NPM（New Public Management）理論（以下NPM）からはじまる自治体経営を支えた理論の流れがある。その流れは、今日の自治体経営の実践と組織体質の中に多層的に蓄積され、21世紀の自治体経営のさらなる進化の方向性を認識する上で重要な前提となる。本章では、行政管理から自治体経営へと変化するとともに、NPM以降自治体経営を支えた理論の流れと実践的変遷を概観する。

1　管理から経営、行動志向型への転換

　自治体経営を進化させ、リスク管理を充実させる行動規範は何か。自治体経営の行動規範は、「管理志向型」と「行動志向型」に大きく分けることができる（図表2-1）。

■ 図表2-1　管理から行動へ

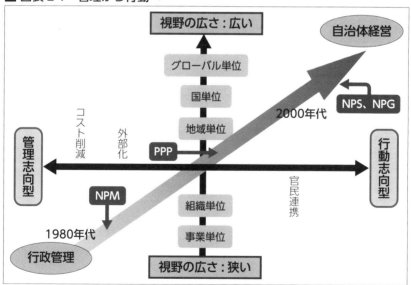

1-1　管理志向型

　管理志向型とは、国や地方自治体の継続的・義務的事務事業を中心に、目的への段階的接近である目標を着実に達成するため、法令や従来の手順など決められた基本的な枠組みを堅持しながら、実行性確保に向けた進行管理を中心として行う形態である。総合計画など地方自治体の諸計画、行政評価のほとんどは、管理志向型で形成・展開されている。

　管理志向型は、環境変化が少ない中で、着実に事務事業を進めるには適した実施形態ではあるものの、構造変化への対応には限界がある。具体的に限界とは、①制度・政策、施策・事務事業どのレベルであっても、新たな手段の創造には及びづらいこと、②内外を通じた環境変化に伴う未経験な現象を取り扱う視点が欠落しやすいこと、③既存政策の枠組みを堅持した範囲内で選択できる代替案のみを構想（いわゆる引出し型経営）しやすいこと、などである。

　このため、自治体経営において、目的達成のために手段レベルの見直しが必要なときにも適時に対応できず、手段の維持を優先し目的自体を見失う「手段の目的化」や「政策のラグ（時間的ズレ）」の深刻化を発生させやすい。

1-2　行動志向型

❶ 行動志向の意味

　これに対して行動志向型とは、漸進的であっても実効性確保、すなわち目的達成を実現するため取り組むべき新たな枠組みや手段の構築を常に意識し、必要に応じて目標や目標への接近プロセス、そして、手段などの見直しも敏速に行う姿勢である。また、官民連携などの取組みにおいても、積極的に民間企業やNPOなど連携相手の行動原理・行動様式を理解し、「共に考え共に行動する」姿勢をもつ。管理志向型が、官民連携において「官は指示する人、民は作業する人」といった請負型の姿勢で取り組むのとは、大きな違いがある。

　現実の政策展開を通じて集積する情報を自ら積極的に活用して行動することで、社会経済の構造的変化を観察・分析し、認識・理解することで自治体経営の実効性を確保する行動様式である。加えて、グローバル化や情報化の進展は、国の内外の垣根を低くすることから、地方自治体自らの地域だけでなく、周辺地域を含めた圏域はもちろんのこと、個別の自治体経営において国や地球規模での視野をもって行動することが求められる時代となっている。そのことは、

より広い視野でのアンテナの形成を不可欠としている。

2 管理力と行動力の違い

　管理志向型と行動志向型を理解するには、「管理力」と「行動力」とが異なることへの明確な理解が重要である。管理力は、自治体経営においてすでに存在する目標や計画やルールなどに対していかに行動を合わせていくかの能力である。たとえば、目標値を設定し、それに対する達成率を高めていくために、既存の枠組みの中で人的資源や資金をいかに有効に活用するかは管理力の問題である。また、法令などを熟知し、具体的案件への適用を法的思考に基づいて展開するのも管理志向型である。

　これに対して、「行動力」は、「過去に存在しなかったものを実現すること」である。すなわち、既存の枠組みなどにとらわれず、自らの行動の源泉となる価値自体を明確に再認識し、その上ですでに存在する計画やルールに合わせてものごとを遂行するだけではなく、価値観自体を実現する手法を新たに創造する力である。ルーティン的業務の遂行は管理力が中心となるものの、そこにおいても常に既存枠組みの進化を意図する行動力が不可欠となる。

　さらに、行動力には、自ら生み出した手法を現実に推進する新たな管理力が必要となる。従来の管理力は、すでにある枠組みの人間行動を前提とするため、管理行為の前提となる新たな枠組み自体を管理者が創り出す必然性はない。しかし、行動力においては、自ら生み出した新たな手法を実践するための人間行動の枠組み、すなわち新たな管理自体も創造することが必要となる。ここでの管理力は創造的能力であり、行動力を支える柱でもある。そこでの中核的要素は、新たな人間行動を支える情報の蓄積と伝達移転のネットワークをいかに構築するかにある。前章でみたように行動力があってはじめて、自治体経営を支える基礎的力である「観察力」が向上する。

1-3　行動志向を支える実践力

　行動志向の実践力を支える力は、以下の三つから形成される。

1 注意の実践力

　第1は、注意の実践力である。より広く、より深い時間や空間を視野に入れ観察する能力である。一つの地方自治体だけで完結する経済社会活動は皆無で

あり、さらにグローバル化が進展する中で、地球規模での観察を通じて注意の実践力を高める必要がある。

また、相互連関性を深めた複雑な経済社会システムでは、様々な問題を解決する方策が予期せぬ方向や結果に結びつくことも少なくない。その理由は、問題の原因とその解決策の効果が外見的に認識しているほど時間的、空間的に密接に関連していないためである。複雑なシステムの中で生じる問題を克服するには、いかにより広く、より深い時間や空間に対する注意力を養い発揮できるかが鍵を握ることになる。

単に情報を多く知っているだけでなく、それらの相互関係をイメージし常に検証する姿勢が不可欠となる。より多くの情報を知れば知るほど、より広く深い注意力が不可欠となる。それがなければ、単に多くの情報に受け身的に左右され、自ら混乱を生み出すだけのことになる。

2 意味づけの実践力

第2は、意味づけの実践力である。自治体経営における様々な行動に対して常に意味づけを行い、その意味づけに基づく行動の体系化を図ることである。いわゆる、行動規範の形成である。たとえば、自治体経営のトップたる首長の権威要件として、①選挙などによって地位を正当に獲得したことに加え、②組織や地域に対して意味づけの体系化から形成される価値観の共有とそれに基づく行動規範の形成が必要となる。正当に地位を獲得しても、この地域や組織の行動規範などを示せなければ、自治体経営は空洞化する。

首長に限らず自治体経営にかかわる行政職員、議員、そして官民連携などを通じて公共サービスにかかわる民間企業やNPOなど組織活動においても、常に意味づけを意識して行動規範の共有と向上を図る必要がある。

3 信頼の実践力

第3は、信頼の実践力である。行政経営と地域経営は自治体経営として、密接不可分の関係を強めており、意味の実践力で形成された価値観をベースに地域・住民と行政の信頼感を高めることが大前提となる。

信頼感の形成には、行政自身が組織の中に「システム思考」を発展させることが必要となる。システム思考とは、地域、コミュニティ、住民、外部環境も含め、様々な活動はそれを構成する異なる部分の相互作用によって生まれるという概念であり、組織や地域を全体として理解するために、多様な考え方や視

点に目を向けて、それを合成する力が必要となる。従来の思考では、問題が生じた場合、問題の原因は、問題が生じた特定の組織や地域の内部に存在すると考えることが多かった。しかし、システム思考の場合、原因と結果は時間的・空間的に密接な関係はなく、より広いシステム内外の異なる領域間の相互作用でもたらされると考える。そのため、特定の領域だけに責任を転嫁するのではなく、組織全体、地域全体として責任を受け止めてより良く進化する相互信頼性が生まれる。

1-4　自治体経営の組織力

1　組織力の意味

　自治体経営の「組織力の形成」とは、単に指揮命令の体系を明確にし、組織図を通じた権限と責任の割り振りによる「組織の形成」を行うことではない。組織力の形成とは、リスク管理を含めた自治体経営の実践力自体を組織の機能として養うことである。それは、第1に組織が求めている目的や状態の意味を明確に表明し、その上で、第2に組織の使命の達成は「集団」で行われるものであるとの認識を形成することである。

　組織力は、トップも含め特定の人材の資質やパフォーマンスで達成できることはなく、常に人的ネットワークの中で機能し、そのネットワークの中で組織が社会全体に対してもつ価値の共有（行動規範の共有）を図ることが組織力の源泉となる。こうした流れの形成には、前項でみた組織としての注意、意味づけ、そして信頼の実践力が不可欠であり、組織の文化を形成するコアでもあると同時に、最終的に組織の風土や文化を形成する原点でもある。トップの能力が単独としていかに有能であったとしても、組織全体との連携による価値の共有に努めなければ、組織としての資質を高めることはできない。

2　開かれた学習

　以上の組織力、そして地域力を形成・向上するには、トップから中間管理職・若手、あるいは年齢や職業にとらわれない住民のための「開かれた学習の場」を形成することが鍵となる。組織や地域の創造的な行動規範形成における最大の障害は、個々人が良いアイデアをもっているか、または状況を変えることができる何かを知っているのに組織や地域の閉鎖的・前例踏襲的な体質が「聞くことを望まない」という姿勢を貫くことにある。こうした体質は、自治

体経営の進化を止める大きな要因とならざるを得ない。

　社会経済環境の変化を認識せず、自らの枠組みを固定的に意識することで、新たな思考や発想などを排除する体質を克服する場を形成することが「開かれた学習」の目的となる。組織内の地位や権限、担当分野、さらには組織の内外にとらわれないオープンな学びの場を形成することは、積極的に環境の変化や揺れを受け入れ、学習姿勢を開放する個人・組織の体質を形成する。継続的な成長、変化、適応に向け新しいことを学習すべきであり、これが実現しない場合、組織や地域の活力は停止することになる。

　活力ある状態を生み出す最大の要因は、組織や組織を動かす特別な挑戦、または刺激的なアイデアを特定の枠組みや価値観に拘束することなく、広く情報・意見を交換し創造性を高める場を形成することである。自治体経営の進化は、リスクや間違いを犯すことを「成功の本質的部分」であるとみなし、失敗を失敗として処理せず「不適切な方法がわかった」として受け止め、積極的に蓄積する点にある。

　第3章で詳しくみる行政評価を通じた自覚的フィードバックの形成も、失敗や未達成を否定的批判の対象とするのではなく、創造的批判として次のイノベーションの資源であると理解することである。その上で、問題が生じた時に一人ひとりや一つの部門に問題を押しやることなく、異なった立場から眺める仕組みを形成することで解決策や新たな方向性が提示される。また、開かれた学習の場では、悪い情報を予期して耳を傾ける自発的な意識が必要であり、悪い情報を組織や他者へと責任転嫁し、自らの問題としない姿勢を克服する場ともなる。

2　NPM理論

　1980年代以降の管理志向型から行動志向型への変遷、そして自治体経営を支える力について前節で整理した。こうした変遷を生んだ行動規範の前提として、自治体経営を含めた行政運営に対するNPM（New Public Management）からはじまる大きな流れについて概観する。それは、NPM、PPP、NPGと行動規範に影響を与えた理論が変遷する中で、自治体経営に多層的にそれぞれの理論の実践によるメリット、デメリットが堆積しており、多層的堆積による特性を認識していくことが、本章の冒頭で指摘したように今後の自治体経営を考察する上で不可欠な前提となる。

2-1 NPM

1 新保守主義

　NPMは、1980年代以降を中心に日本を含む主要先進国に大きな影響を与えた市場主義と新保守主義（Neoconservatism）を背景とする公共経営に関する理論である。具体的には、①「市場を通じた資源配分の優位性」と②「効率性の合法化」を軸に、「小さな行政」、「官から民へ」の流れを展開する。「公共部門の現代化の流れ」とも表現されている。

　日本では80年代に入り経済の低成長化が進む中で、日本国有鉄道、日本電信電話公社、日本専売公社の民営化に代表される小さな行政、官から民への領域移転を意図した改革が中曽根内閣・土光臨調の下で展開されている。

　さらに、橋本内閣の中央省庁再編などの行政改革、小泉内閣の郵政民営化、企画部門と実施部門を切り離す独立行政法人制度の創設による特殊法人や国立大学の改革、90年代から本格化し機関委任事務や通達行政の見直しに取り組んだ第一次地方分権改革の流れを通じて、今日の自治体経営にも影響を与えている。

　NPMの根底には、新保守主義の考え方が横たわる。新保守主義は、米国のレーガン（Ronald Wilson Reagan）、英国のサッチャー（Margaret Hilda Thatcher）、日本の中曽根康弘各政権における行政改革の基本理念とされた。その根底には、70年代半ば以降、南米チリのアジェンデ社会主義政権による国家主導の開発体制が破綻した後の経済復興において、クーデター後のピノチェト政権で採用され大きな役割を果たしたシカゴ学派を中心とする市場主義がある。

2 シカゴ学派

　シカゴ学派は、1920年代以降米国シカゴ大学を中心に展開された学派であり、ミクロ経済学的視点と手法を多くの社会現象の分析へ適用することを基本としており、リベラリズム、マネタリズム、合理的期待形成学派、公共選択学派など多方面に影響を与えている。代表例としては、①スティグラー（G. J. Stigler）の「個の利益を追求した改革の必要性」、②シュルツ（Theodore William Schultz）の「市場こそが社会運営の最適システム」、③フリードマン（Milton Friedman）の「アンパイヤとしての行政」などがある。

　新保守主義は、福祉国家的な考え方に対するアンチテーゼとして登場してい

る。福祉国家的な国家管理思想の拡大が、本来、民間企業が中心となる私的領域への行政介入を促し、その結果として行政の肥大化・規制の拡大や英国病などといわれる住民の行政依存・自助精神の衰退を招いたとする視点から始まる。そして、個人の自由と責任を重視し、市場原理の活用により競争を活発化させる政策を志向する。そのため、必然的に行政の関与や領域は小さくなることを要求し「小さな行政」を求める傾向が強い。この基本理念に基づく経済再生、行政改革が一定の成果を生むに至り、その諸政策を体系化したNPMが影響力を拡大させていった。影響力の拡大は自治体経営にも及び、小さな行政、効率化への流れを、今日においても強くしている。

2-2　自治体経営における共通要素

　自治体経営がNPMの考え方を導入することで、地方自治体に共通して形成される要素を整理すると以下の4点になる。

■1　裁量権と責任の明確化

　第1は裁量権と責任の明確化である。具体的には、公共サービスの最終的な受け手である住民に一番近い行政組織あるいは責任単位に対して、公共サービスに関する裁量権と責任を明確にして可能な限り委譲することである。

① ミッション・ドライブ型

　裁量権と責任の委譲を進める背景には従来の自治体経営が、規則や前例などによって公共サービス提供の方法や質が制約される管理志向型たる「ルール・ドライブ型」（形式的に規則などを守ることを追求すること）の体質を強くしていたことにある。増分主義と法的思考が重なり、行政、住民共に「公共サービスの行政サービス化」（公共性のあるサービスは、行政が直接担うべきとする考え方）や「行政可能性の無限化」（行政資源は際限なく確保可能であり、行政は無限に対応できるとする考え方）の状況を生み出してきたことへの問題意識である。

　こうした問題点を克服するためには、可能な限り裁量権と責任を住民の近くに移し、多様なニーズに対応する機能を重視した行動志向型、「ミッション・ドライブ型」（機能を重視する）の自治体経営を実現することが必要である。基礎自治体のミッション・ドライブ型の自治体経営を実現するには、裁量権と責任を可能な限り基礎自治体に委ねると同時に、民間分野も含めた規制改革を

両輪として展開することである。なぜならば、基礎自治体に裁量権と責任を委譲しても、同時に細分化された業界や資格など民間領域の縦割りを形成する規制を見直さなければ、実効性のある政策展開は困難だからである。そのため、日本では1990年代以降、第一次地方分権改革や規制改革の取組みが本格化している。

② 裁量権の充実と説明責任

なお、裁量権の委譲は、同時に裁量権をもった地方自治体の説明責任を強く求めるものとなる。説明責任は、裁量権があることによって発生する。国の定めた法令どおりに執行するのであれば、地方自治体側に説明責任は求められない。なぜならば、地方自治体には裁量権はなく、法令を定めた国に説明責任が生じるからである。しかし、裁量権の委譲により地方自治体側の判断が一定範囲でも認められる場合、責任と同時に住民などに対する地方自治体の説明責任、説明能力の充実が重要となる。

2 市場原理や競争原理の導入

第2は、市場原理や競争原理の導入である。NPMの中核でもある市場原理や競争原理を公的部門に導入することによって、資金、人、情報、時間など公的部門に投入される資源の多様化を図ることを意図する。資源投入の多様化は、行政組織の位置づけ自体からはじまり、資金調達の多様化による財政制度、中途採用など試験制度も含めた公務員制度など公共部門の基本制度に加え、そこで形成される意思決定、人間行動、その前提となる情報の蓄積と伝達に関する改革の取組みを不可避とする。

日本でも1980年代の日本国有鉄道など公社の民営化からはじまり、公会計や特別会計制度の改革、中央省庁再編、独立行政法人制度の創設、政策評価制度の導入、情報公開制度の充実などが進められている。とくに、郵便貯金の民営化などによる財政投融資制度の改革は、財政と金融の関係を「財政依存型の金融」（財政政策、財政制度優先の金融）から「金融依存型の財政」へと転換している。それにより、国債、地方債の発行や流通に関する市場機能の強化なども取り組まれている。

一方で、公的部門が市場原理や競争原理に翻弄されるのではなく、市場原理、競争原理への公的部門の対応力を強化することで、行政のスリム化とともに官民連携の充実に結びつけることも意図している。そして、官民連携の充実では、官と民の役割・責任やリスク負担を明確にする構図の充実が重要となる。

また、市場原理などの活用は、これまで十分に果たされてこなかった納税者、さらには債権者や市場への説明責任を果たす能力を向上させるとともに、自治体経営における民間の視点・市場の視点からのモニタリング能力を向上させることを意図している。前述したように、説明責任を構成する二つの要素である「説明」と「責任」を結びつけるのは「裁量」である。政策の領域、執行方法などに裁量があることにより、はじめて説明と責任が発生する。裁量の自由がなければ、説明はできても説明の内容に対する責任はとり得ないからである。

3 統制基準の見直し

　第3は、統制基準の見直しである。従来の法的思考を柱としたルール・ドライブ型の自治体経営を、政策思考を柱とするミッション・ドライブ型に改革するためには、行政を統制してきたガバナンス基準、いわゆる行政組織としての行動規範を見直すことである。

　その重要な対象例として、既に指摘した財政に関する予算編成・予算執行システム、公務員制度や人事システムの見直しなどが挙げられるほか、その根底には人間行動の中核的要素である組織を通じた情報の蓄積と伝達移転の構図見直しが存在する。このため、NPMの実践でも、従来一体化していた企画部門と執行部門を切り離し、計画や評価制度などの導入による統制基準の見直しを行い、執行部門について独立行政法人として新たに制度設計する流れが生じ、国だけでなく地方独立行政法人制度の創設に結びつき、病院や大学などの運営に組み込まれている。

4 組織改革

　第4は、組織改革である。以上の事項を具現化するために最終的に行う取組みが組織改革であり、統制基準の見直しなどに基づき結果としてもたらされる枠組みの改革である。

　具体的には、中央省庁再編、独立行政法人制度の創設、地方自治体の合併問題や道州制議論などの流れを形成している。ただし、統制基準の見直しなどNPMが求める要素が組み込まれていること、すなわち行動規範に裏打ちされたガバナンス構造の見直しが実現していなければ表面上の改革の姿とは異なり「組織の組換え」に終わる。このことは、当然に自治体経営の進化には到達しないことを意味する。NPMの実践が組織の組換えにとどまる場合は、行政組織内部での形式的見直しであり「行政整理」のレベルにとどまる結果となる。

なお、以上のNPMの実践的要素における留意点として、日本の場合、とくにリスク管理の課題が大きく残されている。NPMの実践は、公的部門の郵政民営化や政策金融機関の改革に加え、金融市場のグローバル化とともに、銀行と証券の垣根の見直しなど金融制度を中心に1990年代以降、本格的に進んでいる。これに対して、財政や政治など公的部門と市場を含めた民間部門との責任、そしてリスク分担を通じたリスク管理力の形成は極めて不十分な構図にとどまっている。このため、グローバル化を進める金融や民間部門との関係では、自治体経営とのリスク配分が適切に行われたとはいえず、地方公営企業、第三セクター、公有地信託などを通じた地方財政の危機の構図が今日も重要な課題として潜んでいる。

2-3　マネジメント・サイクルの充実

　NPMの実践の大きな柱として自治体経営のサイクルである「マネジメント・サイクル」（PDCA）の導入がある。マネジメント・サイクルは「計画─実行─評価─行動（Plan-Do-Check-Action）」、そして新しい計画へと情報が還流する連続構造の構築である。

1 自覚的フィードバック機能

　マネジメント・サイクルで求められる第1の課題は、自治体経営に「自覚的フィードバック機能」を組み込むことである。

（1）管理志向型マネジメント・サイクル

　従来の管理志向型では、計画と実行の形式的な繰返しにとどまり、事前、事後を含めて効率性などの評価はほとんど機能してこなかった。（事業を単年度に切り分けた財政面からの「予算査定」という評価制度は存在している）。
　加えて、それまでの増分主義体質では、「計画と実行」が共通の目標をもって実質的に連動する仕組みは構成されていない。計画では、抽象的な目的が掲げられるものの、具体的な施策や事業の執行では、掲げられた抽象的な目的とは実質的に切り離された中で、別途、施策・執行レベルでの目標が同時並行的に形成される。このため、計画に示される抽象的な目的は、施策や事業の正当性を形式的に根拠づけるだけの存在であり、新たなイメージ形成とその実効性確保に向けた評価の基準として体系づけられることはなかった。

以上の点は、増分主義体質の中で、自治体経営における統一的なガバナンスの基準、行動規範を喪失させる原因となっている。増分主義は、右肩上がりの経済社会環境において、予算も人員も毎年度増えることを前提に「増える分の配分」のみを決定するマネジメントの展開を意味する。そこで展開される意思決定には、

① 毎年新しく配分する予算や人員のみを決定すれば良く、過去の配分の蓄積、すなわちストック部分（既得権部分）について検証する必然性に乏しかったこと、

② 毎年新しく配分する予算や人員の量の判断基準となるのは前年度の量であり、あくまでも前年度を基準に過去の配分は正しいものとして、その上に積み上げることで住民の利益を最大化しようとする意思決定であり、満足する上限（際限ない満足化）がみえない、すなわち、増加を際限なく繰り返す構造となりやすいこと、

などの特性がある。

　増分主義は、新たな財源、人員が常に調達可能な右肩上がり環境において有効性をもつ意思決定であり、過去も含め配分構造を積極的に見直すことのない意思決定でもあった。増分主義体質では、将来のリスクや不確実性、先送りされ将来負担が不可欠なコストなどを無意識の中で埋没させる構図をもっていた。この埋没させる構図を、市場原理に基づき自覚的に認識する仕組みがNPMに基づくPDCAサイクルとして導入されている。

（2）行動志向型マネジメント・サイクル

　こうした実態に対して、NPMでは、施策・事務事業と連動した全体計画を形成して運営する中で生じた乖離などを継続的に把握・評価し、さらに新たな計画や施策・事務事業の展開にフィードバックする連動性が求められた。NPMの実践では、説明責任の徹底などに基づく行動規範による自覚的フィードバックの設定が重要となる。

　自覚的フィードバック機能は、ルーティン的な行動様式の中で無視され、あるいは無意識となって認識することができなかった情報の確保を目的として、自ら情報を発掘するための行動が不可欠である。自覚的行動がない場合、無意識の中で必要な情報が埋没し、次の政策形成に必要となる有用な情報がフィードバックされない体質を生み出す結果となる。

　超少子高齢化にはじまる経済社会の成熟化だけでなく、情報通信革命を含む

グローバル化が進行する21世紀では、常に過去の配分の有効性を検証し、予算や人員の新たな配分構造を積極的に追求する最適化に向けた意思決定とそれに基づく自治体経営への進化が不可欠となる。そこでは、過去の配分構造を積極的に見直し、限られた予算、人員をいかに最適に再配分するかが、住民の利益を最大化（際限なき満足化から最適化）させる意思決定も含めた行動規範となる。NPMのマネジメント・サイクルでは、既存の予算規模や人員数の配分を固定化せず、最適化に向けて積極的に見直すことで住民の利益を最大化することを目指すことが求められている。

　ただし、予算を編成、審議、決定する情報、人員を採用、評価する情報の多くが依然として増分主義の意思決定を支える質にとどまっている面が多い。予算に関するストック情報、コスト情報、公務員に対する新たな採用形態や評価手法の導入などが成果を生み出すには、最適化を求める意思決定を支える情報の質的変革が不可欠であり、自覚的フィードバックの中でこうした情報の質的変革を意識化することがまず重要なポイントとなる。市場の情報化が急速に進む中で、政策形成、財政運営における情報化による対応力の形成が十分ではない現実が存在する。

2 契約型システム

　NPMに基づくマネジメント・サイクルで求められる第2の課題は、契約型システムの導入である。契約型システムとは、自治体組織を機能単位・階層単位ごとの業務として把握し、それぞれの業務の目標設定と、その達成に向けた資金や人など資源の配分を連動して行う仕組みである。こうした契約システムの導入は、権限と責任の明確化とそれに基づく説明責任の徹底による行政の透明化の理念に基づくものである。

（1）エージェント関係

　具体的な契約システムの形態には、独立行政法人制度に代表される組織間でエージェント関係（代理関係）を形成する場合と、組織内のトップとミドルといった管理者層の間で個別に約束形成する場合がある。こうした仕組みを通じて、従来のルール・ドライブ型の自治体経営から、機能単位ごとのミッション・ドライブ型の自治体経営への移行を目指すものとなっている。組織間・個人間を問わず契約型システムでは、個々の機能ごとの目標と成果の明示、それに対する評価が行われ、その結果で予算などの配分が行われる。契約遂行責任

の所在を明確にすると同時に、契約遂行と目標達成に関する情報開示、さらにそれに対する民間視点からの事後評価基準の明確化を意図している。

（2）事前評価と事後評価

　この点について、財政規律の面からむしろ事前評価を重視すべきという視点もある。確かに、事前評価を重視し効率性・有用性の低い政策や事業を予め排除することは必要である。また、公的部門では、予算編成などを通じた新たな資源配分に対して政治的関心が相対的に強いことも事実である。そうした従来の公的部門の体質に対して、事後評価として結果を重視する視点を盛り込み、形式的に当初計画などを堅持するのではなく、実質的に目的を達成するための創意工夫を自覚的に発揮する構図を展開することを意図している。

　NPMは、自覚的フィードバックによる最適化の評価軸として、民間と市場の視点を重視している。事後評価の事前評価に対する連動がなければ、事後評価で施策・事務事業などの見直しを進める一方で、それとは無関係に将来的に見直しが必要な施策・事務事業を生産し続けるという矛盾した構図が発生する。なお、事前評価よりも事後評価の方が、評価の前提となる情報の信頼性を確保しやすいという特色がある点には留意する必要がある。なぜならば、事前評価では、本質的に信頼性の確保が難しい予測情報に基づかなければならないからである。それだけに、事前評価においてのリスクを受け止める認識が極めて重要となる。

3　政策備蓄機能

　マネジメント・サイクルが自治体経営に果たす機能として、新たな政策や手法の備蓄を行うことが第3の課題として挙げられる。行政評価のプロセスとそこで作られる評価調書を単に形式的な図書の作成にとどめるのではなく、自治体経営を通じた新たな政策や手法の情報を蓄積・伝達するプロセスとすることが重要である。

　しかし、新たな発想や創意工夫は、政治的要因、経済的要因も含めてすぐに実現できるとは限らない。民間企業の商品開発でも新たな商品の市場化は、経済環境や他企業との競争関係、消費者の意向などを判断して実現する。政策に関する新たな創意工夫も、マネジメント・サイクルの中で組織的に発想を備蓄する機能が重要となる。行政評価を政策の良し悪しを判断する仕組みにとどめることなく、「生み出す」仕組みに結びつけていく必要がある。それにより、

はじめて政策、そして自治体経営の進化に向けた積み重ねが可能となる。

2-4 NPMの限界と課題

1 限界

　市場原理を柱とするNPMの自治体経営への実践は、効率化や住民視線での公共サービスの質的改善、指定管理者制度の活用をはじめとした民間領域の拡大など一定の成果を生み出した。地方自治体で展開されている今日の民間化政策、マネジメント・サイクルに基づく行政評価、予算・会計制度の見直しなどもNPMを大きな原動力としてスタートしており、今日の自治体経営の体質にも組み込まれている。一方で、実践の側面で大きな限界も生じさせている。

（1）顧客主義の限界

　NPMは、市場原理・競争原理を重視し、市場における最終ユーザーである消費者を重視することと同様に、地方自治体の最終ユーザーたる住民を重視する顧客主義を一つの柱としている。このため、住民の目線に立って公共サービスの提供や行政機能のあり方を検討することを重視する。こうした流れは、今日でも行政機関による「おもてなし運動」の検討などで生き続けている。従来、権力的指向が強く「やってあげる」的な体質が強く、住民サービスの意識が十分でなかった行政機関にとって、顧客主義の取組みは大きな質的転換をもたらしている。

　一方で基本的に価格によって「買う・買わない」、「売る・売らない」の選択が買手・売手双方にとって可能な私的サービスと異なり、公的サービスでは価格による選択が機能せず公平な提供が求められる領域が多いことから、サービス提供に関する画一的かつ過度な顧客主義が行政側の負担を増大させるだけでなく、公共領域の劣化の要因ともなっている。市場においては、価格を通じた受益と負担を直接的で明確にしやすい。しかし、公共領域では、受益と負担はむしろ直接的な関係になく、所得再分配や資源配分など個々の受益と負担は一致しないのが一般的である。したがって、受益と負担を直接的に明確化する姿勢は、公共領域の機能が低下する要因にも結びつく。

　受益と負担の一致を前提とする顧客として意識させることで、本来、税負担や使用料負担など一定の義務を負うべき主権者たる住民の責任意識を一部に希薄化させる要因となっている。提供する財・サービスの性格、あるいは市場と

行政における顧客の意味の違いを踏まえた創意工夫が必要となる。

（2）格差拡大による限界

　NPMが市場原理を基本理念として展開したことから規模の原理、画一性が強く、地域ごとの特異性や経済社会体質の違いへの考慮が薄いため、都市部集中による地域の空洞化、地域間格差の拡大などの問題を生んでいる。すなわち、市場原理による効率化視点を基礎とした画一化と競争的体質が、1990年代後半から各地域の異なった利害関係の構図との軋轢（あつれき）をとくに強めている。90年代後半に一定の範囲で進んだ地方分権改革も、税財政改革や規制改革との一体化などが十分に進まず、経済的効率化が優先することで地域間格差や地域の空洞化を深化させている。

　地域の特色や体質の違いを考慮しない画一的な側面は、自治体経営にNPMを実践し評価調書や公会計改革による新たな財政情報を作成しても、地域との軋轢の中で具体的な政策に結びつけることができず苦悩する構図を生み出す。その結果、NPMの実践がコストや時間の浪費を生み出す逆機能、すなわち、コスト削減や効率化を実現するために取り組んだことが逆にコストの増大や非効率性を生み、改革を推進する意図で取り組んだことが改革の意図に逆行する結果をもたらし、前述した見えない非効率を生む危険性がある。

　こうした逆機能を生む本質には、自治体経営、政策形成に関する合理的形成と組織的形成の体質の構造的違いがある。合理的形成とは、行政評価の定量的評価で政策選択が可能と考えるのに対して、組織的形成とは、定量的評価で政策選択はできないものの、民主的議論の質を高めることを通じて政策選択を進化させることを意図する。

2 合理的形成

　NPMは、合理的形成と親和性が高い。すなわち、自治体経営を事務事業や施策ごとの目的と手段の連鎖構造としてとらえた上で、費用対効果分析など数字で表された定量的指標を中心とする社会科学的分析手段とその結果が政策の質的改善に結びつくと考える点に特性がある。

（1）費用対効果分析

　とくに、自治体経営の中核にある公共政策は、主に20世紀欧米を中心に発展し、理性による普遍性を基礎とする科学や技術が経済社会発展の原動力とな

ると考える19世紀の啓蒙主義を始点として発達している。日本では、20世紀後半には国勢調査などデータに基づく統計学の発展、それに続く情報処理技術の進化に支えられ、国の行政機関を中心に成長した。このため、統計学や情報処理技術を背景とした数理的政策学の発展は、政策の体系化に対する哲学的思考、政治的思考以上に、数値による実証主義を重視する傾向を強めている。NPMは市場主義を基本にこうした実証主義に基づく自治体経営を目指す点に特性がある。自治体経営でも活用されている費用対効果分析などが代表的存在である。

そして、科学的分析手段によってもたらされる費用対効果分析の結果は、次の政策形成プロセスを通じて必ず政策のサイクル構造の中に組み込まれ、政策の抜本的見直しに貢献することを期待する。このため、

①政策に関する意思決定に参画する政策形成者は、評価機関が下した結果を受け取り、その結果に基づいて政策の存廃も含めた大胆な政策の見直しを必然として実施すること、

②評価結果が政策形成に確実にフィードバックすることを前提としていることから、評価機関の構成員は行政の政策形成には関与しない独立した位置づけを基本とすること、

などに特性がある。

（2）行政評価と合理的形成

多くの地方自治体の行政評価制度は、内部評価とともに外部者を中心に構成する評価委員会を形成し、その審議において費用対効果分析、あるいはそれに代わる達成率、満足度などの定量的指標を活用し評価結果をまとめ首長に提出する方法となっている。

この行政評価の結果が自動的に次の政策形成などにフィードバックされ、政策の進化をもたらすことを前提とした合理的形成を理想として組み立てられていることが多い。また、定量的指標は、数理社会学的にその内容が大枠として画一的に形成される。しかし、自動的ではなくても、提出された評価結果が次の政策形成や予算編成に着実にフィードバックすることは、現実的には困難な場合が圧倒的に多い。それは、定量的指標によって行われた評価結果が、地域ごとに多様化する環境や住民ニーズ、過去から積み上げてきた地域の構造、国や都道府県からの関与などと一致せず、民主的なプロセスとの間で解決困難な対立を生み出すからである。

この乖離を政治的にも克服せず表面的・形式的に合理的形成による評価制度を維持しようとすれば、目標値など定量的指標の設定に介入し、達成可能な目標水準を設け現実と評価結果の乖離をなくす一時しのぎ的政策が選択される。さらには、定量的な分析手法そのものに恣意的要素が混入し、評価自体を事務的ルーティンワークとして位置づけ、実際の政策形成などとは実質的に分離した存在にするなど、マネジメント・サイクルの存在意義を低下させる実態に陥りやすくなる。

第3章でみるように、すべての地方自治体に適用できる画一的な指標はなく、自治体経営において、自ら指標を形成して民主的な議論の中で政策選択する体力形成が必要となる。

3 組織的形成

（1）行政評価と組織的形成

以上の合理的形成の考え方に対して、組織的形成では、評価は外部者を含めて構成されるものの、評価結果は必ずしも次の政策形成にフィードバックされるとは限らない。費用対効果分析や達成度など定量的指標は活用するものの、その評価結果は政策形成の一つの判断材料であると同時に、政策評価結果の公表は行政の内部、議会そして住民に対する情報共有的性格を強くもつ。すなわち、自動的に事務事業・施策など政策のあり方や予算を見直すのではなく、まず議会・行政・住民も含め政策を議論する土壌形成が目的となる。

このため、評価機関による評価結果は、政策形成のための参考材料になることはあっても合理的形成のように必ずフィードバックされる位置づけとはならない。仮に、形式的にフィードバックされても政治的意思決定が最終的には優先することから、政策の存廃など急進的な形ではなく限定的一部修正型（いわゆる漸次的）での見直しが中心となる。

（2）グループモデル

行政評価を巡る組織的形成は、政策形成を巡る「グループモデル」と呼ばれる基本形態と親和性が高い。政策形成に関するグループモデルでは、政策形成を経済社会における利害関係集団間の相互作用と闘争の産物ととらえる。すなわち、政策形成は利害関係集団間の調整によって生み出されるとする考えである。グループモデルの「グループ」とは、「一定の利害あるいは態度に基づいて、社会の他の集団に対して何らかの要求を行う個人、または企業などの集ま

り」であり、グループが一定の利害や態度を実現するため政策形成に影響力を行使しようとする闘争の場が政策決定プロセスとなる。このため、様々な利害を妥協的に取りまとめることが重視される。利害関係者間の最大妥協を政策の形に取りまとめ、取りまとめたものを着実に実施することが行政の基本使命となる。

　この妥協を取りまとめるプロセスでは、グループの構成メンバー数、財力、組織力、リーダーシップ、内部的拘束力、最終意思決定者への近接頻度が重要な要素となり、すべての政治活動がグループ間闘争と位置づけられ、首長、行政、議会など政策決定関与者は諸集団からの圧力に反応し、取引、交渉、妥協をする主体と位置づけられる。加えてグループモデルは、行政組織の縦割り体質とも親和性が強い。縦割り体質では、政策決定を利害関係者間の調整でとらえる一方で、政策プロセスに参画できる利害関係者以外の利害を軽視しがちであり、とくに既存のグループモデルの参加視野から外れた新しい利害関係などの発生や形成に対する認識が弱い問題点がある。この原因は、グループモデルが根底に縦型ネットワーク、いわゆる利害関係を細分化して調整する縦割り構造の体質をもっていることによる。縦型ネットワークは、

　①階層ごとに意思決定への参加者の数を限定化できること、
　②トップダウン方式により代替案を限定化し効率的に解決策を見出すこと、
　③満足度や規模拡大など単一性をもった価値観の形成とその維持が容易であること、

などの特性をもっている。こうした特性は、既存の行政組織やそこで展開される政策形成に親和性が強い一方で政策の進化を多面的に進める大きな壁となりやすい。予算編成プロセスを行政と議会のグループモデルによって形成することの課題を克服するため、開かれた予算編成として住民参加によるプロセスを組み込むことや一定の規模で住民に予算編成議論を委ねるなどの取組みも展開されている。NPMは、以上の政治的利害関係に基づく組織的形成による福祉国家的大きな政府論に対するアンチテーゼとして誕生している。

　合理的形成と組織的形成の両極の二者選択的議論ではなく、裁量性に基づく説明責任を軸とした両極の中間的位置づけとしての行政評価制度の意義を検証することも必要となっている。画一的な定量的評価であればそこに裁量権が機能する余地は少なく、一方で組織的形成による利害調整が拡大すれば裁量権が機能する余地が拡大し、説明責任の果たす役割も大きくなる。この裁量権、説明責任との位置づけの中で、行政評価をいかに形成するか、そして行政評価を

政策の試行錯誤としての進化のための備蓄機能として機能させるかが、今後の自治体経営の進化の大きなカギを握ることになる。

3 財政と金融

3-1 財政赤字拡大と政治の自立性

　財政と金融のリスク配分の歪みを支え飲み込む大きな制度として指摘できるのが、損失補償契約である。損失補償契約は、制度的に今日も維持されており、総務省自治財政局が第三セクターなどで展開される同契約に対して原則行わないことなどを求める一方で、地方自治体の事業展開の資金調達では重要な選択肢として残り続けている。本来、地方自治体の事業に対して、公益性の有無・程度を行政・議会が判断し、金融機関の融資審査が事業性を判断し、両者が肯定的に認められる場合、事業展開が可能となる。しかし、損失補償の存在は、金融機関の融資審査を通じた事業性判断を空洞化させ、事業性判断からの抑制的緊張関係がなくなることで、行政・議会の公益性判断の領域を最大限に拡大可能な要素となる。

　以下、財政と金融の関係におけるリスク問題の代表格であり、地方財政全体の信頼性と政策形成の質にも影響を与える代表格でもある損失補償契約を巡る課題を詳しく整理し、自治体経営におけるリスク問題の本質を検証する。

1 損失補償契約の位置づけ

　損失補償契約は、地方自治体と金融機関の間で結ばれる私的契約であり、地方自治体が出資した第三セクターなどが発生させた損失について、地方自治体が広範に補償する内容である。これにより、本来は金融的側面から厳格に検証されるべき外郭団体の経営が形骸化を進め、事業としては継続困難な案件についても資金調達を可能にし、最終的に地方自治体が多くの負担を担う結果も生じさせている。北海道夕張市の財政破綻（財政再生団体化）も、損失補償契約が大きなポイントとなって生じている。

　損失補償契約について、NPMが実践された2000年代に入り、第三セクターなど地方自治体の外郭団体の改革に関連した契約の有効性問題が裁判も含めて議論展開された。同契約については東京高裁（2010.8.30、原審事件番号平成21（行政コ）298）で違法判決、そして同事件の上告審である最高裁判決破棄自判

(2011.10.27、事件番号平成22（行政ツ）463）によって適法とする司法判断が示され、一応の法的整理がなされた。

しかし、自治体経営の面では依然としてリスク課題を抱え続けており、法的整理と同時に今後の地方財政と金融の関係、そして地方議会審議のあり方にも関連する重要問題として残り続けている。最高裁では損失補償契約を適法とする判断を示しているものの、2003年12月12日付総務省自治財政局長通知「第三セクターに関する指針の改定」の内容では損失補償契約を有効とする前提をとりつつ、地方自治体に対して原則として同契約を行わない趣旨が提示されており、過去の契約に基づく法的安定性とともに今後の地方財政の健全性確保を睨んだ損失補償契約のあり方は政策思考からの整理が必要となっている。

なぜならば、損失補償契約の存在が、本来慎重であるべき事業性の判断に関して行政、議会、そして金融機関いずれにとっても劣化あるいは形骸化させる要因となっており、そのことがリスクの堆積をもたらし、最終的に住民負担を生じさせる要因となっているからである。損失補償契約の構図をみることは、官民連携や民間化によって自治体経営に負の連鎖を生じさせないようにするためにも重要な視点となる。

2 損失補償契約に関する法的根拠と行政解釈

（1）法的根拠

2010年8月30日、長野県安曇野市の第三セクターに関する損失補償契約に対して、東京高裁など裁判所が地方自治体の保証を禁じている法律に違反することを理由に無効判決を言い渡した（東京高判2010.8.30判タ1334号58頁、金法1907号16頁）（以下「安曇野菜園事件東京高裁判決」）。この判決を受け、損失補償契約を巡る財政・金融両視点からの議論が高まった。損失補償契約の有効性に関する揺らぎは第三セクターの経営だけでなく、地方債制度を含めた地方自治体の財政運営、そして金融監督など財政、金融を巡る広範な実務領域に関連し、地方自治体の今後の政策展開にも密接不可分の関係をもつ。

損失補償契約は、地方自治体が自らの出資・出捐により設立した第三セクターなどについて金融機関との間で締結することを基本とする。地方自治法は、損失補償契約について地方自治体の財政援助の一種と位置づけて、同法199条7項（監査委員の職務）、221条3項（予算執行に関する長の調査権など）に規定している。損失補償契約について地方自治法の代表的な逐条解説では、「特定の者が金融機関などから融資を受ける場合、その債務の全部または一部が返

済不能となり当該金融機関が損失を受けたときに地方自治体が融資を受けた者に代わって当該金融機関に対して損失を補償すること」と説明されている[1]。こうした解釈に基づき、地方自治法214条で債務負担行為として予算計上することが求められている。

また、損失補償契約の機能的意義は、「金融機関などからの融資を受ける際、地方自治体が債務者のために当該金融機関に対して当該債務又は当該債務から生じる利子の弁済を保証する債務保証契約」と説明されている[2]。補償契約は、民法上の保証と同義語とされ民法446条により主たる債務者が履行をしないときにその履行の責任を負うものとしている。

損失補償に関連する法律としては、1946年「法人に対する政府の財政援助の制限に関する法律」（以下「財政援助制限法」）が挙げられる。同法3条で「政府又は地方公共団体は、会社その他の法人の債務については、保証契約することができない」としており、この規定に基づき、債務保証については厳格な制限が設けられてきた。しかし、実務においては、損失補償契約の内容やその解釈が多様であり、禁止されている保証契約と損失補償契約が類似した内容であるか否かは次節でみる司法判断の推移からも整理されるように繰り返し議論されてきたところである。

（2）行政解釈

この点に関する行政解釈は「損失補償については、法人に対する政府の財政援助の制限に関する法律第3条の規制するところではないと解する」（1954年5月12日付大分県総務部宛自治庁財政課長回答）と示されており、予算における債務負担行為として地方議会の議決を受けるなどのほかは保証契約と類似の行政実務が続いてきた。これにより、地方自治体側にとっては歳出予算に組み込まず予算額を抑制したままで政策的に信用供与を行うことができ、事業の採算性などが限定的でも公益性を理由に幅広い事業展開を可能とするなどのメリットが存在した。一方、融資する金融機関側としては、損失補償契約の存在により悪化や清算整理業務において債権放棄に応じる可能性を低下させることができた。信用力や事業性を度外視することはなくても、最終的には地方財政本体から債権回収できるメリットをもたらしている。

---

1 松本（2009）p. 639。
2 同上、p. 640。

3 従来の主な司法判断

2010年8月の安曇野菜園事件に関する東京高裁判決に至るまでにも、損失補償契約の有効性を巡る司法判断は多く蓄積されてきた。

（1）ありあけジオ・バイオワールド事件

2002年3月25日に福岡地裁判決は、福岡県大牟田市損失補償に関する損害賠償請求事件判決（ありあけジオ・バイオワールド事件）では、損失補償契約と保証契約とは内容・効果において異なり（地方自治法221条3項）、市長が市議会で明確に説明し議決を得るなど適正な手続きを経ていること、また当該テーマパーク事業も明確に公共性・公益性がないとはいえないことから損失補償契約を有効とする判断をしている。

本判決は、損失補償契約の締結が公共性ないし公益性を有しないなどで地方自治法、地方財政法に違反し首長の裁量範囲を逸脱、または濫用するものである場合には損失補償契約は違法であると判示したものの、仮に損失補償契約が違法であっても私法上は有効とし、地方自治体は契約の相手方に対して当該契約に基づいて債務を履行する義務を負うため、同債務の履行として行われる行為自体を違法とはいえないとした。

そして、損失補償契約が私法上も当然無効といえる判断要件として、①違法事由の明確性、②契約の相手方による当該違法事由の認識ないし認識の可能性、③法令上当然要求されている議会議決など必要手続きの有無などを挙げている。本判決は、2006年3月9日、最高裁が上告棄却・上告受理申し立て不受理とし確定している。

（2）荒尾市アジアパーク事件

さらに、熊本県荒尾市アジアパーク損失補償に関する損害賠償など請求事件判決（最高裁小法廷2007年9月21日決定）でも、損失補償契約は財政援助制限法3条に違反するものではなく、契約締結に関しても公益性があり適法と判断している。公益性の有無に関しては、地方自治体の経済的、社会的、地域的諸事情で行政目的に照らして政策的に考慮すべきであり一義的に決定するのは困難とし、首長の判断に裁量権の逸脱・濫用があるか否かを判断基準として掲げている。なお、本件に関しては最高裁では実質的審議は行われず、上告棄却・不受理決定し本判決は確定している。

（3）川崎市KCT事件

川崎市KCT（かわさき港コンテナターミナル株式会社）損失補償に関する損害賠償請求権行使請求事件判決（横浜地裁2006年11月15日判決）は、「民法上の保証契約とは言えないまでも、それと同様の機能、実質を有するものであって、財政援助制限法3条による規制を潜脱するものと言うほかないことから、同条に違反した無効なものである」とした。本判決では、①損失補償契約では貸付債権が回収不能にある状況が要件とされていないこと、②主たる債務の存在を前提とし主たる債務への付従性があること、などから保証契約と異なるものとはいえないとして財政援助制限法による規制を潜脱し、違法としている。

さらに本判決では、公法たる財政援助制限法は効力規定であり私法上も無効であるとの判断も行っている。なお、本判決では市長個人に対する損害賠償責任は、①損失補償契約が保証契約とは異なるとする行政解釈が広く受け入れられていたこと、②裁判例も適法としていたこと、などから故意・過失はないとして否定したほか、本判決に基づいて市が金融機関に対して損失補償金の返還を求めることも信義則を根拠として否定している。

（4）安曇野菜園事件東京高裁判決

川崎市KCT事件に続き、財政と金融に大きなインパクトを与えたのが安曇野菜園事件東京高裁の損失補償契約に対する違法判断である。そのポイントは以下の点である。

第1のポイントは、損失補償契約を一定の要件の下で財政援助制限法3条の類推適用から違法としたことである。東京高裁は、損失補償契約の中でもその契約の内容が主債務者に対する執行不能など現実に回収が望めないことを要件とすることなく、一定期間の履行遅滞が発生したとして責任を負う内容の場合、財政援助制限法3条が類推適用され、その規制が及ぶと解するのが相当であるとした。その上で、本件の民間金融機関3社との本損失補償契約については、うち1社の契約は保証契約と異ならない内容であり、他2社との契約は保証契約とほとんど異ならない内容であるため、財政援助制限法3条が類推適用され、同条違反であるとしたのである。

第2のポイントは、財政援助制限法3条を効力規定としたことである。東京高裁は、財政援助制限法3条は単なる手続き規定、訓示規定ではなく効力規定であり、同条に違反して締結された損失補償契約は原則として私法上も無効と

した。これに基づき、地方自治体の未払い段階にある損失補償金の差止めを認めた初めての判決となった。本判決によって損失補償契約に対しては、財政援助制限法3条の趣旨を没却していないと認められる特別の事情がない限り、住民訴訟による差止め請求が認められる可能性が高まったことになる。

　財政援助制限法3条の趣旨を没却していないと認められる特別の事情とは何か。それは、対象事業が損失補償契約を締結してまで実施すべき公益性の必要性が高いこと、相手方の金融機関も公益性の必要性を認識し協力し契約を締結していること、保証契約と同様の機能を果たす内容とは異なることなどである。

　第3のポイントは、一般法理としての信義則の援用を認めたことである。損失補償契約の相手方である金融機関が地方自治体に対して履行請求するに際して一般法理としての信義則援用は禁じられるものではないとした。

　すなわち、地方自治体が損失補償契約を無効と主張することが社会通念上著しく妥当性を欠くと評価される場合には、金融機関側は信義則上無効を主張できず、地方自治体に履行を求めることができ、その際は強制執行の方法によるべきとした。裁判所によって支払いが差し止められた未払い損失補償金の支払いについて信義則に基づき請求する具体的方法を提示した面でも初めての判決となった。

（5）安曇野菜園事件最高裁判決

　損失補償契約を違法とした安曇野菜園事件東京高裁判決は、最高裁判決（2011.10.27）によって破棄自判となり基本的に適法とする判断が示された。これにより、損失補償契約で定められた内容で地方自治体が支払いを行ってもそれ自体は違法とならず、一方で地方自治体側は損失補償契約の違法を根拠とする債務圧縮などを行うことが難しくなった。

　最高裁判決は損失補償契約について、財政援助制限法3条の類推適用により直ちに違法、無効となる場合があると解することは、公法上の規制法規としての当該規定の性質、地方自治法などにおける保証と損失補償の法文上の区別を踏まえた当該規定の文言の文理解釈、保証と損失補償を各別に規律の対象とする財政援助制限法及び地方財政法など関係法律の立法、または改正の経緯、地方自治の本旨に沿った議会による公益性の審査の意義及び性格、同条ただし書所定の総務大臣の指定の要否を含む当該規定の適用範囲の明確性の要請などに照らすと相当ではないと判断した。

　その上で、損失補償契約の適法性及び有効性は、地方自治法232条の2の規

定の趣旨などにかんがみ、当該契約の締結に係る公益上の必要性に関する当該地方自治体の執行機関の判断にその裁量権の範囲の逸脱又はその濫用があったか否かで決するべきとしている。

また、裁判官宮川光治氏は補足意見の中で地方財政法33条の5の7第1項4号が創設され、地方公共団体が負担する必要のある損失補償に係る経費などを対象とする地方債（改革推進債）の発行が2013年度までの時限付きで認められており、その改革作業も地方自治体の金融機関に対する損失補償が財政援助制限法3条の趣旨に反しないことが前提となっているとし、三セク改革債を活用した第三セクターなど外郭団体改革の政策的取組みに対しても配慮する姿勢を示している。

さらに、財政援助制限法3条は、戦前の特殊会社に対する債務保証により国庫が膨大な負担を招いたという反省から、「未必の債務」や「不確定の債務」の負担を制限するため、保証（民法446条以下）という契約類型に限って、政府又は地方公共団体が会社その他の法人の債務を負うことを禁止する規定と理解すべきであり、立法者が保証と損失補償を区別していたことは、財政援助制限法制定の翌年である昭和22年に制定された地方自治法199条7項が監査委員の監査権限の対象として前段で損失補償を掲げ、後段で保証を掲げ、同法221条3項では普通地方公共団体の長が調査などをすることができる債務を負担している法人について保証と損失補償を掲げていることなどからも明瞭であるともしている。

3-2　損失補償契約の本質的リスク課題

第1に、地方自治体の執行部の裁量権に関して、妥当性・適正性に乏しい財政情報であることを認識し意思決定した場合、政策意思決定の結論ではなく決定プロセスに逸脱・濫用あるいは瑕疵を認定することをどう考えるか、また、その際には住民監査請求や情報開示請求との関係も重要な課題となる。

第2に、2003年12月12日付総務省自治財政局長通知「第三セクターに関する指針の改定」の内容では損失補償契約を有効とする前提をとりつつ原則として行わない趣旨が提示されていることを踏まえれば、過去の損失補償契約に基づく債務処理を進めるため同契約の法的安定性と適法性を前提としつつも、地方財政の規律面から将来に向けての損失補償契約は「未必の債務」や「不確定の債務」の負担を拡大させる危険性からその問題点を重く認識する必要がある。

第3は、行政と金融機関など民間の機能と責任、リスク分担の明確化である。行政と民間の連携は、公共サービスの新たな枠組みである一方で、責任の所在を不明確にしやすい。
　第4は、地方議会責任の検証である。地域における政策決定とそこにおける経済的活動に関する事柄は、地方議会が個別にチェックするべきであり、金融機関もそれを信頼して行動している点を重視することは同時に、地方議会での個別チェックのプロセスの透明性とそれに伴う説明責任を明確にしていくことが求められる。それが、地方財政の「未必の債務」や「不確定の債務」の負担の回避、そして地方財政と金融の信頼関係確保において根底的要素となるからである。
　以上のように、法的思考、政策思考の両面から財政と金融におけるリスク配分、別の表現でいえば政策と市場のリスク配分をどこに求めるか損失補償契約を巡る議論が展開されてきた。とくに、最高裁判決後の議論は、議会も含めた政策形成過程におけるガバナンスがいかにリスク管理力を形成できるかにかかっている。

4　公共選択アプローチからPPPへの進化

　NPMの流れは、さらに自治体経営における公共選択学派のアプローチの流れを強めている。公共選択アプローチを考える場合の前提として、NPMと関連した市場モデルを踏まえることが必要となる。
　市場モデルとは、経済主体としての行政・企業・住民を念頭に置き、相互の活動を通じて政策の起点・発展・帰着のプロセスを検討していく類型である。市場モデルは、「厚生経済アプローチ」と「公共選択アプローチ」の二つに分けられる。二者の違いは、「行政」、「企業」、「住民」の各主体の性格をいかに認識するかにある。この認識のいずれに軸足を置くかで、自治体経営の質と政策の内容が大きく変わることになる。

4-1　厚生経済アプローチと公共選択アプローチ

■1　厚生経済アプローチ

　前者の「厚生経済アプローチ」では、「企業」と「住民」は自己利益を追求する主体であり、自らの効用を最大化する合理的存在と位置づける。このため、

両者は基本的に利己的な存在であり、公共性や社会全体の利益を最大化する純便益追求などは行わない主体とされる。一方、「行政」は無私の行動主体として位置づけ、公共性や社会全体の純便益を最大化させる行動を担う主体とされる。すなわち、厚生経済アプローチでは、公共性を担う主体は行政のみであり、それを支える人的資源は公務員制度として、資金面は財政制度として、企業や住民の活動たる民間部門とは区別して体系づけられる。

2 公共選択アプローチ

これに対して、「公共選択アプローチ」は、「企業」と「住民」が自己利益の最大化を合理的に求めるだけでなく、「行政」も自らの利益を追求する性格を有すると考える。厚生経済アプローチとは異なり、行政は公共性や社会的純便益を追求するだけの主体ではなく、企業や住民同様に利己的主体としても位置づける。その際、行政をさらに政治家、官僚などに細分化して認識し、それぞれが利己的に自己利益拡大を追求する集合体と認識する。「行政」を利己的主体として位置づけることによって、公共選択アプローチにおいては「行政」、「企業」、「住民」間に、本質的違いはないとする点に特性がある。

3 非市場的意思決定の是正

厚生経済アプローチは、公共性を担う「官」と自己利益を追求する「民」を主体（存在）の視点から区分けし、官と民を明確に区別する「主体論」であり、「二元論」である。これに対し、「公共選択アプローチ」は、主体的視点から区分けをせず、官と民を明確に分けない「一元論」である。また、厚生経済アプローチでは、公共性を担うのは行政たる主体の機能であるとするのに対して、公共選択アプローチの場合、主体的に機能を定義づけないことから、公共性を担う機能は主体間の約束によって形成される「関係」によって担保する「関係論」としての性格を有している。市場モデルでも公共性の担い手をいかに位置づけるかによって大きな違いが生じる。

公共選択アプローチは、厚生経済アプローチとは異なり、行政は公共性や社会的純便益だけを追求する主体ではなく、利己的追求も行う主体として位置づけられる。その際、行政をさらに議会との関係、部局・担当などに細分化して認識し、それぞれが利己的に自己利益拡大を追求すると認識する（縦割りの断片化された利益、相互脈絡の欠如）。

公共選択アプローチでは、行政を公共性追求の唯一の主体と位置づけないこ

とにより、公共性は各主体間の関係によって担う。また、NPMの背景たる市場原理と結びつくことにより行政の失敗より市場の失敗の方が社会的にはデメリットが少なく（不完全市場の優位性）、市場によって行政の失敗は是正されると基本的に考える。このため、厚生経済アプローチが市場の失敗より行政の失敗の方が社会的デメリットは少なく、市場的機能の決定を非市場的意思決定で修正するモデルであるのに対して、公共選択アプローチは、非市場的意思決定を市場的機能で修正するモデルである。NPMと重なり、1980年代以降、自治体経営において公共選択アプローチの視点を徐々に組み入れており、民間企業の活用による指定管理者制度やPFIなど民間化政策の導入の流れを形成している。

4-2　PPPへの進化

1 公共選択におけるパートナーシップ

　PPP（Public Private Partnership）は、行政によって担われてきた領域を企業や地域住民に開かれた存在とすることで、自治体経営におけるスリム化と民間領域の活性化を実現すると同時に、地域住民とのパートナーシップにより新たなネットワークによる地域づくりに取り組む手法である。NPMにおける市場原理を重視した「官から民（企業）へ」の議論ではなく、また、超個人主義によるネットワークを否定する考え方とも異なる。

　PPPを論ずることは、関係論的思考に基づき、官と民の資源のあり方と組み合わせを再構築し、二元論では空洞化していた新たな政策展開の中間領域を構築する取組みとなっている。そこでは、官と民に分けられた二元論的制度設計、すなわち公法・私法、公会計・企業会計などの体系の見直し、中間領域を律する法令や条例の形成などが課題となり、行政改革、規制改革そして地方分権の流れと重なっている。

2 上下関係のパートナーシップ

　PPPの中核は、もちろん「パートナーシップ」にある。しかし、自治体経営においてパートナーシップの言葉は、新しいものではない。日本では1980年代のNPMを柱とした中曽根内閣時代に取り組まれた官民連携の代表格である「第三セクター」もパートナーシップの一つである。しかし、必ずしも良好な結果を生み出しているとはいえない。その原因としては、第三セクターの事業

が観光や住宅事業などの領域で設定されたため、事業展開の必然性や責任に対して必ずしも明確かつ十分な体制が形成できず、官と民の課題が融合する結果となったこと、そして二元論による官民の縦割りと上下関係を前提として展開されたため、実態的には請負事業と類似した構図（「官は指示する人、民は作業する人」）となり、官と民の権限や責任分担を不明確にし、第三セクターの経営破綻、それに続く北海道夕張市の財政破綻にも結びついている。

3 水平関係のパートナーシップ

　PPPにおけるパートナーシップは、官の領域そのもの、公共サービスそのものを「共通の言葉」で語り、民間企業だけでなくNPO組織、地縁団体などと協働する仕組みである。NPMでは、市場原理を基本とすることから民間企業の活動領域拡大、民営化が中心となるのに対して、PPPではNPMによる効率化への取組みは継続しつつ、それによって生じた格差やセーフティネットの劣化などの問題に対し、NPOなどの非営利団体や住民も連携の対象としてパートナーシップのつながりを拡大するものである。

　NPMに基づく民間企業との連携を中心とした第三セクターで代表されるパートナーシップが、主に「官は指示する人、民は作業する人」の請負型理念で運営され官と民が抱える課題が輻輳しやすい構図で形成されてきたのに対して、PPPにおけるパートナーシップは、「官と民とが共に考え共に行動すること」を本質とし、請負型ではなく、官と民が共通の言語で語り合い、互いに水平的な信頼関係を形成し、役割と責任分担を明確にする枠組みづくりを求める構図である。そのため、NPM以上に官と民を分ける二元論的法制度の見直しや地域の自由度を高める地方分権の取組みが必要となる。

　英国では、サッチャー政権以降のNPMの取組みを評価しその成果を踏まえた上で、ブレア政権ではさらなる民営化政策を進めると同時に、行政、企業、住民のパートナーシップを重視するPPPを柱とした政策を展開する流れを形成している。日本でも2000年代以降、NPMに基づく行政改革、PFI制度の導入などを進め公的部門の効率性を高める努力と同時に、コミュニティや地域とのパートナーシップのあり方を再構築する動きがある。

　とくに、NPMが規模の効率性の面から国や都道府県に馴染みやすいのに対して、基礎自治体で住民と直接接している市町村では、効率性だけでなく地域との密着度を踏まえたPPPの考え方がより身近なものとなっている。その理由としては、第1にNPMがプロジェクト（事務事業）単位を視点の中心とす

るのに対して、PPPは行政、企業、コミュニティなどの結びつきであるネットワークを重視する視点が加わること、第2に基礎自治体では、ネットワークを通じた住民参加の効果が都道府県に比べて直接的に生じやすいこと、第3に都市部以外では、とくにNPMに基づく連携相手である民間企業の存在が制約的であり、住民や地縁団体などをパートナーシップの相手としてより重視する必要があること、などが挙げられる。

4 PPPの基本的考え方

　PPPの考え方の基本は、①公共サービスの提供は行政に独占されるべきではなく、住民や企業も公共サービスを提供する主体として認識すべきであること、②公共サービスの単純な民営化・民間化論ではなく官と民（企業、NPO、住民など）の連携を重視すること、③公共サービスの質的改善に対するコーディネート機能（結びつける機能）、モニタリング機能（効果を見極める機能）の強化が重要な役割を果たすこと、などが挙げられる。

　PPPの本質となる「公共サービスの提供は行政に独占されるべきではなく、住民や企業も公共サービスを提供する主体として認識すべきであること」の考え方は、公共サービス提供の主体と形態が多様化することを意味している。公共サービス提供の形態は、大きく「私的執行」と「公的執行」の両極に分けることができる。

　私的執行とは、公共サービスの提供を民間企業や住民が自ら担う形態であり、いわゆる「do-it-yourself」の社会である。これに対して、「公的執行」とは公共サービスの提供をすべて官たる行政機関が担う形態であり、公共サービスが官の独占となり「行政サービス」（行政機関が提供する公共サービス）となった状況である。戦後のこれまでの時代を公共サービス提供の面から整理すれば、「私的執行から公的執行への移転の歴史」からはじまる。

　1950年代頃、ゴミの焼却、ドブ・側溝や軒先道路の清掃、公的施設の管理など「do-it-yourself」で展開していたことが、徐々に行政サービスとして担われる時代となった。なぜ、公共サービスの提供が私的執行から公的執行へ移転したのか。その本質的原因は、経済成長とともに縦割りによる職業的専門化が進み社会全体の分業体制が拡大したことにある。公共サービスの提供に住民や企業が自ら直接的に資源を投入することが極めて制約的となり、各人が最も得意とする分野、すなわち専門分野に自らの資源を集中して投入することで経済社会全体の効用を高めた一方で、地域の公共サービスの行政依存を強め、住民

間の結びつきたるコミュニティを希薄化させる一つの要因となった。

　私的執行、公的執行のいずれかの極にかたよることは、経済の効率性、有用性に加え、社会全体の便益をも低下させる。公共サービスのすべてを私的執行に委ねることは、分業体制全体に対する行政機関の調整・監督コストを増大させる。また、公共サービスのすべてを公的執行に委ねることは、行政の肥大化と財政危機の問題を深刻化させる。公共サービスを私的執行と公的執行の両極に追いやるのではなく、私的執行と公的執行の中間にある協働たるパートナーシップに位置させることが重要である。そのことが、行財政のスリム化や公共サービスの質的改善に最も資する選択肢ともなる。

5 PPPの限界

　PPPは、市場原理による効率性とともに住民・コミュニティとの連携など地域の特性や利害関係を考慮しつつ、公共サービスの提供について透明化を図り、行政が担う公共サービスの領域と手法を再検討する中で、地域の活性化を図る仕組みである。これは、市場原理に基づくNPMが標準化と競争原理の導入により、地域特性への配慮やセーフティネットとしての機能が劣化するなどの課題を克服する視点として流れを形成し、今日に至っている。

　しかし、PPPの実践についても、①官と民の二元的法制度や会計制度など依然として残された課題があり、地方分権や規制改革の取組みも途半ばであることから制度的制約が強いこと、②超少子高齢化やグローバル化が進む中で民間部門の人的資源や資金などにも制約が強まり、官から民への民間化的取組みにも限界があること、③行政のモニタリング機能の充実が進まず、行財政のスリム化を中心とした民間化の流れも依然強く、請負型からの脱却が実質的に進んでいないこと、などの課題が指摘できる。

　PPPの流れの中で自治体経営に導入が本格化し、広範に活用されている指定管理者制度に関する主な課題を具体的にみると、

①指定管理者導入では予算や職員の削減など行政改革が実質的に強調されやすいこと、

②柔軟性のある施設運営が期待されるものの、地方自治体の条例・施行規則、従来からの管理型思考などにより運営が硬直的になる実態があること、

③指定管理期間は、選定された法人・団体が継続的に管理・運営できるものの、指定管理期間経過後には施設運営の持続性が担保されない場合があること、

④地方自治体と指定管理者間の情報共有など連携が不十分な場合、サービス提供の質に影響を与えると同時に、当該サービスを支える人的資源の育成が不十分となること、

などである。以上の課題を考えるに際して、

　①指定管理者制度を導入することは当該施設のサービスを民営化することではなく、あくまでも公共サービスとして位置づけながらその提供を民間法人などに委ねる仕組みであり、最終的に公共サービスの提供の持続性確保の責任は地方自治体にあること、

　②指定管理者制度の導入により単純に行政のスリム化が実現すると考えるのは適切ではなく、むしろ、新たな制度の質的確保・持続性を担保するための新たな人材の形成が必要となる側面があることを地方自治体は認識すること、

　③とくに指定管理者制度導入後の指定管理者との情報共有には十分に配慮し、指定管理者とともに公共サービスの提供について考え行動する姿勢が地方自治体に必要なこと、

　④指定管理者制度の課題として指摘される事項の大半は、地方自治体の指定管理者に対するモニタリング機能が十分に発揮されていないことに起因する場合が多く、指定管理者とともに公の施設から提供される公共サービスの質を維持し向上するためのモニタリング機能を生み出す努力が必要となること、

　⑤指定管理者制度は対象となる公の施設から提供される公共サービスの性格によって多様であり、指定管理者制度を導入する条例などに基づいて展開するものの、具体的な契約内容を画一的に行うことは必ずしも適切ではなく、モニタリング項目も含め提供する公共サービスの質に合わせて多様化すること、

　⑥地方自治体の職員は２～３年を基本に定期異動することが多く、地方自治体の組織全体として指定管理者制度の理解とノウハウを高める人材育成が組織的に必要なこと、

などを踏まえる必要がある。とくにモニタリングについては、従来から目標値を定めてそれを遂行する進行管理型が中心となっている。

　しかし、組織が人間行動の集合体であることをもっと認識し、目標値を達成する合理的側面だけでなく、人間行動に着目し目的を達成する行動志向型のモニタリングの視点と形成が重要となる。具体的には、地方自治体と指定管理者

間の情報共有と協働姿勢を高めるため運営や財務に関する定期的な会議の開催や情報通信技術を活用したリアルタイム情報の蓄積と分析、地域の利用者である住民の継続的なチェック機能を組み込むとともに基礎自治体の場合は住民・NPOなどもモニタリングや運営に関して共に考え共に行動できる仕組みを組み込むこと、地方自治体及び第三者機関による指定管理者への監査などの体制を整えること、導入時においては委託的要素の組込みをはじめとして地方自治体職員の訪問・常駐など指定管理者制度への理解を深める体制を整えること、などである。

1980年代以降、NPMの市場原理に基づく官から民への領域や機能移転、そしてPPPに基づく官民連携による公的領域や機能の維持・充実が図られてきた。しかし、21世紀は人的資源制約の強まりなどから公共領域の権限と責任の再体系化を情報通信改革とともに一体的にさらに進める必要がある。そこでは、これまでの官民の視点に加え、新たな自治体経営進化に向けた理念形成が重要となる。

5　21世紀の自治体経営進化に向けた理念

1980年代以降これまでの自治体経営を支えたNPMからPPPに至る代表的理論を概観した。2000年頃から新自由主義による市場メカニズム重視の流れがもたらしたコスト主義の過熱やセーフティネットの劣化など様々なデメリットが指摘され、それを克服しつつ、市場や民間企業だけでなく、公共サービスの担い手としての地域やコミュニティの機能を重視するPPPの流れが生じた。

さらに公共サービスの提供だけでなく、公共領域の形成と展開自体に住民参加など民主的手続きを組み込む中で国や地方自治体の政策や公共サービスを形成し展開する流れが生じている。市場主義に民主的手続きを組み込む新公共サービス「NPS（New Public Service）」理論の強まりであり、住民、地縁団体、NPOなど多様な主体が、多様な利害や価値観で参加し意思決定する仕組みの重視である。NPSでは住民、地縁団体たる自治会、NPO組織など多様な主体が異なる価値観の下で参加し、市場だけでなく民主的な決定を展開することを基本とする。

そして、NPMの民間化とその後の官民パートナーシップに関して、市場原理ではなく民主主義の視点から住民への奉仕者としての視野を重視し、事業モデルを形成しようとするNPG（New Public Governance）として表現されて

いる。

　NPSは、スリム化・効率化を最優先とするのではなく、民主的な政策決定を重視し公共サービスのあり方を役割と責任を分担しつつ議論するものである。こうしたNPSを一歩進め、国や地方自治体が住民などとネットワークを形成して公共サービスだけでなく財政なども含めた広範な意思決定を行うことを重視するガバナンス議論がNPGの類型である。地方自治体などは民主的政策決定を重視し、住民参加など官民協働のネットワーク機能によって集団的なつながりにおいて意思決定などが行われるパートナーシップの仕組みといえる。

　ただし、第3章でみるように集団的つながりによる意思決定は、自治体経営の責任と機動性に関して必ずしも有効に機能しない。リスク要因が高まる中で自治体経営にも長期的視野に基づく機動性が不可欠であり、そのためには自治体経営に対する権限・責任を行政、議会、住民に明確化する仕組みが必要となる。そうした仕組みについて、総合計画・行政計画から行政評価を通じていかに形成するか（第3章）、事業を実践する地方公営企業を中心とした外郭団体でいかに担うか（第4章）、そして情報化の中での事務事業をいかに再構築するか（第5章）をみていく。

〔宮脇　淳〕

【参考文献】

OECD編著（2014）『官民パートナーシップ―PPP・PFIプロジェクトの成功と財政負担』平井文三翻訳、明石書店

大住荘四郎（1999）『ニュー・パブリックマネジメント―理念・ビジョン・戦略』日本評論社

大住荘四郎（2002）『パブリック・マネジメント―戦略行政への理論と実践』日本評論社

中井英雄（2007）『地方財政学―公民連携の限界責任』有斐閣

野田由美子編著（2004）『民営化の戦略と手法―PFIからPPPへ』日本経済新聞社

初谷勇（2012）『公共マネジメントとNPO政策』ぎょうせい

町田裕彦（2009）『PPPの知識』日本経済新聞出版社

松本英昭（2009）『新版　逐条地方自治法［第5次改訂版］』学陽書房

宮脇淳（2010）『創造的政策としての地方分権―第二次分権改革と持続的発展』岩波書店

宮脇淳編著（2009）『自治体経営改革シリーズ1　自治体戦略の思考と財政健全化』ぎょうせい

宮脇淳編著、富士通総研PPP推進室（2005）『PPPが地域を変える―アウトソーシングを超えて官民協働の進化形』ぎょうせい

第 3 章
総合計画・行政計画とPDCAサイクルの進化

本章では、自治体経営の根幹に位置する総合計画、行政計画の体質的変革の必要性と実現に向けた庁内など行政体制と機能のあり方、住民参加の課題などについて実践的視点から検証・整理する。

1 行政計画のリスク管理機能の必要性

1-1 地方自治体の行政計画の位置づけ

1 行政計画の基本構図

　地方自治法第1条の2は、地方自治体の役割について「地方公共団体は、住民の福祉の増進を図ることを基本として、地域における行政を自主的かつ総合的に実施する役割を広く担うものとする。」と定めている。これを踏まえると、地方自治体は、持続可能な地域の形成・維持・発展のために極めて広範な行政分野を対象に、長期的な視点に立った運営を主体的に展開する法人格をもった組織体と位置づけられる。

　したがって、自治体経営では、広範多岐な行政分野において、複数の年度を期間とする計画を策定し、それに基づき毎年度の予算編成や施策・事業を執行する行政運営、すなわち計画による行政（計画行政）を展開している。ほとんどの地方自治体では、総合計画と総称される、すべての政策分野を包括した最上位の計画を策定し、その下に体系的に政策分野別計画を策定し総合的な行政運営を行っている。

　体系的な計画による経営は、民間企業でも展開されており、会社全体の経営計画と各事業部門の事業計画とが同様に存在する。経営環境の変化が速く、大きくなっている中で、民間企業の存続・発展のために、全社的な経営計画と部門別の事業計画に分けて権限と責任、目標と手段を明らかにして企業経営を行うことは、不可欠なガバナンス機能である。地方自治体でも、全分野を総括する総合計画と政策分野別計画を軸に経営することが、同様に不可欠なガバナンス機能となっている。

2 企業計画と行政計画の比較

　民間企業と地方自治体の計画の基本的な構造は、類似する点が多い。具体的

には、①全体計画の上位に位置する基本構想あるいは長期計画では、組織の理念や、特徴・特性・優位性、事業ドメイン・政策領域、ビジョン・将来像などを明確化することを中心とし、②中期・中位の計画では、基本構想や長期計画で掲げたビジョン・将来像を実現するため、目標や戦略の具体像、重点事業の優先順位などを明確化する。さらに、③民間企業の事業計画や地方自治体の政策分野別計画では、部門・分野に特化した具体的かつ詳細な内容を明確化する。

こうした、目的・目標による標準化と階層化による計画体系化の構図は、経営の目的は異なるものの民間企業と地方自治体では本質的に類似している。民間企業の計画と地方自治体の計画がともに「施策・事業」の階層的体系、人・もの・資金の「経営資源」の種類、「時間軸」で構成される点や、PDCAなどのマネジメントサイクルに基づく管理・運営が求められている点においても同様である。地方自治体も民間企業と同様に、経営資源を確保・活用し、設定した目的・目標を達成するために、施策・事業を推進し業績などを管理するなど経営の基本的仕組みを模索している。

ただし、民間企業の計画と地方自治体の計画では体質面で大きな違いがある。それは、民間企業の計画が事後の成果プロセスを重視するのに対して、地方自治体の計画は事前の作成プロセスを重視する。民間企業の計画は一応の「ものさし」として位置づけられ、これと異なる現実が生じた場合、計画に固執することなく臨機応変に内容の見直しを行い、企業経営の目的としての持続的収益の確保を目指す。

これに対して、地方自治体の計画は、多くの利害関係の調整による政治的プロセスを前提とし、議会議決という民主主義の原則に基づき予算編成などが展開されることから、作成した計画に対して異なる現実が生じてもそのズレを容易に認識・修正せず、作成した当初計画に固執する粘着性が強い体質となっている。このため、計画と異なる現実が生じた場合もその現実を公式的に認識するのに時間を要する（認識のラグ）だけでなく、対応するための新たな計画などを策定・決定するまでのラグ（決定のラグ）や現実に新たな計画を執行するまでのラグ（実行のラグ）など、いわゆる政策のラグを生みやすい。基本的体質の違いは、後述する自治体経営のリスク管理やPDCAサイクルの機能にも大きな影響を与えている。

1-2　リスク顕在化とリスク管理計画の重要性

1 自治体経営環境の変化とリスク顕在化

　第1章でみたように自治体経営を取り巻く環境は、日本経済が高度成長から中成長に移行した1980年代以降徐々に変化を大きくし、日本経済が低成長からゼロ成長になった90年代中頃からさらに構造的変化を激しくしている。同時に、右肩上がり時代に将来の経済成長を前提に先送りしてきたリスクが顕在化している。自治体を取り巻く経営環境はリスクを伴いながら大きく変化しており、今後の自治体経営では、予測可能なリスク要因を認識・分析し、それを踏まえた対応策が位置づけられた行政計画でなければ、期待される自治体経営の機能を発揮することは困難となっている。

2 行政計画のリスク管理型計画への進化

　行政計画は、常に様々なリスクを抱えており予定どおり進まないことを前提に、環境変化に耐久力の強い自治体経営を確立する必要がある。すなわち、政策のリスク管理型計画の策定である。リスク管理型計画は、外部環境・内部環境ともに正規の計画が考慮しなかった状況変化に対して、「いかに対応するか」を事前に立案することを目的としている。

　この計画において一番重要な点は、状況変化への対応の内容を計画として示す点である。「環境変化はない」と考えるほどリスクは高くなる。不完全でも将来の変動要因を認識した方が、実際に受けるリスクの影響度を軽減することが可能となる。不測の事態の中でも将来の状況の中で発生する確率が比較的高く、組織や地域に対する影響度も大きい事態に焦点をあて予め想定し、それが発生した場合にいかに対処するかを事前に考えることがカギとなる。

　計画は、①将来起こり得る事態の列挙、組織などに与える影響度の把握、事態発生の見積もりを行う不測事態の認識、②不測事態の発生が近いことを知らせるシグナル（予兆）の認識と列挙による行動開始時期の判断、③発生したあるいは発生すると思われる不測事態の影響を緩和する戦略の形成など対応策の事前準備で構成される。こうした計画の策定が、リスクに対して強い自治体経営の体質を形成する。

3 基本構想・計画の質的変化

　2011年の地方自治法改正で地方自治体の基本構想策定の義務づけが廃止と

なり、仮に基本構想を作成する場合でも条例規定などがない限り、議会議決が必須要件ではなくなった。なお、基本構想の下に策定する基本計画、実施計画は、法的には改正前から地方自治体の首長の責任で策定され、議会議決は要件とされていない。

　改正前の旧地方自治法第2条第4項では、「市町村は、その事務を処理するに当たっては、議会の議決を経てその地域における総合的かつ計画的な行政の運営を図るための基本構想を定め、これに即して行うようにしなければならない」と定められてきた。これを反映し、「基本構想」を核として形成される10年程度の「基本計画」、その具体化に向けた3～5年程度の「実施計画」を含めこの三層構造全体を「総合計画」と呼んできた。また、計画の具体的な内容は、一般的に、上位の抽象度の高い「政策」から下位の具体性の高い複数の「施策」「事業」に連なるツリー状の複数の政策体系で構成され、目的・手段のロジックを形成している。

　市町村の首長を中心に作成される基本構想に対して、旧地方自治法が議会の議決要件を付していた理由は、基本構想が住民生活に密着した基礎自治体の根本的運営方針について将来を見込んで策定する内容のため、本来長期にわたり住民生活に大きな影響を与えることにある。すなわち、基本構想は短期的な視野ではなく、長期的な視野で自治体経営の根幹的運営方針を定めることを本来意図している。このため、基本構想の位置づけの見直しは、国の地方自治体に対する関与の廃止という地方分権改革の視点だけでなく、自治体経営をめぐる環境の変化、リスクの顕在化などに伴う基本構想を頂点とする総合計画の位置づけ・質にも変化を求めるものとなっている。

　旧地方自治法で原型となった基本構想は、近代建築運動における機能的都市を議題とした1933年の近代建築国際会議で採択された都市計画及び建築に関する「アテネ憲章」を基本として発展しており、その内容は近代建築国際会議で採択された都市計画及び建築に関する理念を提案する性格からスタートしている。基本構想を頂点とする総合計画は、右肩上がりで外部環境が大きく変化しない中で、少なくともこれまでハード面での地域整備やまちづくりに機能してきた。

　一方で、自治体経営に長期的指針を与える反面、実際の具体的運営は基本構想と乖離して展開する中で不要・不急な施策・事業の実施を正当化し、施策や事業の失敗・遅延の明確化を拒み問題の先送りを生む一因となっていたことも否定できない。超少子高齢化・グローバル化の時代を迎え、外部環境の変化が

激しい中で行政計画の抱えるリスクが高まり、基本構想を頂点とする総合計画の質の抜本的見直しが不可欠となっている。

1-3　行政計画及びPDCAサイクル

前述したように地方自治体の行政計画は、総合計画と総称されるすべての政策分野を包括した最上位の行政計画と政策分野別計画の二つから構成される。以下では、最上位計画を総合計画と総称し、総合計画を中心に政策分野別計画に適宜触れながら行政計画とそのマネジメントを考察する。

1 従来の総合計画とマネジメントの問題点

従来の総合計画の最大の問題点は、行政運営における形骸化であり、それによる自治体経営の機能低下にある。従来の総合計画が地方自治体の最上位の行政計画として実態の伴った役割を外見上果たせていたのは、政策的経費に充てられる予算規模が拡大を続け、人口増や市街地・インフラの拡大が前提であった右肩上がりの時代にあったことによる。

1990年代のバブル経済崩壊を起点に、日本の社会経済構造が大きく変化したことを契機に、総合計画は策定過程・内容及びマネジメント方法のいずれにおいても機能劣化の漂流を続けてきた。右肩上がりの時代の総合計画は、策定過程において純増する政策的経費の配分調整機能が重視され、議会議員を含めた利害関係者からの要望を吸い上げながら、首長及び執行部主体で、新規の施策・事業を立案し計画に位置づけることで、期待される利害調整の場としての機能を発揮してきた。

また、計画期間中のマネジメントは、利害調整の結果で重要事業として位置づけられた実施計画事業が計画どおりに進んでいるのかを測定する執行ベースの進捗管理、すなわち工程管理のみ行えば、特段の問題は発生しなかった。仮に予定どおり進捗していなくても、当初計画では見込んでいなかった予算などを追加投入することで、計画とのズレを修正するなどのマネジメントが展開可能な構図となっていた。

しかし、経営資源の制約の強まりと地方自治体が取り組むべき政策課題の拡大が同時に進む中、縦割りで細分化された既存の政策、事務事業間の構造的対立が激しくなり、総合計画の構成・内容の基本的なスタンスは、「選択と集中」及び「施策展開の戦略性確立」へ、すなわち縦割りによる構図から異なる領域

の融合を進める構図へと大きな変化が求められる段階となっている。選択と集中は、地方自治体が解決するべき課題の優先順位を明確にし、それに基づき具体的な効果の観点から新規施策などの立案と既存の施策などの縮減・見直し・廃止などを計画策定とそのマネジメントにおいて同時に求めるものである。

その意味で、従来の純増する政策的経費の利害調整による配分調整機能とは全く異なる性格を有する。増分主義時代の資源配分が、利害関係者間の最大満足を求めることが良い政策の座標軸であったのに対して、選択と集中においては利害関係者間だけでなく、地方自治体全体の資源の最適配分を検討する姿勢が必要となる。すなわち、今日の総合計画の策定とマネジメントに関しては、自治体経営の全体最適の視点と効果などの比較分析能力が必要となっている。そして、総合計画に求められる施策展開の戦略性では、中長期の時間軸で解決するべき政策課題に対して、個々の施策の実施効果を連鎖させ段階的に目標達成を実現させるシナリオ構築力が重要となっている。

2 住民参加とポピュリズムの罠

1990年代後半からの大衆情報化社会の進展などに伴い、自治体経営に関してもPPP理論の実践から住民参加などによるパートナーシップ充実の流れが強まっている。具体的には、大規模インフラ建設計画におけるパブリック・インボルブメント制度[1]や、都市計画マスタープラン策定における住民ワークショップ手法、審議会などにおける住民参加の拡大である。

住民参加などの拡大は、行政を中心とした従来の利害調整型政策形成では認識できなかった新たな視点や課題の発掘の可能性を高め、自治体経営の進化に新たな要因を組み込む可能性を生み出している。一方で、参加する住民の個別の主観的感覚からの問題提起と、それによる政策形成に対する悪い意味のポピュリズム体質を深める実態も生んでいる。悪いポピュリズムとは、個々の主観的感覚による問題提起が無秩序に政策形成などに組み込まれることを意味する。

---

1 パブリック・インボルブメント（Public Involvement）は、米国において主に道路や鉄道の建設などの公共事業に関連して開発された住民参画の手法で、構想・計画段階から、住民などの関係者が意見表明・意見交換できる機会を設け、合意形成を図るもの。米国で1991年に総合陸上輸送効率化法が制定され、パブリック・インボルブメントの導入が義務化されたことを受け、日本でも1990年代から旧建設省で研究・試行が進められ、道路建設や河川改修の計画策定時に取組みが始まった。2003年6月に国土交通省が「国土交通省所管の公共事業の構想段階における住民参加手続きガイドライン」を策定し、パブリック・インボルブメントの考えに基づく住民参画の手続きに努めることが求められている。

こうした動向は、行政活動に対する安易かつ外見的なわかりやすさの追求と相まって、体系的な効果分析・検証を経ず、行政計画策定における住民参加礼賛の風潮が醸成され、無批判あるいは否定的批判（ダメ出し）が強く入り込み、総合計画が自治体経営に本来果たすべき全体最適化への座標軸を混沌化させる要因となっている。地方自治が「民主主義の学校」といわれるように、住民参加は地域の民主主義を充実させるための重要な手段ではある。地域の課題を主観的感覚からみつけ出すことは政策思考の着眼点として重要であるものの、政策形成・政策議論自体が主観的感覚の域を脱しない否定的批判や固執的視点の積み重ねとなれば、政策全体が総花的・カオス的計画を増長する要因ともなっている。

　さらに、住民参加の場が地方自治体の従来からの利害調整結果を意図どおり計画に組み込むための懐柔機能の場として位置づけられ、総合計画そして住民参加の形骸化に拍車をかける要因ともなる。主観的感覚の積み重ね、懐柔機能としての参加の構図にとどまれば、地方自治に民主主義の学校としての役割を期待することはできない。

3 総合計画の改革とPDCAサイクル

　自治体経営の最上位に位置する総合計画は、従来の「実行性」の確保に加えて地域課題解決と地域活力の維持・向上に高い効果を上げられる「実効性」を備えることが重要となっている。実行性とは、一定の目的を達成するために決められた工程・手段を着実に進めることである。

　これに対して、実効性とは一定の目的を達成するために決められた工程・手段も必要に応じて適時かつ積極的に見直すことが中心となる。総合計画の抜本的改革には、策定準備行為から始まるすべての局面における自治体経営の情報蓄積と情報伝達移転の構図を変えることが不可欠である。そのことは政策をめぐる人間行動を変え、具体的には政策に関する権限と責任によるガバナンス構造を変えることを意味する。

　総合計画の改革として最初に行うべきは、策定作業に入る前に、どのような総合計画とするのかを十分に検討し明確にする取組みである。それは、①総合計画が果たすべき機能・役割、②果たすべき機能・役割を実現するための計画の構成・内容、③果たすべき機能・役割を実現するための計画の策定方法、④果たすべき機能・役割を実現するための計画のマネジメント方法の明確化である。加えて、以上の①から④の明確化は、相互に密接に関連し合うことで機能

する。

　たとえば、計画のマネジメントを行うための分析・評価手法として施策評価を活用するのであれば、施策評価が可能な計画内容とする。また、マネジメントの結果として計画や予算の見直しを行うのであれば、それらの制度設計も必要である。すなわち、総合計画を起点とし政策の高度化を促進する経営基盤としてのPDCAサイクルのあり方も事前に検討する。従来のPDCAサイクルは、行政評価を中心に歳出削減を主な目的とする行政改革の視点が強調される傾向にあった。

　しかし、自治体経営は政策の進化と効率性の向上を両立させる基盤であり、総合計画の策定・見直し、予算編成、分析評価（施策評価など）などを密接不可分に機能連動させる必要がある。総合計画の改革は、本来の意味でのPDCAサイクルの確立・運用を実現するための改革でもある。

2　戦略的行政計画のあり方

2-1　行政計画の分類・特性と問題点

1 計画の性格的分類

　地方自治体の行政計画の法的な位置づけは、前述したように2011年地方自治法改正前の市町村基本構想、そして介護保険事業計画など法律で策定が義務づけられている計画、地球温暖化対策実行計画や食育推進計画などのように策定が努力規定となっている計画など様々である。また、資源制約が強まる中での行政課題の多様化・深刻化に伴い、法令で位置づけられた政策分野別計画は増加を続けている。地方自治体が策定する多様な行政計画は、様々な視点から分類することが可能ではあるが、以下では計画の性質に着目して政策企画型計画、需要対応型供給処理計画、個別事業計画の3種類に分類する。

　①政策企画型計画は、具体的には産業振興計画、観光振興計画、都市計画マスタープラン（市町村の都市計画に関する基本的な方針）、男女共同参画計画、生涯学習基本計画、総合計画などであり、政策分野ごとに将来目標や将来像を設定の上、その達成や実現に向けた施策・事業などを立案する。個別地方自治体の状況や考えに応じて、達成を目指す目標の水準や実現を目指す将来像は様々であり、目標達成などの方策・シナリオも単一ではない。

②需要対応型供給処理計画は、介護保険事業計画、廃棄物処理計画、上水道事業計画などであり、地域内で発生する生活インフラとしての公共性が高い行政需要に対して、法令などで地方自治体が供給や処理を行う必要性が規定されている施策・事業に関する計画である。将来に向けた需要予測に基づき、必要なサービスの供給や処理ができるように、施設やサービス供給の担い手などを確保する。また、安定的・継続的な供給処理を行うため収入・支出のシミュレーションを行い、利用者の負担なども検討・検証する。

③個別事業計画は、都市計画事業に係る市街地再開発事業計画、土地区画整理事業計画、公共施設の整備に係る計画などである。市街地再開発事業、庁舎や文化芸術施設などの公共施設の整備に関する計画など事業の種類や規模に応じて、基本構想、基本計画、基本設計、詳細設計など多段階にわたる計画が検討・立案される。

2 計画の性格別の特性

　以上の分類のうち、②需要対応型供給処理計画は、地方自治体が法令などに基づき責務を担っている公共サービスに関して住民・事業者などの需要に対応する計画であり、高い実行性・実効性が求められる。

　また、③個別事業計画も、いわゆるハード整備に関する計画が中心であり多段階にわたる計画などの検討・立案過程を通じて、事業の熟度と計画の実行性を高めるとともに、事業着手に向けた事前評価と財源を含めた一定の意思決定がなされる。②③の計画とも、当初見込まれた公共サービスの提供が困難化し、あるいは財政や住民負担が計画以上に増加する問題は生じるが、①政策企画型計画ほどの困難性はない。①政策企画型計画は、地方自治体にとって作成・執行など全体を通じて最もマネジメントが不得意であり、問題を抱えやすい計画である。

　その原因は、事業部門が該当分野で必要と考える事務事業を個別に吸い上げ羅列化する一方で、取りまとめる企画部門や財政部門、人事部門など間接部門では現場サイドの情報不足や自治体全体としての視点からの検証が不十分な結果、自治体経営としてガバナンスが欠落しやすい体質となりやすいからである。その結果、最終的には、計画推進の前提となる財源の裏づけがない、あるいは乏しい、さらに人的資源の不足した計画などとなり、多くの場合、政策分野別の施策・事業メニューとして実効性に乏しい絵に描いた餅にとどまってしまう

場合も少なくない。

また、総合計画であれば、分野別計画を施策・事業を羅列したメニュー例とし、既存の施策・事業を重視して体系化した施策と事業のインデックス（見出し）にとどまる場合もある。総合計画の形骸化と同様に、政策分野別計画でも形骸化を生む原因としては、

①各政策分野に限定した検討が中心であり、自治体経営の全体最適ではなく部分最適の計画にとどまること、
②財源の裏づけや優先順位づけが不十分となり、実行性が担保されていないこと、
③国や他の地方自治体の計画を参考に羅列した施策群・事業群：施策・事業のメニューやインデックスでしかない場合が多いこと、

などによる。本来は、最上位計画である総合計画と、その下に位置する政策分野別計画は、権限と責任、情報の蓄積と伝達を通じた整合性が図られ、実行性を担保し実効性を向上させながら地域の課題解決や将来目標の実現に向けて機能することが望ましい。しかし、現状では各々が個別に大きな問題を抱え、かつ、相互の関係でも大きな問題を抱えている。

総合計画に代表される政策企画型の行政計画を有効な計画とするために、従来とは異なる策定方法・計画の構成とする必要がある。それは、策定時に地域に対する徹底的な観察と分析を展開し、将来に向けた制約条件としての経営資源を踏まえた自治体経営における選択と集中を柱とする計画策定の方法と構成の導入である。

その実現に向けた総合計画のあるべき姿として、計画策定時には、短期から長期までの時間軸と政策課題の重要性を組み合わせた「政策ポートフォリオ」（p. 107の図表3-3参照）の立案や、地域の目指すべき将来目標の明確化、その達成に向けた戦略としてのシナリオ策定、戦術としての施策の具体化、計画推進時にはモニタリングの結果に基づく計画の見直しが核となる。

2-2　計画の役割・機能の明確化

1　計画の形骸化と機能低下

旧来型の総合計画の問題点である形骸化及び機能の低下の要因は様々であるが、原点は、総合計画の位置づけや役割、果たすべき機能、そして自治体経営とそれに基づく総合計画の目的を明確にしないまま漠然と策定し、「計画図書」

（計画をまとめた文書冊子）の完成がゴールとなっていることにある。つまり、総合計画という計画図書を策定すること自体が目的化した結果、完成した時点から総合計画の形骸化が始まる場合が多い。いわゆる、「手段の目的化」である。

2011年の地方自治法改正で基本構想の策定義務が撤廃された現在、あえて限られた財源及び職員を投入して総合計画を策定するのであれば、策定する理由・目的、策定した総合計画の活用方法を明確にするとともに、それにふさわしい計画の構成・内容とする必要がある。

2 わかりやすさの弊害

総合計画に関してまず一般的には策定方針を最初に設定するが、その策定方針で「住民と行政が目標を共有したまちづくりの実現が図れるように誰にもわかりやすい計画とする」旨を掲げる地方自治体が多い。これを実現するためには、市町村行政に詳しくない一般の住民にも認識・理解できるよう、平易で情報量の少ない計画としなければならない。

しかしそれでは、庁内の行政経営基盤であるPDCAサイクルを機能させる起点（Plan）として必要な情報の量と質が不足する計画内容となる。この情報の量と質の不足は、様々な要因が相互連関しあって形成している複雑な社会現象とそこに潜む課題の現実を単純化してみせてしまうことにより、政策に対する単純化された主観的感覚を助長する要因ともなる。

総合計画を形骸化させないためには、①PDCAサイクルの起点（Plan）としての役割をあきらめ、誰にもわかりやすい計画の構成・内容に特化する方策、②誰にもわかりやすい計画と、PDCAサイクルの起点（Plan）としての役割の計画が両立できる計画の構成・内容を徹底的に検討する方策のいずれかが必要となる。

あえて①を選択する場合には、行政計画として庁内で果たすべき機能は期待せず、行政評価・政策評価との関連性のあり方、予算との連動のあり方などを根本的に変える必要があり、計画自体を自治体経営における政治的御旗的存在と位置づける必要性すら生じてくる。これに対して、最上位計画としての総合計画を策定するのであれば、通常は②の方策を選択するべきである。その際には、基本構想・基本計画・実施計画などの階層構成や、計画書・概要版・パンフレットなど計画図書の形態を十分に検討しながら、「誰にもわかりやすい計画」と「PDCAサイクルの起点（Plan）としての役割の計画」の各々について、

情報発信の対象となる名宛人や情報伝達の形態を明確にしなければならない。

また、基本構想・基本計画・実施計画の必要性や位置づけ・役割・機能と、それに伴う各々の策定及びマネジメントの権限・責任を明確にすることが極めて重要である。近年、基本構想のみならず基本計画までをも議決案件とする地方自治体が増えつつあるが、基本計画の責任の所在が曖昧となり「実効性」を低下させる大きな問題をはらんでいる。

3 脱横並びと積極的自由への挑戦

　自分の地域への観察・分析や目的の明確化など事前の検討が不十分なまま策定作業に着手する要因の一つに、他の地方自治の策定方針の模倣型・横並び型の姿勢が深化していることが指摘できる。形骸化しない総合計画とするためには、本来、地方自治法改正に伴い策定義務がなくなったからこそ、最上位計画としてどのような位置づけ・役割とするのか、どのような機能を担わせるのか、それらを実現するためにはどのような計画の構成・内容とするのかを、各地方自治体が独自に真剣に検討する必要がある。そうした検討を行わず従来同様の取組みを続ける背景には、消極的自由の限界、すなわち国の制約がなくなっても自ら新たに生み出す自由に結びつけることができない現状が横たわる。

　消極的自由とは、既存の経済社会の中で制約を受けている場合、その制約を取り除くこと、すなわち「…からの自由」を意味する。たとえば、地方自治体が国からの関与や財政制約をなくすことが消極的自由に該当する。ここでは、制約を取り除くことを自由と定義している。これに対して、積極的自由とは、制約を取り除くだけでなく自ら新しい地域を形成し生み出す自由、自己の意思を実現し自己の行為や自らの決定に基づいて新たな行動ができること、すなわち「…への自由」を意味する。そこでは制約を取り除くだけにとどまらず、自らどう行動するかを自ら決定することを重視する。

　地方分権議論でよく指摘されることとして「分権になったらどうなるのか」という質問がある。国の関与の問題点などは指摘され、その制約を取り除く消極的自由は主張される一方で、制約がなくなった後どうするかを他者に質問する姿勢である。国からの制約が見直された後、どのような地域づくりをするかは自ら積極的に考え提示すべき事項である。この消極的自由から脱却し積極的自由に移行するためには変革が必要となる。基本構想を頂点とする計画体系と首長マニフェスト、機動的な自治体経営の確立に向けて積極的自由をいかに発揮するかが問われることになる。

2-3　計画の策定主体・策定体制

1　庁内における策定体制

　積極的自由を睨んだ自治体経営を展開し、実行性と実効性を担保する計画策定は、どのような体制で行う必要があるか。まず、庁内の策定体制から検討することが求められる。庁内の総合計画の策定体制は、①自治体経営、全庁最適の視点に基づく重点的・優先的に推進する重点計画を検討・策定する体制と庁内分権の視点に基づく分野別計画を検討・策定する体制、②計画案を主体的に検討・策定する体制と計画案を審議・承認する体制が前提となる。

　また、従来の総合計画の問題点を踏まえると、「企画部門の所管事務としての総合計画」から「所管課が策定・マネジメントに責任をもつ総合計画」への大きな転換が必要となる。そのためには、①少なくとも分野別政策については、所管部課による徹底的な主体的関与（作業・検討）が不可欠である。とくに、政策・施策の課題及び将来動向の分析と、その結果を踏まえた施策などの目的・目標・期待する成果の明確化までは、所管課による十分な作業が重要となること、②重点政策については、企画部門・財政部門が事務局となり庁内ＷＧ（ワーキンググループ）などでの検討によって案を策定することである（図表3-1）。

2　審議会などの外部体制

　各地方自治体における最上位行政計画としての総合計画の位置づけを踏まえ、ほとんどの場合、総合計画審議会などの外部組織を設置し、総合計画原案などの審議結果を答申などの意見として取りまとめ、計画に反映させている。

　総合計画審議会は、民間企業における外部アドバイザリーボードの位置づけ・役割に類似する。外部の有識者を中心に構成する審議会は、構成人員が多くなることで、専門家を含めて実質的な審議の内容が希薄化する問題が発生する。構成人員が多くなる要因としては、専門家以外に地域の利害関係をより多く吸い上げる姿勢が強いことなど、従来の利害関係集団間の調整を基本としながら計画策定を正当化しようとする姿勢が挙げられる。

　こうした希薄化要因を克服し実効性の高い審議会とするため、人員は、少数精鋭化が望ましい。構成人員の増加は、委員１人あたりの発言時間を大きく制約する要因となる。一般的に審議会の開催時間は、１回あたり２時間（120分）程度であるが、事務局からの計画原案の説明時間などを除くと、実質的な審議時間は90分程度しかなく、委員が10人の場合でも１人あたりの発言時間は平

■ 図表 3-1　庁内策定体制のモデル

項目		検討・計画案の策定	計画案の審議・承認
基本構想		・庁内の基本構想WG ・構成メンバーは、政策企画部門・財政部門を事務局とし、各部から選抜された職員で構成 ・選抜する職員は、次期総合計画期間に管理職としての活躍が期待される層 ・長期的な重点課題と将来目標などを検討	・基本構想WGで検討⇒策定委員会で承認
基本計画	重点政策	・首長マニフェストなどを踏まえ、政策企画部門が骨子を検討 ・骨子に基づく具体的な施策・実施計画事業の検討は、骨子体系別の関連部門職員で構成する重点政策WGで実施 ・議論の活性化のために、構成人数は各WG6～8人程度にとどめ、構成員は、兼務発令などで、総合計画策定に関する事務への従事責任を明確化	・重点政策WGで検討⇒策定委員会で承認
	分野別政策	・政策分野別の関連部門で構成するWGが取りまとめ主体 ・WGの構成員は、上記重点政策の検討構成員を主体とし、各課から1人が参加 ・具体的な計画内容は、各所管課の職員が主体となって検討・策定作業を実施 ・計画検討の前提として、政策分野別の現況や将来動向に関する基礎調査を各所管課の職員が主体となって実施	・政策分野別WGで検討⇒策定委員会が承認
マネジメント方策		・政策企画部門・財政部門・行政改革部門・人事部門で構成するマネジメントWGで検討	・マネジメントWGで検討⇒首長が承認

均9分程度、発言回数は数回にとどまる。委員が20人の場合では1人あたりの発言時間が平均4～5分、発言回数は1～2回となり、会長や事務局の発言も考慮すると、本来の十分な議論を展開する質の高い審議とするのには、時間制約の面からだけでも難しい人員数である。

　十分な審議の結果に基づく実効性の高い答申などの意見を取りまとめるのであれば、分野別政策などで部会を設置する場合は、3部会程度の編成にとどめ、各部会5～10人に抑制することで、審議会全体でも20人以内にすることが適切となる。審議会を地域のマッチポンプ的利害調整や形式的な手続き上の場として、より多くの利害関係者の参加を重視し、20人超の人員構成で実質的な議論が行えないような状況を常態化することは避けるべきである。

　審議会の人員数を抑制することで、多くの意見反映の機会が少なくなることに対する懸念は、パブリックコメントの充実、アンケート調査分析の向上、個別意見聴取とその公開など別途方策で解消することが適切となる。審議会など

の外部体制において最も重視すべきは、審議自体を後述するゴミ箱化させないことである。

なお、近年の一般公募で選出された住民委員は、住民という母集団全体に対しての代表性は限定的であり、専門性にも限界があることから、他の手法も含め住民の意見を反映させていく必要がある。もし、アンケート調査以外に直接住民の意見を反映させるのであれば、審議会委員も参加する形式で、以下で触れる住民に対するグループインタビューを実施した方が有益である。

3 計画策定における住民参加と合意形成のあり方
（1）住民参加・合意形成の形態

総合計画の策定にあたっては、住民意向の把握と適切な反映は不可欠である。また、時代の経過とともに、単に住民意向を把握・反映するだけではなく、策定作業への住民の参加や計画取りまとめにあたっての住民との合意形成などの手法が普及してきた。以下に、総合計画策定に係る住民参加・住民との合意形成の代表的な形態と総合計画策定に活用する場合の効果と課題を示す（図表3-2）。

（2）住民参加や住民との合意形成のあり方

総合計画の策定における住民参加や住民との合意形成のあり方を検討する際に必要なことは、住民参加の目的・対象は何か、住民との合意形成は、基本構想、基本計画・重点政策（主に重点施策）、基本計画・分野別政策（主に施策）、実施計画（主に事業）などの何を対象とするのかなど、目的や対象、期待する成果を明確にする必要がある。以降でみる「ゴミ箱モデル」の視野とその活用は、住民参加においても重要となる。

その上で、まず、どのレベルの計画に対してどのような参加手法を活用し、得られた意見・提案などの結果をどのように反映させるのかの整理が必要である。その場合、参加する住民の限界の認識を出発点とする必要がある。

具体的には、①代表性の限定性、②情報不足、考察・視野の限定性である。とくに住民が関係する形態については、期待できる効果や課題を踏まえた導入の可否を検討することが重要である。さらには、条例・規則などで総合計画策定への住民参加の実施が義務づけられていない場合は、実施回数に比例して職員人件費を中心とする実施コストなどが増大するデメリットを十分に考慮することが重要である。2000年代に入って以降、活発になったワークショップ型の参加は、参加者募集や実施について様々な形態があり、そこで表明された意

■ 図表 3-2　住民参加の代表的なモデルと総合計画への活用に関する効果と課題

分類	形態	期待できる効果	課題
住民意向の把握	アンケート調査による意見の把握	・有効な設計ができれば住民意向の把握は可能 ・サンプル数を間違わなければ、代表性が担保	・有効な設計ができる能力が必要 ・調査結果の分析に外部要因に係る制約が発生し、有効活用が困難
	地域別などで開催する住民懇談会における意見の聴取	・問題点・課題を確認・把握するための手法としては有効	・代表性[2]は限定的 ・苦情・要望・個人的な見解表明との区別、一般化する方法が必要
	グループインタビューによる意見の把握	・問題点・課題を確認・把握するための手法としては有効	・代表性は限定的
	モニター方式	・問題点・課題を確認・把握するための手法としては有効	・代表性は限定的
住民参加	審議会・委員会	・専門性はある ・条例などの整備を条件に、手続きとしては有効	・代表性は限定的 ・有効な審議のためには人選・構成人数が重要
	シンポジウム、フォーラム	・広報周知の手法としては有効	・広報周知の効果以外の効果は限定的
	住民ワークショップ（公募型、無作為抽出型）	・問題点・課題を把握するための手法としては有効	・代表性は限定的（無作為抽出選出者がほとんど参加すれば他の手法より代表性は向上する） ・有効な施策などの提案に結びつけるには工夫が必要
	プラーヌンクスツェレ（無作為抽出で選出、有償、ファシリテーターや進行役の設置、などを条件とする住民討議組織）	・問題点・課題を把握するための手法としては有効	・代表性は限定的（無作為抽出選出者がほとんど参加すれば他の手法より代表性は向上する） ・有効な施策などの提案に結びつけるには工夫が必要
	ワールドカフェ（4人程度で構成する複数グループで討議した後、ファシリテーター1人を除いた全員がグループ間を移動し繰り返した討議結果を共有するもの）	・問題点・課題を把握するための手法としては有効	・代表性は限定的 ・有効な施策などの提案に結びつけるには工夫が必要 ・メンバー固定型のワークショップなどと異なり、検討内容に継続性がなく深まりにくい
	提案	・広報周知の手法としては有効	・代表性は限定的 ・有効な施策などの提案に結びつけるには工夫が必要
住民との合意形成	公聴会・住民説明会	・広報周知の手法としては有効 ・手続きとして必要	・代表性は限定的 ・有効な施策などの提案に結びつけるには工夫が必要
	パブリックコメント	・手続きとして必要	・代表性は限定的 ・有効な施策などの提案に結びつけるには工夫が必要

見をどのように活用するかが課題となっている。

　最も重要なのは、検討・提案してもらう項目である。白紙からの具体的な施策の提案の実効性を確保することは困難なことから、①住民の視点に基づく問題点の整理（ただし、定性的・主観的）のみを期待する、②住民が主体となった自助・共助に関する取組みのみを期待するなど、参加の目的を明確に絞ることが重要である。策定時の住民の実効性のある役割は、地方自治体が気づいていない大きな問題点に関する情報、住民が考えていない重要な政策などに関する情報源としての位置づけである。

　ただし、それらもあくまでも参考意見であり、それらを踏まえつつも行政のプロフェッショナルとして地方自治体の執行部と選挙で選ばれた首長が最終的に取扱いを決定することが大原則となる。また、住民からの情報は、新たな気づきをもたらすと同時に、住民参加手法の実施コストが高い点にも留意し、その情報の入手のために職員人件費も含めた費用を総花的にどこまで投ずるべきであるのかは、慎重に検討する必要がある。なお、一般の住民とは異なり、企業やNPOなどの民間組織からの提案は、各組織の事業・活動などに基づく知見・ノウハウが反映されている場合が多いことから、施策・事業の有効性の向上や実施手法の効率化など、執行部にとっても有意義な情報源であり、積極的に受け入れる姿勢が望ましい。

4　ゴミ箱モデル

　庁内の検討体制や住民参加の体質的課題を検証する上で有用なモデルが、「ゴミ箱モデル」である。住民参加などによる政策形成の過程をゴミ箱に見立てて、そこに適当に投げ込まれる問題点や解決策がどのような状況にあるかを説明したモデルである。その中核は、実際の政策形成は合理的に行われるのではなく、問題点と解決策が無秩序なゴミ箱の中で選択されているに過ぎないとしている点にある。ゴミ箱モデルの本質は、政策形成を単なる混沌状態ではなく組織化された無秩序ととらえる点にある。この組織化された無秩序を構成するのが、「不明確な選好」、「不明確な技術」、「流動的参加構造」の3要素である。

2　（図表3-2）ここでいう代表性は、当該自治体の住民全体の意見を偏りなく把握・反映可能であるのか否かの意味。参画する住民を住民全体から無作為で一定数（概ね1000人）以上抽出・選定できない限りは、住民全体の意見を偏りなく把握・反映させることは困難である。自ら参加を希望した数人から数十人程度の住民の意見は、住民全体の意見と比較すると偏りが大きく、住民全体を代表する意見として取り扱うことは適切ではない。

第1の不明確な選好とは、政策形成に参加する人々が予め思考の前提となる選好の基準、理想への目標を明確に認識し共有していることが少なく、むしろ何を達成しようとするのかの選好基準を曖昧にしておくことで、参加者自ら行動しやすい環境を維持する傾向にあることを意味する。ここでは二つの要素が含まれる。

　一つ目は、参加者が共通の目的やその目的を実現するための選好基準を共有していないことが多いこと、二つ目として目的や選好基準を不明確にしておくことで他者との間の対立を表面化させないことや責任の回避を可能にし、意思決定に対する自分の柔軟な位置を確保しようとする傾向があることである。すなわち、選好基準に基づいて行動するよりも、行動に基づいて選好基準を発見することを意味する。

　政策評価に置き換えれば、政策評価に参加する評価者がその前提となる分析において多くの視点をもち発揮することは有用であっても、評価において参加者がそれぞれ異なる評価基準をもっていれば政策評価は方向性を失い悩むだけの存在となる。こうした不明確な選好の弊害を克服するため、合理的形成仮説による社会科学的客観性に担保された定量的指標の導入は重要な役割を果たす。

　第2の不明確な技術とは、政策形成への参加者が政策の意思決定プロセスの全体像を十分に理解していないことを意味する。参加者は自分自身の認識した事実については理解しているものの、その事実が経済社会の中でどのような位置づけにあり、いかにその解決策が形成されるかについては断片的にしか理解していない場合が多い。そうした断片的認識では、政策形成や意思決定、さらに行動に際して合理的な判断ができず、試行錯誤と先例重視を繰り返す結果になる。

　第3の流動的参加とは、政策形成へ参加する人たちが設定した問題によって参加したりしなかったりすることを意味する。参加者によって自分の認識した課題には関心を払うがそれ以外の課題への関心は低下する。同一問題であっても時間の経過によって参加者が投入する労力が異なるものとなる。

　以上の点から住民参加による開かれた政策評価の取組みでは、①目標や選好基準を共有すること、②議論の結果が政策形成全体にいかに反映されるかを共有すること、③自らの関心事だけにとらわれることなく政策議論全体に参加することのルール化をすることから始める必要がある。

2-4　計画の構成・内容

　地方自治体の経営資源の制約の強まりと政策課題の拡大が同時に進む中、総合計画の構成・内容の基本的なスタンスは、選択と集中及び施策展開の戦略性へと大きな変化を求められている。また、総合計画に基づく施策・事業は、計画どおりに実施する「実行性」重視から、地域課題解決などに高い効果を上げる「実効性」重視へと大きな変化が求められている。

　一方、旧来型の総合計画が形骸化する要因は、第1に幅広い行政分野を網羅した総花的な内容で施策間の優先順位が不明確、第2に中長期的な取組みを通じて解決を図るべき課題に対して戦略的な施策の展開が不明確、第3に施策などの内容が抽象的な文章で表現され具体的な目的・目標などが不明確、などの点にある。

1　優先順位の不明確性

　幅広い行政分野を網羅した総花的な内容で施策間の優先順位が不明確な点は、形式的視点からではなく実質的視点にある。これまでも、リーディングプロジェクトや重点施策などの名称で、形式的に優先順位を明確にしている総合計画は存在してきた。しかし、多くの場合は明確な根拠もなく、また、分野別の縦割りの政策体系に対して別名称のテーマの横串で施策をくくり直すなどみせ方を変えただけで、実質的な選択と集中になっていない。選択と集中による計画とするには、優先順位を高位とする施策などについて、他の施策よりも優先する理由・根拠を明確にするなど、説明責任を伴って計画に位置づけることが重要である。

　優先する理由・根拠は、各地方自治体がそれぞれの考え方で決めるべき事項であるが、一般的な基準として施策によって解決を図る自治体経営における課題（以下、政策課題）の重要度が挙げられる。すべての住民が納得できる優先度に関する万能の基準は存在しない。求められているのは、自治体経営として地方自治体の執行部がいかなる価値観に基づき、どのような基準で優先順位を設定したのかという政策的な判断とその明確化である。それは、議会や住民の意見を参考としつつも、様々なデータを活用して現状分析・将来動向分析を行いながら、首長をトップとした地方行政のプロフェッショナル集団である執行部が決める権限・責任を有している。

　それを放棄し他律的に優先順位が決められることを求めるのは、執行機関と

しての機能を形骸化させ、責任を転嫁あるいは曖昧にする姿勢と評価され、地方自治体としての政策リスクも最終的に拡大する危険性が高まる。地方自治体の首長を頂点とする執行部に対して、住民や議会からの説明責任を求める流れは強まる一途にある。しかし、説明責任は裁量権があるところに発生する。地方自治体は、裁量権の存在を十分に発揮し、その上での説明責任の充実であることを十分に意識する必要がある。

2 戦略的施策展開の不明確性

　中長期的な取組みを通じて解決を図るべき課題に対しての戦略的な施策の展開が不明確な点は、重要な政策課題ほど、単一的・短期的な施策の実施では課題解決と目的・目標の達成が不可能であることへの認識が不足していることに起因する。たとえば、人口減少が続く地方自治体で定住人口を増加させるためには、中長期的な時間軸の中で、様々な政策分野の様々な施策を組み合わせ、施策の効果を連鎖させ組み合わせながら、出生数の増加、転出数の減少、転入数の増加を実現させる必要がある。

　しかし、多くの総合計画では、長期的な達成目標やその達成のための段階的な施策展開など戦略が不明確な内容にとどまり、実効性が不明確である。今後は、短期的取組みでは解決困難な重要な政策課題については、将来像・将来目標とその達成時期を設定するとともに、中長期的な時間軸に基づく戦略としてのシナリオ（段階的な施策展開と到達目標）を設定することが重要である。戦略とは、特定の目的を達成するため複眼的視野で手段を融合し実施することである。戦略の必要性は、経済社会で生じる問題の真の原因は、容易にその姿をみせないからである。単純かつわかりやすい原因は表面的・一時的な原因に過ぎず、経済社会の問題を本質的に解決する政策を生み出す要因とはならない。戦略的思考の必要性は、地域で生じる課題の本質的原因を明確にして本質的に対処するためである。

3 具体的な目的・目標の不明確性

　作成された施策などの内容が抽象的な文章で表現され具体的な目的・目標などが不明確であると、計画に位置づけられた施策などの実効性を高める上で極めて大きな障害となる。これまでの総合計画では、物理的な紙面制約や様々な関係者の利害調整の観点から施策などの内容は、抽象的な文章で表現されてきた。抽象的な文章は、文章的な多義性と曖昧性を多く含む。なぜ、多義性、曖

昧性をもつ表現とするのか。それは、より多くの利害関係集団の意向をくみ取り、各利害関係集団が自分の利害の視点から文章を読み込むことができることを意図としているからである。

そのため、目的・目標を明確に表現することを避け、施策などの実施による効果・成果を事後検証することが難しくなり、実効性を高めるための施策などの見直しができない状況が発生している。実効性を高めるためには、施策などを実施する背景である現状・問題点や、施策実施の目的・目標・対象・期待する成果などが具体的かつ詳細である必要がある。計画図書としての紙面制約を考慮すれば、計画策定過程において検討・作成した、現状・問題点の分析結果や施策の目的・目標などの詳細な検討内容を別途保存し、計画期間中のマネジメントに活用することが合理的である。

目的・目標を明確化することは、利害関係の取捨選択を行い既存の利害対立を激しくする要因となる。しかし、資源制約が強まる中で、選択と集中で地域の持続性を確保するには、既得権を含めた多くの利害関係と議論し自治体経営のプロとして裁量権の発揮と説明責任の充実により、住民の認識と理解を高めることが不可欠となる。

4 計画内容が形骸化する要因

総合計画が形骸化する要因のうち策定方法に関するものは、第1に住民参加とその活用の未成熟、第2は施策所管課の関与・責任の不足、第3は計画図書に取りまとめることを前提とした策定作業のあり方にある。

第1については前述のとおりであるが、財政状況や住民の成熟度が異なる他の地方自治体で成功した取組み事例を単純に模倣することは避けるべきであること、一般的な住民が経営資源の制約や関連法令・制度を理解し政策課題の重要度を踏まえ全体最適の観点から施策間の優先順位づけを行うには大きな困難性と高い専門性が必要であることなどがポイントとなる。

もちろん、一般的な住民の自治体運営に対しての理解度を高めることは地方自治、そして民主主義の本質である。しかし、民主主義の学校としての機能と自治体経営の核に位置する計画策定の機能を混然一体に位置づけることには慎重でなければならない。

第2の施策所管課の関与・責任の不足については、総合計画が企画部門の計画であり各施策の所管部門は企画部門の作業につき合わされているという認識に起因する問題点である。部門横断の重要政策の立案責任は企画部門が負って

いるが、分野別施策の立案責任は各施策の所管部門であり、計画策定後のマネジメントの責任も併せて所管部門に徹底する必要がある。

第3の計画図書に取りまとめることを前提とした策定作業のあり方については、これまでの多くの総合計画の策定では、計画という図書を作成することが目的となっていたことから、各施策の所管課に対しては、計画図書の様式に収まる文案を作文することが求められていた。また、所管課も前例踏襲意識で従来の施策を十分に検証することなく、同様の施策内容を記載する場合が多かった。

その結果、地域などの現状分析が表面的・形式的なレベルにとどまり、施策内容も抽象的な文意で多義性・曖昧性を多く含む内容となっている。実効性の高い計画内容とするためには、施策の所管部門が、データを活用しながら現状や問題を徹底的に分析し、問題の発生要因を明らかにすることが出発点である。その上で、明らかになった要因に対して有効と考えられる施策などを立案することで、初めて実効性の高い計画とする必要条件が整う。

以上のように、形骸化しない総合計画とするためには、施策の所管部門の職員が、現状及び問題の発生要因分析、施策目標の設定、問題発生要因に対して有効で目標達成に貢献する施策の立案に主体的に取り組むことが重要である。また、そのためには、職員の意識改革と徹底的な能力開発が不可欠である。

2-5 戦略的総合計画の策定・マネジメント改革の実践例

地方分権が進む中、これまで述べてきた形骸化に代表される旧来型の総合計画の問題点を克服し、積極的自由の考えに基づき、策定後の計画期間中に高い実効性を確保するため、総合計画の策定と計画のマネジメントの改革に取り組む先駆的な自治体が生まれつつある。以下に愛知県の小牧市と豊田市の2自治体の事例概要を紹介する。

両事例に共通することは、①既存の総合計画の問題点を正しく認識していたこと、②次期総合計画の策定着手前に実効性の高い計画のあり方と計画マネジメント方法を一体的に検討したこと、③総合計画の実効性を担保するPDCAサイクルの構築を目指していること、④優先的な資源配分で推進する重点的な施策と相対的な資源配分で運営する施策を明確に分けた計画構成としていること、⑤計画期間中は課題やまちの状態の変化に応じて計画内容を柔軟に見直す前提のマネジメントを目指していること、などが挙げられる。

小牧市における自治体経営改革の取組み例 (2017年1月現在)

【自治体経営改革検討のきっかけ】
- 新たなマニフェストを掲げた新市長の就任
  - 前市長が示し議会の同意を得た総合計画(計画期間：2009年度～2018年度)が存在
  - 議決対象だった基本構想の中に、「戦略」や「施策体系」など、本来、基本計画で位置づけるべき内容が含まれていたことから、新市長のマニフェストと異なる基本構想の存在が問題化
  - 2011年地方自治法改正による市町村基本構想の策定義務付けが廃止されたことも踏まえて、今後の総合計画のあり方や総合計画の目標達成に向けたPDCAサイクルのあり方など、自治体経営改革に関する検討を本格化

【自治体経営改革戦略会議における検討】
- 市長を含めた市経営部門長、学識経験者、アドバイザーで構成
  - 自治体経営に関する市の責任者、自治体経営改革に関する専門分野及び市政に精通する学識経験者、地方分権改革をはじめとする行政学の専門家で構成した組織体での徹底した議論
- 総合計画を起点とした実効性の高いPDCAサイクルのあり方を検討
  - 行政改革の視点からのPDCAサイクルではなく、制約のある経営資源のもとでの政策推進の視点からのPDCAサイクルのあり方を議論
  - 実効性の高い総合計画のあり方やその分析・評価の仕組みだけではなく、権限・責任のあり方や、組織・人事制度までを含め、機能する仕組みを検討

【自治体経営戦略会議の検討結果を踏まえた新基本計画の策定とマネジメント】
- 優先的に経営資源を投入する市政戦略編を設定
  - 計画は、市政戦略編と分野別計画編で構成
  - 市政戦略編は、計画期間中のまちづくりの機軸となる都市ヴィジョンと戦略を明示し、戦略に位置づけた事業には経営資源を優先的に投入
  - 分野別計画編の位置づけた事業群は、施策評価による相対的な経営資源配分によるマネジメント
- 総合計画に基づく市政運営の権限・責任の再整理
  - 基本計画の策定及び実行にあたっての、市長と議会、及び、執行部内の各組織長の権限と責任を再整理
- 自治体経営システムの構築
  - 基本計画の実効性を向上させるための庁内の仕組みとして、基本計画の目標と組織目標、個人業績目標を連動させた経営システムの構築を目指し試行中
  - 基本計画に基づく施策・事業の実施結果の分析・評価とその見直しの内容と、予算編成を連動させた経営システムを検討中

豊田市における総合計画に基づくマネジメント改革の取組み例
(2017年1月現在)

【次期総合計画の策定に向けた事前検討】

- ▶ 時代背景を踏まえたマネジメントの目的の転換
    - ・2040年を見据えた中長期の視点に立ち、次期総合計画では右肩上がりの成長を前提としない自治体経営(マネジメント)に転換していく必要性を確認⇒施策を取り巻く環境の変化に応じて機動的かつ柔軟に施策を展開し、中長期の視点の下で施策ごとに掲げる「めざす姿」を実現していく(施策を起点としたマネジメントへの転換)
- ▶ 現行総合計画の問題点やマネジメントのあり方の事前検討の徹底
    - ・現行総合計画について、施策を起点としたマネジメントが困難な現状やマネジメントを意識した計画策定の重要性を確認
    - ・施策を起点としたマネジメントが困難な原因を分析
    - ・原因を踏まえ、次期総合計画の構成・内容、マネジメントのあり方や具体的な改善策についての検討を実施

【施策起点のマネジメントをする上での現行総合計画の問題点】

- ▶ 実践計画(基本計画と実施計画を一体にした計画)の進捗の検証が困難
    - ・施策ごとの「めざす姿」が抽象的で、達成状況の評価ができない
    - ・施策との因果関係が不明な指標など評価に適さない指標が混在している
- ▶ 実践計画事業のローリングの根拠・視点が限定
    - ・施策との関係性が弱い事業が含まれており、事業の見直しによる施策への効果が薄い
    (事業ごとの個別の良し悪しに基づく見直しや新規事業の立案に留まる)

【次期総合計画におけるマネジメントの概要】

- ▶ 施策起点のマネジメントを前提とした実践計画策定の流れ
    ①計画の立案に先立ち、職員の役職に応じた考え方を共有(経営層の会議での説明、庁内研修会など)
    ②施策の立案においては、庁内での議論を深掘りするために施策ごとの「めざす姿」を具体的に検討
    ③施策の現状と「めざす姿」のギャップを明確にし、市が優先的に埋めるべきギャップ(課題)を「施策の柱」として位置付け
    ④施策の評価指標の検討においては、まちの現状把握・分析に用いる「まちの状態指標」と市の取組みの評価に用いる「成果指標」に分けて整理
    ⑤実践計画事業の立案においては、施策との関係性を意識し、施策への寄与の観点から精査
- ▶ 施策を起点としたマネジメントの流れ
    ①「施策の柱」を中心に評価を行い、事業効果の見込みや施策を取り巻く環境の変化を踏まえて施策の方向性を整理
    ②施策の方向性に基づき実践計画事業を見直し、優先的に予算を配分
    ※「施策の柱」は、前期実践計画期間の終了時に見直しを行う

3 戦略と戦術、選択と集中の重要性

3-1 総合計画における戦略と戦術の重要性

　将来に向けて経営資源の制約が強まることが予想され、また、様々なリスクを考慮しながら総合計画を策定し、中長期的な課題解決や目標達成を実現するためには、戦略と戦術が重要となる。

1 各種データなどに基づく分析と将来予測

　地方自治体の政策企画型計画の策定においては、現状などの観察とそれに基づく分析をおろそかにする傾向がある。しかし、観察・分析を重視せず、思いつきのレベルで将来の姿を描き最終的な政策を立案することは、不適切である。

　また、他の地域の施策や事業を形式的に模倣することも不適切である。地域が抱える問題点を解消する場合であっても、地域の長所や強みを一層強化する場合であっても、それらの表面的ではない根本的な原因を探求し、その原因に応じて有効な施策を考えることが有効性の高い政策企画型計画の基本である。根本的な原因を探求するためには、データに基づく過去から現在までの地域の徹底的な現状分析、過去から現在までのトレンドの延長線上として予想される地域の将来予測、予見し得る社会経済環境の変化に基づく地域の将来予測が極めて重要である。

2 将来目標の設定と仮説としての政策に基づく戦略・戦術の立案

　観察・分析の作業を行うことで将来予測結果に基づき、中長期的に解決すべき地域の重要な課題が明確になる。たとえば、これまでのトレンドを放置すると人口減少に歯止めがかからない、市場における競合激化の影響で地域の主要産業の集積度の低迷が見込まれるなど、将来予見し得る大きな問題とそれに基づく解決すべき重要課題が浮き彫りになる。次に、これらの大きな問題や重要課題を踏まえて、トレンドの延長線上とは異なる地域の将来像・将来目標とその達成時期を設定する。

　なお、問題や課題を踏まえてどのような地域を目指すのかは、自動的に解が導き出されるものではない。多様な価値観を有する住民の意見は傾聴しつつ、最終的には選挙によって選ばれた首長と地方行政のプロフェッショナル集団である行政執行部が一体となって設定し、その説明責任と執行責任を負うことが

基本である。

　さらに、設定された将来像・将来目標の達成に有効と考えられる仮説としての政策を検討する。地方自治体が実施する施策や事業は、社会経済に対する直接的な影響範囲が限定されることから、とくに計画段階では、問題の改善や長所の増強に対する因果関係が不明確であり、その有効性は仮説でしかない。どんなに精緻な観察分析を行っても、最初から100点満点の仮説は生み出せない。行政執行部の中でのより良い政策にする創造的批判と政策議論の展開によって、仮説はより良い内容に進化する。単なるアイデアや思いつきではなく、統計的な分析も含め根本的な要因を探求した結果をもとに議論による仮説のキャッチボールを続ける中で、仮説の質と確度は高まる。

　最後に、将来像・将来目標とその達成時期に基づき、中長期的な時間軸に基づく政策のシナリオ（段階的な政策展開と到達目標）を設定する。合わせて、政策の具体的な実施手段としての施策や主要事業を戦術として設定する。

　政策企画型計画における多くの政策は、あくまでも将来像の実現や将来目標の達成に有効と考える仮説の下で計画されている。このため、政策を実行した結果を踏まえてその有効性を検証し、必要に応じて仮説としての政策を常に修正し進化させる必要がある。状況に応じて、政策シナリオの見直しや実施手段としての施策・事業の組替えなど、戦略・戦術の全体的な見直しを行い実効性の確保を実現するプロセスである。この一連の作業が、自治体経営の基盤としてのPDCAサイクルそのものである。

3 戦略立案に向けた地方自治体の課題克服

　政策企画型計画における戦略立案は、従来型の行政計画の策定とは異なる難しさが存在する。一つには、職員の戦略立案に対する経験不足である。従来の基礎自治体職員の多くは、国・都道府県が決めた制度・政策などにのっとり、適切に事務を執行することが中心であり、自ら本格的な政策を企画する経験が不足し、政策を生み出すことへのスキルやノウハウが十分ではない。今後は、本格的な地方分権時代に相応しい職員の政策企画能力の開発、すなわち「知っていること」から「生み出すこと」に本格的に取り組むことが重要である。

　さらに、本格的な政策企画型計画を阻む要因として、地方議会を中心とする多様な利害関係者の存在が挙げられる。議会答弁に代表されるように、確かな事実に基づかない説明が排除される組織文化がある限り、根本的な要因の探求や仮説としての政策立案とその実行結果の検証に基づく見直しは広まりにくい。

たとえば、多くの基礎自治体では、総合計画の策定やモニタリングに関連して、施策の満足度調査を実施している。しかし、施策別の満足度の高低は測定されていても、なぜ満足度が高いのか（あるいは低いのか）の要因が分析されている調査結果報告書は、ほとんどみられない。要因を分析しようとすれば推測や仮説が不可欠である。しかし、議会などに報告、ホームページなどを通じて公表される報告書では、議員を含めた第三者からの質問に耐えられないとの理由で、調査結果として明白な事実以外を論じることは限定的となる。その結果、庁内では根本要因を分析し議論する組織文化が喪失しやすくなる。

　本来の政策議論とは何か。政策を進化させるため自らの考え方の根拠となるデータ・情報を相手に開示し、相手の意見などを踏まえてより良い政策に積み上げていく創造的批判のキャッチボールである。主観的な感覚をぶつけ合い、自らの考え方の根拠となる客観的なデータなども提供することなく相手方に対する否定的批判をぶつけ合うことは政策議論ではなく、単なる主張の展開に過ぎない。否定的批判のぶつけ合いは政策を進化させることはなく、むしろ退化させる要因ともなる。

3-2　選択と集中の重要性

　従来の基本計画では、実施計画事業以外の一般的な事業（以下、一般事業）との違いが、適切に整理されていなかった。総合計画に位置づける実施計画事業の位置づけ・役割などを検討する前提条件がある。財源などの経営資源が減少する状況下では、限りある経営資源で最大の効果を生み出すため、選択と集中により重点化する重点政策としての施策・事業と、それ以外の分野別政策としての施策・事業に分類して計画に位置づけ、計画をマネジメントすることが重要である。これらを踏まえると、実施計画事業に相応しい事業を選定する基準は、第1に「重点化の視点に基づく基準」、第2に「財政規律堅持の視点に基づく基準」から構成される。これらの基準を総合すると、「政策課題の重要度」×「政策目標の達成時期」×「事業費規模」の3つの軸を基本に、それぞれの地方自治体が選択と集中の具体的な基準を設定することが求められる。以下でこれらの基準に関する具体的な内容を検討する。

1　重点化の視点に基づく基準

　選択と集中により重点化する施策・事業と、それ以外の施策・事業に分類す

る基準は、①政策課題の重要度（高・中・低）、②政策目標の達成時期（短期・中期・長期）の組み合わせによって、図表3-3のとおり4象限に分類できる。第1象限・第2象限に位置づけられる施策・事業は、他の象限に位置づけられる施策・事業と比較して優先度が高い位置づけであることから、財源などの経営資源を優先的に配分する対象となる。なお、第1象限・第2象限に分類された施策・事業について、全政策分野の中で優先度が高い施策などと、分野別政策における各政策の中で優先度が高いものに分類することが可能である。

2 財政規律堅持の視点に基づく基準

　景気や企業業績に大きな影響を受ける法人住民税など税収の変動の大きさや、今後の税制や地方財政に関する制度の見通しなど政治リスクが高まっていることなどから、財政規律の堅持と実施計画に基づく政策推進の両立の重要性がますます高まる。そのため、とくに財政規律堅持の視点から、一定額以上の事業費規模の事業は、企画部門・財政部門が権限と責任をもって取捨選択と事業スケジュールの管理・見直しに取り組む必要がある。なお、事業費規模は、ハード系整備事業（土木・建築事業など）とソフト系事業で異なる基準を設けることが望ましい。以下に、事業費規模の基準例を示す。

　①ハード系整備事業
　　▶ コストは、初期投資額（検討・設計・工事費など）と供用開始後の維持管理費に分類。

■ 図表 3-3　「政策課題の重要度」×「政策目標の達成時期」に基づく
　　　　　　 施策・事業の分類（政策ポートフォリオ）

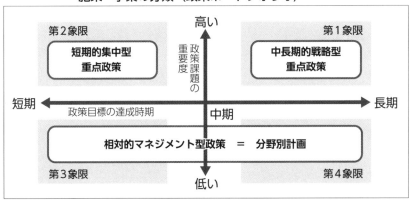

- 実施計画事業の基準は、過年度の事業費規模別事業数を参考に財政規律の視点から初期投資額に基づき設定。

② ソフト系事業
- コストは、単年度あたりの事業費と想定事業期間を通じた総事業費に分類。
- 実施計画事業の基準は、財政規律の視点から単年度あたりの事業費「単年度の事業費○千万円以上」などで設定。

3 土木・建設に関する事業の選択と集中の考え方

事業費規模の大きい土木・建設に関する実施計画事業は、事前に財政ひっ迫時の予算化について、以下の視点から制度を明確にしておくことが望ましい。

① 事業の進捗状況を基準とする見直し
- 土木・建設に関する事業は、工事着手後は、速やかに工事を完了し、供用を開始することが、最も費用対効果が高くなることに留意する必要がある。
- そのため、以下に示す事業の進捗状況を基準とした見直しが望ましい。
    - ・構想・計画策定中：原則、事業休止。
    - ・基本設計・詳細設計中：原則、工事着手凍結。
    - ・工事着手後：着手直後で進捗率が10％未満であれば、凍結も選択肢。10％以上進捗している場合は、短期間（数年）で完了する計画であれば、優先的に完了させる。完了まで中長期間（5年以上）必要な場合は、段階的に供用開始可能な範囲までは事業を計画どおりに推進し、それ以降については凍結。

② 財政上の制度（例）
- 上記の見直し基準の結果、単年度の一般財源を超える予算を必要とする場合は、不足する額について、事業部門の「庁内借入れ」と位置づけ、財政調整基金の取り崩しや地方債の発行により確保。
- 「庁内借入れ」で手当てした財源は、後年度、当該公共事業が該当する公共事業分類の事業費を大幅に削減することで、削減額を借入れの返済額とみなす。

4 マネジメントに資する指標

1 マネジメントに必要な指標の種類

基本計画に位置づける施策の目標には、定性的目標と定量的目標がある。実行性あるいは実効性の高い総合計画とするには、どちらの目標も具体的に設定する必要がある。定量的目標を測定する主な指標は、政策体系の階層別に以下のとおりである。

【施策に関する指標】

①課題指標
- 施策実施の背景・前提となっている課題（施策に係る課題）の状況・状態を測定する指標。
- 地方自治体が実施する施策の成果との因果関係は不明確な場合も多い。

②施策の成果指標
- 施策の実施によって得られた成果を測定するための指標。
- 具体的には施策配下の事務事業の実施により得られた成果を総合したもの。

③住民意識調査結果
- 満足度、期待度、優先度など、市民の主観的な価値判断を調査したもの。

【事務事業に関する指標】

①活動指標
- 地方自治体が事務事業として実施した活動の数量や規模を表す指標。

②成果指標
- 1次成果指標：事務事業の実施によって直接発生する成果を測定するための指標。
- 2次成果指標：事務事業の実施によって発生する1次成果のうち、事務事業の真の目的に合致する成果を測定するための指標。

③総コスト指標
- 事務事業の実施のために支出したコスト。
- 庁外に支出した事業費以外に、事務事業の実施に従事した職員の人件費を含む。

■ 図表3-4　優先度に基づく目標の位置づけ・役割

項目	説明責任
◆重点施策 ◆重点事業	●目標の達成・未達成について、結果に対する説明責任が発生する
◆重点施策以外の施策 ◆重点事業以外の実施計画事業	●目標の達成の程度（目標と実績との乖離）とそのような状況となった要因について、説明責任が発生する

2 指標の目標値のあり方

　施策目標の位置づけや役割は、①行政経営資源（財源、職員など）の制約条件、②とくに課題指標について、地方自治体が実施する施策・事業との直接的な因果関係が希薄となる（国・都道府県の法律・制度・政策や社会経済環境などの影響が大きい）要素を踏まえることが重要であり、施策目標は、「重点」と「重点以外」の2種類の役割・機能に分類することが必要となる。すなわち、施策・事業の実施に必要な経営資源に制約が存在することから、すべての施策・事業の目標を達成することは、基本的には不可能であることを明確にした上で目標を運用することが重要である（図表3-4）。

5　総合計画と政策分野別行政計画及び財政計画との関係

5-1　政策分野別行政計画のあり方の方向性（策定時、運用時）

1 政策分野別行政計画の実効性の確保

　政策分野別行政計画の実効性を確保するには、総合計画・実施計画と同様のガバナンスが必要となる。以下のいずれかの方法、または両者を総合した方法が必要である。

　　パターン1：政策分野別行政計画策定時には、政策企画部門・財政部門も
　　　　　　　主体的に参加し、政策推進及び財政計画の両面から全庁最適
　　　　　　　の視点で、施策・事業の精査を行った上で、計画に記載する

施策・事業を決定する。また、その運用時にも、実施計画事業査定や予算査定などを通じて、企画部門・財政部門による管理が必要となる。この場合、企画部門・財政部門のマンパワー確保が課題となる。

パターン２：政策分野別行政計画策定時には、事前に計画期間全体での計画推進のための予算枠が提示された上で、所管部門が主体的に予算枠内で施策・事業を立案・計画化する。その運用時には、所管部門が主体的に施策・事業などの分析・評価及びその結果に基づく計画などの見直しを行った上で、委譲された権限の中で事業の予算化に取り組む。

さらに、総合計画策定時には、施策・実施計画事業を立案する場合の根拠・参考資料として政策分野別行政計画を活用する。全体最適と優先度の考えに基づく最上位計画としての総合計画の役割・機能から考えると、所管部門が部分最適で検討・立案した施策・事業の中から、計画期間中に戦略的・優先的に取り組むべき施策などを選定し、あるいは既存の施策・事業では不足する場合に新たに施策などを立案し、総合計画として取りまとめる流れが基本である。

2 事務事業の取扱い

一方、政策分野別行政計画に位置づけられる施策・事業は、実施計画に位置づけられた施策・事業以外も含まれるが、それらは総合計画の政策体系を所与条件とした全面的な整合性を確保する必要性はない。よって、その策定時期は、とくに定める必要はない。実施計画事業以外の事務事業の取扱いは、以下のとおりである。

①計画上の取扱い
- ▶ 総合計画上：最低限、所管部門が総合計画の政策・施策体系と事務事業の紐づけを行っておくこと。
- ▶ 政策分野別行政計画策定上：財政的な裏づけがないことから、予算化候補としての位置づけにとどまる。すなわち、事業カタログとしての個別計画に掲載されただけにとどまり、実施できるか否かは、別途、予算化がされるか否かによる。

②マネジメント上の取扱い
- ▶ 実施計画事業以外の事務事業のマネジメントの権限・責任を所管部門に委譲する場合：各所管部門は、各分野別計画に基づき、事業別予算化、

分析・評価結果に基づく事業の改善・廃止などのマネジメントを行う。
- ▶ 権限・責任を所管部門に委譲しない場合：所管部門は、分野別行政計画に掲載されている事務事業の中から取捨選択し、予算要求する事業を決定し、財政部門による予算査定を通じて自治体経営としてのマネジメントを行う。

3 体制整備・能力開発

なお、総合計画と政策分野別行政計画がそれぞれの機能・役割を適切に分担・連携しながら、自治体経営の高度化を実現するためには、以下が条件となる。この条件は一朝一夕に整わないことから、中期的に着実に体制整備や職員の能力開発などを進める必要がある。

①庁内分権の徹底：予算枠の拡大及び個別事業の予算化の権限を各部署に委譲できていること。
②各部署の十分な経営能力：与えられた予算枠及び予算化の権限を活用して、経営の観点が強化された政策分野別計画の策定及び同計画に基づくマネジメントを実行できる能力が、各部署に備わっていること。
③総合計画策定時に各部門が主体的に現状分析、将来動向影響度分析、施策及び事業の検討を行うためには、政策分野別計画は総合計画の検討に1年先行することが望ましいこと。

5-2　総合計画と財政計画との関係

1 歳入に関する基本的な考え方

地域間の税源偏在是正などを目的として、「社会保障の安定財源の確保などを図る税制の抜本的な改革を行うための消費税法の一部を改正するなどの法律（平成24（2012）年8月22日）」に基づき、国は消費税率の引上げに合わせた地方税制改正を検討し進めている。

消費税率8％段階では、法人住民税法人税割の税率（市町村分）が12.3％から9.7％へと税率で▲2.6％、割合では約21％の大きな減少となった。引き下げられた税率分は創設された地方法人税（国税）にスライドし、全額地方交付税の原資となっている。また、消費税率の引上げに伴い地方消費税率も1.0％から1.7％に引き上げられた。消費税率10％の段階など、今後も消費税率の引上げに合わせて、法人住民税法人税割の税率の引下げと地方消費税率の引上げが

基本構図となっている。法人住民税法人税割の交付税原資化と地方消費税率の引上げの動向により、地方自治体の歳入に関する戦略は、従来の企業誘致による法人住民税及び法人関連の固定資産税の増収対策偏重から、人口の維持増加による地方消費税の増収対策強化へとシフトしつつある。

　歳入に占める法人住民税の割合が大きい地方自治体では、歳入減少の大きな構造要因となる。とくに、経済環境や企業業績の影響で法人住民税が乱高下するリスクを前提に、歳入計画を策定することが重要である。すなわち、歳入計画の策定にあたっては、低位・中位・高位などの設定を行った上で法人住民税の推計を行うことが望ましい。また、安定的な財政運営のためには、歳入計画や歳入予算と比較し、法人住民税の納税額が増減した場合の取扱いの明示的なルール化も必要である。

　税制改革の影響以外にも、地方自治体が歳入に関して考慮しなければならないのは、長期的な人口減少による個人住民税及び固定資産税への影響である。家屋に関する固定資産税は、再建築費用が評価額のベースとなっていることから、人口減少の影響は新築建築数の減少から徐々に波及するので、当面の間は大きな影響を考慮する必要はない。しかし、個人住民税は働き盛りの人口との関連性が非常に大きいこと、土地に関する固定資産税は大きく変動する地価が評価額の基本となり土地への需要などにより影響を受けるため、長期的に人口減少トレンドにある地方自治体では、歳入減少圧力が継続する大きな要因となる。

　自主財源に占める個人住民税や土地・家屋に関する固定資産税の占める割合が大きい地方自治体では、人口推計結果に基づく個人住民税歳入額及び人口との関連性の強い固定資産税歳入額に関する将来推計が歳入計画策定の重要なポイントとなる。なお、個人住民税などの歳入額の将来推計の基礎となる人口推計値は、2015年度を中心に展開された地方創生政策に係る地方人口ビジョンで出生率や移動率を期待値として設定した将来人口値を用いてはならない。行政経営の原資となる歳入に関する推計は、より安全側で精度の高いことが重要であるため、基礎となる人口推計も、自然動態・社会動態ともに、願望ではなく過去からのトレンドの変化に即した現実的な条件を用いるべきである。

2 歳出に関する基本的な考え方

　歳出のうち、職員人件費や公債費などを除く事務事業の執行にかかる予算は、事務事業を適切に区分することが重要である。とくに、一般的に義務的経費に

区分されている場合でも、法律で地方自治体の実施が義務化されている場合と、実態としては義務化されている事業の単費による上乗せ分も含めて地方自治体の意思によって実施・廃止や事業規模・要件などを決められる場合とが混在している。これらを厳格に区分することが重要である。

また、1990年代半ばから削減が続く正規職員の代替として、臨時職員などの非常勤職員の増員や、窓口業務の委託化の拡大が続いているが、非常勤職員の賃金や民間事業者への委託費は物件費に分類される。しかし、非常勤職員の賃金や窓口業務の委託費は、職員人件費の代替としての性格を有するため、義務性が高い歳出であることに留意する必要がある。

> ▶ 事務事業の区分例
> ・法律上の実施義務
> ・条例による実施義務
> ・法律上の実施義務に付帯する地方自治体の単費による上乗せ分
> ・経常努力義務
> ・経常任意サービス
> ・経常インフラの維持管理
> ・経常施設・設備などの維持管理
> ・投資インフラ
> ・投資建物
> ・投資情報システム

総合計画策定における政策立案の前提としての財源規模を明らかにするためには、厳格な区分に基づき、歳出計画を立案することが重要である。その場合、将来のサービス受益者数に比例して歳出規模が増減する事務事業については、需要予測も加味することが重要である（代表例：高齢者向けの必需性の高い福祉サービス、必需性が低い敬老祝金など）。実施義務、必需性の高い事業などの順番で、需要予測結果も加味した必要な財源枠を設定していくことで、残額の範囲内で政策的事業（基礎自治体が実施の要否を判断できる自治事務を中心に）の枠を設定する。

投資インフラと投資建物に関する事務事業は、他の区分の事務事業と比較し、事業費が多額で事業期間も複数年度に及ぶ場合が多いが、民間企業の業績の乱高下によって法人住民税の納税額が乱高下した場合に、歳出コントロールにあたって大きな問題となりやすい。そのため、法人住民税の急激な減少に対応した新規の投資インフラ・投資建物に区分される事務事業のマネジメントのルー

ル化が必要である。さらに、既存のインフラ・建物の大規模改修や更新など投資に係る事業費は、公共施設など総合管理計画などに即した全庁でのガバナンスに基づく長期的な需要コントロールが不可欠である。

3 総合計画期間の財政マネジメントのポイント

以上を踏まえ、総合計画期間における財政マネジメントのポイントは、厳格な条件による人口推計値に基づく中長期的な個人住民税額及び土地を中心とする固定資産税額の推計、中長期的な予測が困難で年度によって乱高下する法人住民税額の適切な仮定・推計、消費税率引上げに合わせた法人住民税法人税割の税率引下げを反映した法人住民税の仮定・推計、地方自治体が実施の要否を判断・意思決定することが可能で、事業費が多額で事業期間も複数年度にわたる場合が多い投資インフラ・投資建物（投資は新規以外に、更新や大規模修繕を含む）に係る事務事業に対する歳入実態に合わせたコントロール方法の制度化などである。

6 計画の実効性向上のためのマネジメントのあり方

6-1 行政評価の全体像と本質

1 「実行性」重視の「運用管理」から「実効性」重視の「マネジメント」への変革

総合計画について実効性の高いマネジメントを行うには、マネジメントの目的に即した分析・評価の手法の選択が重要である。とくに、マネジメントの目的と分析・評価結果の活用方法が具体的かつ明確にされることが、計画の実効性確保のための必要条件である。PDCAサイクルに基づく行政経営の観点からは、分析・評価（Check）の結果、どのような見直し・改善（Act）を行うのかを明確にすることが極めて重要である。

一般的には、図表3-5に示すマネジメントの目的と手法及び活用方法が挙げられる。目的のⅰからⅴに向けて、順に難易度が高まっていく。これらのうち、多くの地方自治体で掲げている目的は、「ⅱ）進捗管理・進行管理」である。しかし、経営資源の制約の強まりと政策課題の拡大と複雑化が同時に進む現状においては、単に計画に位置づけられた実施計画事業を活動・執行ベースで進捗管理する「運用管理」だけでは不十分である。限られた経営資源のもとで、

■ 図表3-5　総合計画に関するマネジメントの目的と概要

マネジメントの目的	マネジメントの手法・活用方法
ⅰ）説明責任	・事業や施策の実施に投入された財源内訳も含めたコスト、実施した事業などの内容、事業実施によって得られた成果などを可視化し、住民・議会などに説明することが目的 ・ホームページなどを通じたコスト及び成果の公表、決算に附属する主要施策成果説明資料への掲載などに活用
ⅱ）進捗管理・進行管理	・実施計画事業などについて、計画どおりに進捗させるとともに、計画どおりに進捗できない場合に計画を修正することが目的 ・事業の進捗状況をもって計画の進捗状況として、住民・議会などに説明するための資料として活用
ⅲ）成果管理	・事業や施策を実施した結果、事業などの目的に即してどのような成果を生み出したのかを把握することが目的 ・計画どおりの成果が生み出されていない場合には、成果を向上させるために必要な事業などの見直し・改善を行う
ⅳ）費用対効果の向上	・事業などの実施に投入したコスト、実施した活動量、実施によって得られた成果などを比較分析し、コスト削減や同一コストでの活動量・成果量の増加により、費用対効果を向上させることが目的
ⅴ）選択と集中	・限られた経営資源（予算・職員）の中で、より効率的・効果的に政策課題を解決するため、複数の施策・複数の事務事業を一体で評価し、優先度・重要度・費用対効果などの観点から、拡充・維持・縮小・廃止などの選択と集中を行うことが目的

地域課題解決などに高い効果を上げる計画とするための「実効性」を重視したマネジメントに変えていく必要がある。つまり、マネジメントの目的としては、「ⅴ）選択と集中」を掲げることが求められる。

　一方、従来型の「実行性」重視の運用管理は、計画の内容を固定的にとらえることが前提である。つまり、計画に位置づけた施策・事業について、計画期間中は計画どおり推進することが目的であり、その内容は正しく、変える必要がない計画であることが前提となる。しかし、現在から将来に向けた経営環境において、計画の内容を固定的にとらえることは、2つの点で大きな問題を有する。

2　計画内容の固定化の問題点

　問題点の第1は、グローバル化と情報化が高度に進んだ社会経済環境に適応できないことである。グローバル化と情報化が高度に進んだ現代は、「運用管理」で問題のなかった過去と比較して、社会経済環境の変化が速く大きくなっており、その影響は基礎自治体にも大きく及んでいる。

計画に位置づけた施策・事業の前提である社会経済環境や、それに起因する地域の様々な課題の内容や重要度が変わる中、施策・事業の内容を見直さずに推進することは、計画の実効性、すなわち、計画全体としての地域課題の解決・改善に対する施策の有効性の総和を低下させる。このような状況が起こる要因は、本来は地域課題の解決などのための手段である計画及び施策・事業について、地域課題の状態やそれに対する施策・事業の有効性の検証を行わずに、計画どおりに推進することが目的となっていることにある。ここでも、手段の目的への転移が発生している。

問題点の第2は、施策・事業の有効性を確定的にとらえていることである。計画策定時に想定・予定した施策・事業の効果や有効性は、あくまでも仮説でしかない。地域問題を解決するための政策の立案であれば、問題及びその発生要因を分析し、要因の解消により高い効果を発揮することが期待される施策・事業を常に検討・計画し続け、政策の進化を求めるのが本質的なプロセスである。

その際、問題の発生要因の解消に対して、直接的な因果関係により効果を一層発揮することが明確な施策・事業を追求する。多くの施策・事業は、要因解消に高い効果が期待される仮説に基づき計画されるだけで、事前に期待した効果が本当に発揮されるかどうかは、実施後に検証しなければ不明である。したがって、計画策定だけでなく計画執行のプロセスなどにおいても、常により良き政策を求める姿勢が必要となる。

以上2つの大きな問題点があることから、現在の経営環境における計画期間中の総合計画の活用は、計画の内容を固定的にとらえる実行性重視の「運用管理」から脱却し、計画に位置づけた施策・事業の問題発生要因の解消に対する効果を事後検証することが重要である。それとともに、地域課題の状態の変化を検証し双方を総合した上で、より費用対効果が高まるように経営資源配分と施策・事業の見直しを一体に行う実効性重視の「資源・効果の総合管理」のマネジメントに変革する必要がある。この変革を行わなければ、総合計画の形骸化を脱することは難しい。

6-2　総合計画の具体的なマネジメント方法

1 PDCAサイクルの必要条件

総合計画の実効性を高める効果管理に変革するマネジメントの基盤は、

PDCAサイクルが最も適している。1990年代後半から多くの地方自治体で、歳出削減を主な目的とする行財政改革のツールとして、事務事業評価などの行政評価制度が導入・運用され、それに付随してPDCAサイクルが運用されてきた。この点が、既存のPDCAサイクルを活用すれば、実効性の向上は容易に実現可能といった安易な期待を、一部の総合計画を所管する企画部門の職員に対して抱かせる要因ともなった。

この期待では、主に歳出削減を目的に、個々の事務事業を単独で評価する事務事業評価のように、部分最適の機能は果たし得ても、資源制約などが強まり様々な課題が複雑化する現状で求められる地域の全体最適への機能は果たし得ない。全体最適の機能を発揮できるPDCAサイクルを構築・運用することが、総合計画の実効性向上には不可欠である。同じPDCAサイクルでも、目的や役割・機能により最適な制度の内容が異なるのは当然である。

総合計画の実効性向上に資する全体最適の機能を発揮できるPDCAサイクルを構築・運用するための必要条件は二つである。第1はPDCAサイクルのCheck（分析・評価）のための施策評価制度の構築・運用、第2は評価結果が計画の見直し（計画に位置づけられた施策・事業の見直し）及び連動する経営資源の見直し（とくに予算の見直し）に直接的に反映される制度の構築・運用である。この二つの条件の一体的確保が重要である。

2 施策評価のポイント

（1）総合計画の実効性向上に資する施策評価

総務省「地方公共団体における行政評価の取組状況などに関する調査結果（2014年3月25日）」によると、行政評価を実施している地方自治体の約半数は、施策評価を実施している。しかし、事業費削減という部分最適の明確な効果を生み出しやすい事務事業評価と異なり、全体最適を目指す施策評価については、有意義な制度として運用できている地方自治体は非常に少ない。一部の問題意識が非常に高い地方自治体が総合計画の実効性向上の観点から施策評価の構築に取り組み始めている。

これまでの施策評価が十分に機能できない状況に陥っているのは、「評価」という文言にとらわれ、安易に成果指標とその目標値を設定し、目標値の達成状況を測定した結果をもって、達成・未達成、○・△・×、S・A・B・Cなどの評語をつけるなどが目的となっていることが最大の要因である。評価とは、一定のものさしに当てはめて良し悪しを判断することである。その結果、評価

される立場と認識している施策所管部門は、良い評価結果としやすい指標や目標値を設定する誘惑に駆られる。また、議会議員や一部の関心が高い住民は、目標の達成状況を表面的にとらえて、目標未達成をもって問題視する傾向もある。このように評価結果がゴールとなっている施策評価は、形骸化の代表例である。

評価とは、一定の「ものさし」に当てはめて、良し悪しを判断することであるが、この「ものさし」に逆に自縛された評価制度では、政策の進化は期待できない。総合計画の実効性向上に資する施策評価とするためには、はじめに以下の前提条件を確認し、施策所管部門など行政執行部はもちろんのこと、議会議員や住民にも前提条件の理解を徹底することが必要である。

①総合計画の実効性向上に資する施策評価とするための前提条件は
- ▶ 財源・職員などの行政の経営資源は有限であること、
- ▶ 地域が抱える問題の解消や課題の解決のために施策は実施されること、
- ▶ 実施計画事業などの事業は、体系上位の施策の目的・目標を達成するための一手段でしかないこと、

を踏まえると、

②総合計画の実効性向上の資する施策評価が備えるべき主な機能は
- ▶ 施策実施の前提・背景としての地域が抱える問題・課題の状態の測定・分析、
- ▶ 施策実施による直接的な成果の測定・分析、
- ▶ 地域が抱える問題の解消・課題の解決に対する施策実施の有効性の測定・分析、
- ▶ 施策配下の複数の事業の選択と集中、優先順位の検討、
- ▶ 以上の情報を総合した結果に基づく施策（及び事業）の見直し、
- ▶ 以上の情報を総合した結果に基づく各施策への資源配分の見直し、

である。その際、他の地方自治体で実施されている施策評価を模倣するのではなく、各地方自治体が最低でも総合計画を所管する企画部門、予算編成を所管する財政部門、組織・定員・行革を所管する行政管理部門が一体となり、これらの機能を発揮できるPDCAサイクルの基盤としての施策評価制度、及び評価結果と連動した計画・予算などの見直し（改善・改革）制度を真剣に検討し構築・運用することが重要である。

また、「評価」することが目的ではなく、評価という手段を用いて施策に関して様々な観点から測定・分析を行い、その結果に基づき施策単体での費用対

効果の向上のための内容の見直しを行うとともに、計画に位置づけられた施策全体としての費用対効果の最大化を図るための経営資源の配分の見直しが目的であることを確認する必要がある。さらには、これらの取組みを通じて、施策の所管部門が責任をもって主体的に実施できる組織に進化することも重要である。

（２）施策評価を機能させるための前提条件と必要な要件

　総合計画の実効性を向上させるためには、計画に位置づけた施策、及び、施策実施の前提・背景である地域が抱える問題・課題に関して、以下の四つの前提条件を正しく理解する必要がある。

①計画策定時に想定・期待していた施策の効果や有効性は仮説でしかなく、効果や有効性を検証する必要があること。

②施策実施の前提・背景である地域が抱える問題・課題は、様々な要因によって、常に変化し続けるものであり、定期的に測定・分析する必要があること。

③地域が抱える問題・課題の改善・悪化などの状態変化に対する、地方自治体の施策実施の効果の影響は限定的で、因果関係が希薄である場合が多いこと。

④施策の具体的な実施手段である事業は、通常は複数の選択肢があること。

　これらを踏まえると、施策評価の結果は、定量的・機械的に生み出されるものではなく、また、評価主体の主観によって生み出されるものではないことがわかる。施策評価は、指標に基づく定量的な測定・分析を基本としながら、施策実施の成果と地域の問題・課題の変化及びその要因を照らし合わせた施策の有効性の評価や、施策実施の成果と施策を構成する複数の事業の成果を照らし合わせた各事業の有効性の評価など、評価主体が適切な評価の視点・軸と能力をもって取り組むことで、はじめて、客観性が高く一層有効な評価結果を生み出すことが可能となる。

　そして、施策評価の結果に基づき、より有効で費用対効果に優れた施策に進化させることが可能となる。すなわち、施策評価を機能させるための要件として、定量的な測定・分析を行うための適切な指標の設定と、様々な情報に基づき適切な評価を行うため視点・軸の設定及びそれらを実施するための評価主体の評価能力が挙げられる。決して、指標で設定した目標値の達成・未達成に基づき、単に施策の善し悪しを評価する取組みではないことを理解する必要があ

る。

(3) 施策評価の全体像

　総合計画の実効性向上に資する施策評価とするためには、字面どおりに施策だけの評価では、不十分である。前述の施策評価が備えるべき機能の実現には、施策評価の総称の下で、図表3-6に示す政策・施策・事業体系を前提に、施策そのものの単体での評価はもちろんのこと、政策と施策、施策と事業という、上位層と下位層を照らし合わせた分析・評価を行うことが重要である。

①政策の分析
- ▶ 政策実施の背景・前提である住民・事業者・地域の課題について、課題の状態（他団体などと比較した水準など）及びその経年変化（改善・悪化など）を測定・分析。
- ▶ 課題の状態・経年変化の要因や、課題の今後の見通し（改善・悪化など）を分析。

②政策配下の施策の分析・評価
- ▶ 個々の施策の成果の状態及びその経年変化、目的・目標の達成状況などを測定・分析。
- ▶ 施策の成果に基づき、上位政策の課題の改善に対する有効性・貢献度について、配下の複数の施策相互で相対的に分析・評価。
- ▶ 評価結果に基づき、施策相互間の予算などの経営資源配分の見直しと、

■ 図表3-6　施策評価の全体像

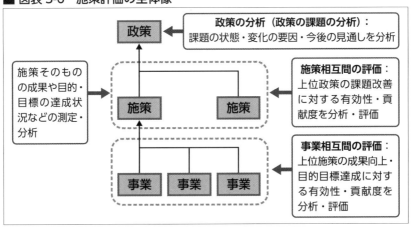

各施策の内容(施策の実施手段としての事業)の見直し。
③施策配下の事業の分析・評価
- ▶ 施策配下の複数の事業の成果に基づき、上位の施策の目的・目標の達成に対する有効性・貢献度について、配下の複数の事業相互間で相対的に分析・評価。
- ▶ 評価結果に基づき、事業相互間の予算などの配分の見直しと、各事業の内容の見直し。

　前頁の図表3-6では、1つの政策の配下に位置づけられた複数の施策や事業の相互間での相対的な評価結果に基づき、予算などの経営資源配分の見直し、すなわち、政策推進上の優先順位づけや選択と集中を行うことを想定している。さらに施策評価が高度化すると、異なる政策相互間での予算などの経営資源配分の見直しも可能となる。従来、ほとんどの地方自治体の職員の間では、都市整備や子育て支援、高齢者福祉、環境保全など、異なる政策間では、政策が実現を目指す目標や政策的価値が異なることから、優先順位づけは困難であるとの認識が一般的であった。しかし、政策の課題の分析、とくに課題の状態に関する他団体との水準比較や、状態の経年変化及び今後の見通しを適切に分析することができれば、これを根拠・判断材料として、異なる政策間であっても、予算配分などの見直しを行うことは可能である。

(4) 施策評価のための指標の分類・位置づけの重要性

　総合計画のマネジメントを適切に実施するためには、定量的な測定・分析を行うための適切な指標の設定が重要である。なお、図表3-7に総合計画のマネジメントで使用する主な指標例を提示している。NPM理論の実践に基づく成果指向の定着により、地方自治体では、行政評価における成果指標の重要性が強調されてきた。その結果、総合計画においても、政策・施策・実施計画事業のすべての階層で、成果指標を設定し、計画最終年度に達成を目指す目標値を掲げる事例が多くみられる。地方自治体が事業を直接コントロールする権限と責任を有していることから、行政活動・行政サービスの具体的な実施手段である事業について、成果指標とその目標値を掲げることは適切である。

　しかし、総合計画の政策体系のより上位に位置する政策にまで、成果指標を設定し、目標値を掲げることは、行政活動・行政サービスの具体的な実施手段である事業の実施成果と、政策の成果指標との間の因果関係が希薄であり、目標値の達成・未達成の是非を問うこと自体に課題がある。そもそも、事業の実

■ 図表 3-7　総合計画のマネジメントで使用する主な指標例

指標の種類	指標の内容	指標例（政策：失業対策）
課題指標 （従来は成果指標に混在）	・施策・事業を実施する背景となっている問題や課題の状況・状態を測定するための指標 ・自治体が実施する施策・事業の実施結果との因果関係が不明確な場合がほとんどで、自治体が直接コントロールすることは困難	・失業率
成果指標	・施策や事業を実施したことによって直接生み出される成果を測定するための指標 ・自治体が実施する施策・事業の実施結果との因果関係が強いので、自治体がある程度直接コントロールできる ・施策の成果指標は、施策配下の事務事業の実施によって得られた成果を総合したもの ・事務事業の成果指標は、一般的に表面的な成果と目的に即した本質的な成果の2段階存在する（1次成果指標、2次成果指標）	・施策成果指標：自治体が行った雇用対策事業に参加して就職した人数の合計 ・事業2次成果指標：職業訓練を受講した後に就職した人数 ・事業1次成果指標：職業訓練の受講者数
活動指標	・施策や事業として自治体が実際に行った行政活動の数量を表す指標 ・自治体が実施する施策・事業と直結するので、自治体が直接コントロールできる	・事業活動指標：自治体が実施する職業訓練事業の実施回数
コスト指標	・事務事業の実施のために支出したコスト ・一般的には、支出した事業費以外に、事務事業の実施に従事した職員の従事工数に基づき算出した人件費を含む	―

施による成果との因果関係が希薄な政策に関する指標を、成果指標と位置づけることは、指標の活用を困難にする。

　従来から政策や上位の施策の成果指標と位置づけられてきた指標のほとんどは、成果指標としての位置づけで取り扱うことが難しい。政策や上位の施策に関する指標は、地方自治体が政策・施策を実施する背景や前提となっている課題（政策課題、施策課題）や、地域の状態を定量的に表すものであり、名称も課題指標などに改める必要がある。地方自治体が実施する事業の成果との因果関係が希薄な指標を成果指標として取り扱い、さらには目標値を掲げ達成を目指すことは、庁内所管部門の自治体経営を萎縮させるほか、地方議会議員や住民に対して誤った情報を発信するものとなる。

　では、総合計画のマネジメントにおいて、課題指標は不要なのか。少なくとも、施策評価を活用した実効性の高いマネジメントを行うためには、適切な課題指標の設定と活用が不可欠である。政策や上位施策ごとに適切な課題指標を設定し、課題指標の値を測定することで、周辺自治体や類似団体と課題の水準

を比較することが可能となる。また、指標値の経年変化を測定することで、当該政策などにおける課題が改善傾向にあるのか、悪化傾向にあるのかを分析することが可能となる。他自治体と比較した課題の水準や、地域における課題の悪化・改善の傾向がわかることは、課題解決のために実施する施策の内容や量を検討するための情報として、非常に有用である。

3 施策評価を活用した総合計画のマネジメントの方法
① 課題指標の分析・評価のポイント

　実効性の高い総合計画とするため実施する施策評価は、具体的にどのように行えば良いのか。前述のとおり、成果指標に掲げた目標値の達成状況に応じて、施策に○△×などの評語・評価点をつけることにとどまるのは、不十分である。総合計画の実効性の向上のためには、指標を活用した分析が極めて重要である。施策評価でとくに重要な指標は、課題指標と施策の成果指標である。

　課題指標は、地方自治体が施策を実施する背景・根拠となるものである。つまり、地域や住民に課題がないのであれば、自治体は施策を実施する必要性が低い、あるいはないといえる。失業率がゼロであれば、失業者を対象とした雇用対策のための施策の必要性は限りなくゼロに近いし、地域で交通事故が発生しなければ、交通事故対策のための施策の必要性は限りなくゼロに近い。一方、失業率が全国平均や広域圏の平均と比較して高ければ、他の自治体と比較して雇用対策のための施策の必要性は高く、交通事故が増加を続けているのであれば、過去と比較して現在は交通事故対策のための施策の必要性は高まっている。このように、課題指標については、他の地域などと比較した水準の把握と、自らの地域における悪化・改善などの過去からの経年変化の分析が最低限、必要である。

　しかし、地域における指標値を単体で分析するだけでは、不十分である。有効な施策としていくためには、課題の発生や悪化に関する主要な要因を明らかにすることが重要である。つまり、課題指標を何らかの分類に基づき分解して分析するセグメント分析を行うことが、主要な要因を明らかにするために極めて有効である。失業率であれば、性別や年代、居住地域、希望する職業などの分類に基づき分析することで、とくに失業率の高い住民の属性を明らかにできる可能性が高まる。交通事故であれば、事故が発生している地域や事故発生の原因、被害者・加害者の属性などを分析することで、交通事故がより多く発生する要因を明らかにできる可能性が高まる。

施策の成果指標は、地方自治体が実施した関連事業の成果を総合したものである。単に成果が得られたとか増加したとかなどの測定では不十分である。また、成果指標では、計画策定時に目標値を定める場合が多く、分析にあたっては、単に目標の達成・未達成ではなく、なぜ達成したのか・未達成だったのか、その要因を明らかにすることが有用である（図表3-8）。また、成果指標についても、課題指標に合わせたセグメント分析が重要である。雇用対策のための施策であれば、施策の一環として実施した職業訓練事業に参加した人数や参加した後に就業できた人数を総数として測定するのではなく、参加したり就業できたりした人の性別・年代・就職した職業などのセグメント分析を行うことが重要である。交通事故対策のための施策であれば、施策の一環として参加した交通安全教室の参加者の属性や交通安全施設を整備した地域・箇所などのセグメント分析を行うことが必要となる。

　さらに、課題指標のセグメント分析の結果で明らかになった課題発生の主な要因と、施策の成果指標のセグメント分析の結果で明らかになった成果はより多く発生している地域・主体とを照らし合わせることで、課題発生の主な要因の解消により効果的な施策であるのか否かの有効性を具体的なデータに基づき分析・評価することができる。また、施策として実施する複数の事業の成果と、

■ 図表3-8　分析・評価に基づく施策見直しの考え方

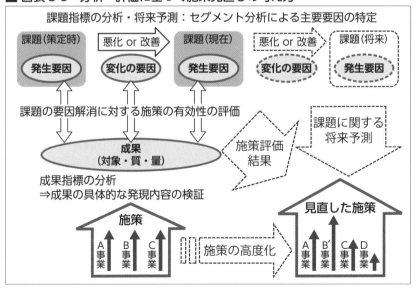

課題発生の主な要因を照らし合わせることで、複数の事業の中で、主な要因の解消により有効な事業がどれであるのかを相対的に評価することが可能となる。

交通事故の発生・増加の主な要因が、加害者側の高齢者の増加であるのか、被害者側の高齢者の増加であるのか、見通しの悪いカーブや交差点での事故の発生であるのかという課題指標のセグメント分析の結果と、免許保有高齢者向けの事業、交通弱者としての高齢者向けの事業、交通安全対策施設を整備する事業などの成果の分析結果を照らし合わせれば、どの事業がより有効であるのかが明らかになる。

これらの分析・評価を行うことで、施策単体での強化・維持・縮小などの方向性や、施策配下の複数の事業の相互間の相対的な優先順位づけや選択と集中が可能となる。

② 課題指標の分析・評価に基づく経営資源配分見直しの考え方

施策実施の背景・根拠である政策課題に関する指標などの分析・評価を行うことで、施策単体での経営資源配分の見直しを行うことが可能となる。図表3-9で、課題指標を用いた評価（経営資源配分見直しの方向性）の考え方を示す。指標を用いた評価を行うためには、評価の軸を2軸設定することが、客観性確保の観点から有効である。課題指標を用いた分析評価では、課題指標の経年推移による改善・悪化の軸と、当該地方自治体の課題解決の優先順位の上昇・低下の軸が、評価を行うための軸となる。

課題指標が悪化しているのであれば、課題解決のための施策に配分する予算などの経営資源は増加させる必要性が高いし、急速甚大な課題の悪化の場合で

■ 図表3-9　課題指標の分析・評価に基づく経営資源配分見直しの考え方例

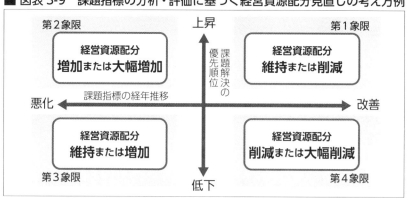

あれば、通常の課題の悪化よりも課題の優先順位は上昇していることから、予算などの経営資源は大幅に増加させることで施策を迅速に強化・拡充する必要性が高まる。逆に課題が改善しているのであれば、予算などは削減する必要性が高く、大幅に改善しているのであれば、大幅に削減する必要性が高いものと評価できる。

　このように評価の軸を二つ設定することで、政策分野が異なる複数の施策について、選択と集中の観点から優先順位をつけることが可能となり、その結果、予算などの経営資源配分の見直しの根拠として活用できる。複数の施策の課題指標を、図表3-9と同じ2軸で区切られた座標にプロットすると、第1象限から第4象限のいずれかの象限に位置づけられる。これにより、異なる政策分野の複数の施策について、少なくとも現状の資源配分が起点となるが、今後の経営資源配分の方向性を増加・維持・減少のいずれかに評価することができる。

　なお、地方自治体の多くの職員は、異なる政策分野にまたがる課題の優先順位をつけることは困難であると考えがちである。これは、課題の価値そのものを比較することはできないという固定観念に基づくものである。課題の価値総体の優劣を定量的な絶対値で比較するのは困難だとしても、価値を形成する主要な要素の優劣を相対的に測定するためのものさし、すなわち、評価の視点・軸を設定すれば、異なる政策分野の複数の課題に優先順位をつけることは可能である。異なる政策分野の複数の課題に優先順位をつけることを、避けてはならない。

　課題の優先順位を決める基準・根拠などの設定は、総合計画の策定時における施策や実施計画事業の選択と集中の考え方や基準と同様に、地方自治体の執行部の裁量の範囲であり、首長を筆頭とする執行部が自らの意思と考えに基づき、説明責任を伴って設定することが可能である。課題解決の優先順位の評価は、時間軸に基づく課題解決の緊急性や、課題に直接関係する住民や事業者など影響範囲、課題を放置した場合の影響の度合いなど、様々な視点・軸が考えられる。その中でも、課題を放置した場合に発生する影響の評価の視点・軸がとくに有益である。たとえば、課題を放置することで住民の生命・財産が侵害される危険性が高いのであれば、課題解決の優先順位は高い。一方、課題を放置しても、住民の生命・財産が侵害される危険性がないのであれば、侵害される危険性の高い課題と比較すれば、優先順位は低いと判断できる。

　このように、政策分野が異なる複数の施策に優先順位をつけることはできないという、固定観念に基づく思考は、地方自治体における政策の高度化を阻む

大きな要因であることがわかる。少なくとも、地域や住民が抱える課題を定量的に測定できる課題指標を活用することで、異なる分野の複数の政策課題について、課題解決の相対的な優先順位をつけることが可能となる。これにより、評価結果に基づく経営資源配分の見直しの検討に具体的な根拠を与えることになる。

　また、課題の要因に関するセグメント分析結果や施策の成果分析結果と組み合わせた評価を行うことで、施策評価の有効性や評価結果に基づく施策の見直しの精度・効果は飛躍的に高まる。その結果、総合計画の実効性の向上が可能となる。すなわち個別施策の部分最適のために限定されたマネジメントから、地域や住民の様々な課題のそれぞれの変化に応じて、総合計画に位置づけたすべての施策の総合としての成果及び費用対効果の向上を目指したマネジメントへと経営を高度化させることが可能となる。

7　行政経営の高度化のための庁内体制

　ここまでも触れてきたが、戦略的行政計画とPDCAサイクルにより地方自治体の経営を高度化するためには、行政執行部の職員の経営能力と組織としての推進力の開発が必要である。ここでは、行政計画の策定時と、計画期間中のマネジメント時における庁内体制のあり方を考察する。

7-1　庁内の体制及び関連制度

1　計画策定時の問題点とあるべき姿

　総合計画の中でも5年程度の期間で繰り返される基本計画の策定にあたって、策定体制面で大きな問題を抱えている。多くの地方自治体では、限られた職員体制の中、政策企画部門が事務局となり、基礎調査、住民意向調査、現行計画の検証、次期計画の素案作成、庁内組織における検討・意思決定、審議会による検討・答申などの段階を経て、計画に取りまとめて計画図書を作成している。そして、一般市以上の規模の多くの地方自治体では、コンサルティング会社などの外部リソースを活用しながら、策定作業を進めている。

　第1の大きな問題は、計画策定作業に対する全庁の各部各課の認識の誤りである。一般的に、総合計画作成は事務局である政策企画部門の業務として誤解され、政策企画部門以外のすべての部門は、「本来業務が多忙な中で他部門の

計画策定作業につき合わされている」という誤解のもとで、庁内策定作業が進められている。その結果、各部門の策定作業はなおざりになり、できあがった施策などの計画は、具体性に乏しい平板な内容にとどまることが多い。確かに政策企画部門は、総合計画を取りまとめる責任主体であり、また、計画の中でも政策推進とそのための資源配分の優先順位の高い重点政策などの策定に関する責任を担っている。しかし、分野別の政策・施策・事業の検討・立案の責任主体は、各政策・施策を所管する部門であり、各部門は所管する政策分野の計画策定に真剣に取り組む責任と義務を有することを自覚しなければならない。

　第2の大きな問題は、コンサルティング会社などの外部リソースの活用方法の誤りである。コンサルティング会社の一般的な活用方法は、地域における政策分野別の現況・将来動向・課題などを調査分析する基礎調査や、住民意向を把握するためのアンケート調査から、計画素案としての施策内容の策定・調整まで、策定に係るほとんどの段階に及ぶ。4年程度の頻度で職員異動が繰り返される地方自治体では、総合計画の策定を所管する政策企画部門であっても、策定に係る経験・ノウハウが蓄積されにくいため、専門性を有する外部リソースを活用することは有用である。

　問題なのは、活用方法である。いわゆる丸投げ状態で、コンサルティング会社などがほぼすべての実務作業を担い、計画素案を作成してしまう場合が問題である。これは、政策立案という地方自治体の本来業務を外部に依存するという本質的な問題はもちろんのこと、政策立案作業を通じた職員の能力開発の機会を奪うことで、地方自治体が有効な政策形成を行う能力を低下させる大きな問題を生み出している。

　これらの問題を解消し、実効性の高い総合計画を策定するためには、計画に位置づける政策・施策を所管する各課が、策定に係る主要な作業を主体的に実施することが不可欠である。従来、コンサルティング会社が行っていた政策別の基礎調査を、所管課職員が自ら主体的に行うことで、政策の背景である地域・住民が抱える問題点や課題とその要因を具体的かつ詳細に把握することが可能となる。その結果に基づき、有効な施策・事業を検討・立案することで、実効性の高い計画にすることができるのはもちろんのこと、策定作業に携わった職員の政策形成能力の開発・向上にも大きな効果を生み出す。さらには、計画策定時の検討材料・検討結果を計画のマネジメント時に活かすことで、実効性の高い分析・評価を通じた計画内容の見直しが可能となる。

2 計画に基づくマネジメント時の問題点とあるべき姿

　計画に基づくマネジメント時の問題点は、実効性の不備である。計画のマネジメントが実効性を欠く大きな要因の第1は、マネジメントの目的や具体的な狙いが不明確であり、マネジメントの実効性を担保するための制度が未整備であることである。前述のとおり、PDCAサイクルに基づき計画のマネジメントを行うためには、施策評価を核とする分析・評価の取組みが重要である。しかし、分析・評価の結果をどのように活用するのかが具体的に明確でなければ、CheckからAct、Planへの反映は実現されない。多くの地方自治体で行政評価が形骸化しているのと同様の事象が発生する。

　この問題を解消するためには、分析・評価を行った結果、何をどのように見直すのかを明確にし、それを実現するための庁内の関連制度を整備する必要がある。総合計画の実効性を向上させるためには、分析・評価を行った結果を、Planの見直しにダイレクトに反映させることが重要である。具体的には、総合計画の内容そのものを見直すことである。分析・評価の結果、計画に位置づけた施策を見直す必要があるのであれば、施策を構成する実施計画事業などの事業について、次年度以降の内容を見直すことが必要となる。

　一般的には、実施計画事業のローリングや査定という既存の庁内制度について、分析・評価の結果がダイレクトに反映される制度に変更することが適切である。また、施策・事業などの計画内容の見直しに即して、予算などの経営資源配分の見直しを連動させることも重要である。財政部門と一体となって、次年度の予算編成にあたり、分析・評価結果に即して、施策・事業の予算の増額・減額が連動する予算制度に変更する必要がある。

　大きな要因の第2は、マネジメントを行う権限・責任の所在が不明確であることである。総合計画のマネジメントの基本的な体制は、①自治体経営や全庁最適の視点に基づく重点政策をマネジメントする体制、②庁内分権の視点に基づく分野別政策をマネジメントする体制が前提となる。また、「政策企画部門の所管事務としての総合計画」から「政策所管部門が策定・マネジメントに責任をもつ総合計画」への大きな転換が重要な課題であることを踏まえると、毎年度のマネジメントの結果としての計画内容の見直しやそれに即した予算の見直しの最終意思決定は、当初は政策企画部門が計画全般について権限と責任を有したとしても、将来的には分野別政策については、各政策所管部門が最終意思決定の権限と責任を担うことが重要である。図表3-10の体制例が想定される。

■ 図表3-10　庁内推進体制モデル

計画の構成	実務の権限・責任	最終の権限・責任
重点政策	・財政部門と密に連携しながら、政策企画部門がマネジメント（分析・評価とその結果に基づく見直し（案）を作成）。	・庁議など経営上層部で意思決定
分野別政策	・各施策の所管課の課長が権限者・責任者となり、課メンバーとともに分析・評価とその結果に基づく計画の見直し（案）を作成することで、所管課が主体的にマネジメントに取り組む。 ・庁内分権が進んだ段階では、所管課が計画の見直し（案）に基づく予算など経営資源の配分の見直しも実施。	・関係部門の部長会議で意思決定 ・意思決定結果を首長・企画部門・財政部門などに報告

7-2　実効性の高い「策定・推進体制」とするための条件

　図表3-10で示した体制は、形式的にはすぐにでも構築可能である。しかし、次の条件が伴わない限りは、有効に機能せず形骸化しやすい点には留意すべきである。

1　全職員（とくに管理職・監督職）の徹底的な意識改革と行政経営能力開発

①所管部門の施策や利害に閉じた部分最適の観点から脱することができず、他の所管部門も含めた庁内全体の最適化の重要性を理解できず推進できない職員は、管理職としては意識改革・能力開発が必要であることの周知・徹底が必要であること。

②施策に関する様々なデータや情報の収集・加工、施策の前提としての住民や地域などの現状や将来動向に関する分析、短期・中期・長期のそれぞれの時間軸で課題設定と有効な施策の検討などの能力（政策企画能力・分析評価能力）を備えていない、あるいは備えようとしない職員は、管理職・監督職としては意識改革・能力開発が必要であることの周知・徹底が必要であること。

③管理職・監督職が示す適切な行政経営分析結果や行政経営判断を理解できない職員は、職員としては意識改革・能力開発が必要であることの周知・徹底が必要であること。

④全職員を対象に総合計画策定などの計画策定時における政策企画能力の開発支援や、計画マネジメント時の分析・評価に係る能力の開発支援など、

行政経営能力開発の支援の徹底が必要であること。

2 実効性の高い組織体制とするための人事評価などの制度との連動強化

総合計画の実効性の向上に積極的に取り組んだ職員を適正に評価し、昇進・昇格などの処遇に反映させる人事評価制度の構築が必要である。

3 管理職・監督職の権限責任の明確化と職責に応じた給与構造・昇進制度の改革

①実効性の高い組織体制とするには、体制を担う人員の職責に応じた処遇を実現することが必要であること。

②従来の人事評価の項目に対して、総合計画を起点とする行政経営能力に関する評価項目を追加・変更することが必要であること。

③現状の年功を前提とする給与テーブルや、管理職と一般職との間の不十分な年間給与の差などを抜本的に改善し、行政経営を牽引・実践する職員は報われ、行政経営を実践しない職員は報われない人事制度・給与制度とすることが必要であること。

（佐々木央）

【参考文献】

秋吉貴雄・伊藤修一郎・北山俊哉（2015）『公共政策学の基礎　新版』有斐閣

伊藤修一郎（2011）『政策リサーチ入門―仮説検証による問題解決の技法』東京大学出版会

久米郁男（2013）『原因を推論する―政治分析方法論のすゝめ』有斐閣

小牧市（2012～2014）「第1回～第8回自治体経営改革戦略会議資料」

宮脇淳（2011）『政策を創る！考える力を身につける！「政策思考力」基礎講座』ぎょうせい

宮脇淳・若生幸也（2016）『地域を創る！「政策思考力」入門編』ぎょうせい

第4章
公営企業のあり方の検討

CHAPTER 4

　本章では、地方自治体の提供するサービスのうち、地方財政の重要な一部を構成しており、今後、リスク管理と事業再生が求められる公営企業に焦点をあて、事業、組織のマネジメントのあり方を検討する上で重要となる考え方・視点、手順、留意点などを整理する。

1 公営企業の特徴と直面するリスク

1-1 自治体経営における公営企業の位置づけ

1 公営企業の多様性の歴史と存立リスク

　公営企業は様々な事業を担っている。下町風情が色濃く残る東京都新宿区の神楽坂では、その昔、「簡易食堂事業」なる公営企業が東京市により運営されていた。

　ロシア革命が勃発し、日本の低所得者層への革命思想の浸透に危機感を覚えた当時の国・地方政府は、ニーズがあっても民間企業ではサービスが提供されない低所得者向けの様々なサービスを行政により提供する必要性に迫られ、明治末期以来、交通事業や水道事業をはじめとする様々な事業を公営企業として実施してきたのである。

　その中で、大正初期、米騒動による米価高騰で安全で低価格な食事の提供が大きな住民ニーズとなる中、東京市の簡易食堂事業もその一環として実施され、1920年（大正9年）に第1号として神楽坂で産声をあげている。レストラン事業を単体で公営企業が運営する形態である。外食産業が発達した今日では想像のつかない公営企業の形態であるが、現代でも、多様な住民ニーズの充足のために、全国で様々な公営企業が経営されている。

　たとえば、北海道十勝圏の池田町には「池田町ブドウ・ブドウ酒研究所」事業所名のワイナリー企業がある。この企業は池田町が経営する公営企業である。この公営企業は、「清見(きよみ)」・「清舞(きよまい)」といった日本ワインを語る上で欠かすことのできない様々な国産ブドウ品種を開発するとともに、北海道を代表する「十勝ワイン」の商業生産の中核となっており、日本ソムリエ協会教本にその歴史が紹介されるほどのワイナリーとなっている。

　池田町ブドウ・ブドウ酒研究所は、度重なる自然災害で財政危機に陥った

1950年代後半に、当時の町長が農業所得の向上による地域活性化・財政再建を目指して立ち上げた事業であるが、大手食品メーカー資本によるワイナリーが林立する日本のワイン生産業界において輝きを放つ公営企業となっている。

2 公営企業の領域

　公営企業といえば、水の供給や汚水の処理、医療の提供、公共輸送の確保など、公益事業と呼称される事業を実施しているケースを想定することが一般的である。しかし、個々の公営企業をみていくとその中身は、時代また地域によって多様である。公営企業が日本で産声を上げた明治末期からの歴史の中で、時代・地域において必要とされた住民ニーズを満たすべく、地域住民の生活や地域経済の発展に不可欠な様々な事業が実施されてきており、時代・地域によって守備範囲を変える「収縮性」・「広範性」は、公営企業の大きな特徴となっている。

　しかし、そうした公営企業の守備範囲は、民間企業の守備範囲と裏表の関係にある。資本主義・自由主義社会において、民間企業による競争下でのサービス提供が公営企業より効率的・効果的に行われる実態と時代による進化を踏まえれば、公営企業の時代・地域による多様性は、当該時代・地域の経済発展・民間企業の伸長と密接に関係する。その時代、その地域において民間資本の蓄積が進めば進むほど、民間企業の事業遂行能力が高まれば高まるほど、民間企業間での競争が激しくなればなるほど、公営企業の守備範囲・役割は自ずと限定化する傾向を強める。

　東京市の簡易食堂事業の例も、民間企業の競争下でサービスが提供されている現在では、同類のサービス提供を公営企業で担わなければならない社会的・経済的理由は乏しい。事業分野・地域によって異なるものの、民間企業における資本・技術・人材の蓄積などが進み、公営企業でなくても住民の求めるニーズに応えることが可能であるばかりか、民間企業によって提供した方が効率的・効果的といえる場合がある。

　とくに近年では、民間企業の守備範囲をより広げる規制の見直しや新たな手法の導入、すなわち、公共サービスの民間開放政策やPPP理論に基づくパートナーシップの充実などが加速している。「民間にできることは民間に」という規制緩和・公共サービス改革の下、これまで公営企業などが担ってきたサービス分野を民間に開放することで、新たな競争・新たな市場を生み出し、経済を活性化させようという政策の中では、「本当に公共で提供すべきサービスな

のか」という点の検討・検証と説明責任の充実が一層重要となる。

　ある時代・ある地域では、公共セクターが企業形態で提供すべきとされたサービスが、別の時代・地域では公営企業として実施すべきでないものとなる可能性がある以上、公営企業には常に「当該サービスは公営企業によって提供されるべき」という提供主体としての適正性、すなわち「サービス提供主体としての公営企業の適正性・非代替性」が認められるか否かの不断の問いかけが不可欠となる。

3 排他性と競合性

　公営企業が担うべき財・サービスか否かを時代・地域の違いを踏まえ、検討する一つの座標軸として「排他性と競合性」がある（図表4-1）。

① 排他性と競合性の評価軸

　縦軸の排他性とは、料金支払いなどコスト負担がない、あるいは不十分な場合に財・サービスの提供をしないか、あるいは制限できるか否かの評価軸である。民間市場のように対価支払いがなければ財・サービスの提供をしないか制限できる性格が強いほど排他性が大きいと評価される。これに対して、コスト負担がなく、あるいは十分ではなくても財・サービスを一定のレベル提供しなければならない場合は、排他性が小さいと評価される。一般的に、排他性が小さいほど公共性は高いことになる。

　これに対して横軸の競合性とは、当該あるいは類似の財・サービスを供給する主体が民間企業も含め多く存在、あるいは存在する可能性があるかないかの

■ 図表4-1　財・サービスの性格

	排他性 小	
競合性 大	コモンプール財	純粋公共財
	私的財	クラブ財
	排他性 大	競合性 小

評価軸である。提供主体が多い場合は競合性が大きいと、提供主体が一つしかない、あるいは極めて限定される場合は競合性が小さいと評価される。同じ財・サービスでも都市部と非都市部では、提供主体の数に大きな違いがあり、競合性の位置づけが異なる場合が存在する。

たとえば、民間企業によるレジャーや観光施設の多い都市部で公営企業方式による温泉施設（スパ）や物販施設を運営すれば、競合性の面から地方自治体が関与する必要性・正当性についての説明責任を強く求められる。これに対して、民間企業によるレジャーや観光施設がない過疎自治体において、公営企業方式で温泉施設や物販施設などを運営することの必要性・正当性は相対的に高いことになる。

② **四つの領域**

排他性と競合性の二つの評価軸によって「純粋公共財」、「コモンプール財」、「クラブ財」、「私的財」の四つの領域に分けて、提供する財・サービスの公共性を考えることが重要な判断材料となる。

「純粋公共財」は、排他性が小さく、競合性も小さい領域である。料金などによるコスト負担の有無で財・サービス提供の制限が難しい領域であり、かつ財・サービスの需要が増減しても全体のコストは大きく増減しない領域である。代表的な財・サービスとしては、国レベルでは防衛、外交、司法などが、地方自治体では消防・警察などの救急業務などの領域が属する。

これと極めて対照的位置づけにあるのが「私的財」である。私的財は、料金などのコスト負担の有無で財・サービスの提供を制限でき、かつ需要量の増減によって基本的に提供コストも増減する領域である。民間企業による事業手法に最も適した領域である。

純粋公共財と私的財の中間に位置するのが、準公共財である「コモンプール財」と「クラブ財」である。「コモンプール財」は、料金などによるコスト負担の有無による財・サービス提供の排除は困難であり排他性が小さいものの、類似の財・サービスの供給主体は比較的多く競合性が大きい領域である。一方、「クラブ財」は、排他性は大きいものの競合性は小さい領域である。料金などコスト負担の有無によって財・サービスの提供を制限できるものの、類似の財・サービスの供給主体が独占的・寡占的など存在が限られる領域である。電気事業、ガス事業などの装置産業型、過疎地域の温泉施設などの財・サービスが該当する。そして、前述の東京市の簡易食堂事業は、このクラブ財の領域に位置するものの、食事の安価な提供であることからクラブ財の中でも公共財領

域に近い位置づけといえる。

　以上の財・サービスの質を踏まえた場合、まず「純粋公共財」では排他性・競合性がないか少ない領域であり、住民が公平にサービスを受けることが必要であり、選択性よりも質の均一性を重視することが求められる。このため、公的主体が直接提供するか否かは別としても、最終的に供給に関して責任をもって対応する領域となる。

　これに対して、クラブ財、コモンプール財の場合は都市部、非都市部などによって競合性の度合いに差が生じる。都市部は、類似の財・サービスの提供主体が潜在的な面も含め多いが、非都市部になると潜在的にも皆無か限られる状況になる。非都市部では競合性が小さいことから排他性が同レベルであっても公的部門が当該財やサービスを提供する公共性・公益性が高いと判断することも可能となる。もちろん、非都市部でも都市部で展開する民間企業を誘致し事業を民間型で実施することも選択肢となる。ただし、その場合には地域所得の流出と地域内循環の厚みに留意する必要がある。もちろん、いずれの場合でも最終的な民間化への努力とゴーイング・コンサーンの確保が前提となることは同様である。

1-2　公営企業内外の環境変化と経営リスク

　公営企業がその時代・地域において必要とされる事業である以上、住民ニーズを安定的・継続的に満たし、企業として健全な経営を確保していくことが原則であり、21世紀に入りその重要性はさらに高まっている。

1　地方財政健全化法と公営企業

　企業運営上一定の独立性があるとはいえ、地方公営企業は組織面では地方自治体の一部であり、地方自治体の信用を背景に経営されている。

　2008年に導入された地方財政健全化法（地方公共団体の財政の健全化に関する法律）は、その新しい財政指標として公営企業の経営状況を一般会計の財政状況と合体させて、地方自治体全体のフロー・ストックの状況を明らかにした連結実質赤字比率・将来負担比率を導入し、公営企業を含めた地方自治体全体の財政状況を数値化している。この数値について一定以上の悪化がみられた場合には、財政再生団体など自治権の制限が課せられる場合がある。

　実際、財政健全化団体となった地方自治体には、公営企業の資金不足がその

原因となっているところも散見され、財政健全化団体入りをまぬがれた地方自治体でも、一般会計からの多額の支援を要したところも多い。すなわち、制度上公営企業は地方自治体全体の財政リスク要因として明確にとらえられており、公営企業の戦略的経営の要請が地方自治体の内部からも強まっている。

2 公営企業事業と現代的課題

　さらに、公営企業が担う事業は、都市部や町村部が直面する多くの現代的課題に深くかかわっている。都市部では高度経済成長時に建設されたインフラの老朽化が著しく、施設更新や長寿命化をいかに効率的・効果的に行うかが大きな課題となっているが、公営企業の有する施設も例外ではない。上水道・下水道をはじめとするいわゆる「インフラ」と呼ばれる事業を中心に、施設・設備をどのように改修・更新し機能を維持していくかは大きな問題であり、安定的・継続的なサービス提供を実施していく上での都市自治体の大きな経営リスクとなっている。

　一方、本格的な人口減少時代を迎える中、若年層の減少・人口流出に苦しむ町村部では、使用料収入の減少や地域を支える人材の不足から、公営企業の経営の持続性に与えるリスクは拡大している。とくに小規模自治体において、地域経済を支える観光施設事業や工場誘致のための地域開発事業を展開している場合には、その経営悪化は地域全体の死活問題ともなりえる。都市部においても、町村部においても、ここ数年で顕在化してきた施設・設備の老朽化、人口減少、高齢化といった現代的な経営リスクに的確に対応した戦略的経営の実施が強く求められる時代となっている。

2　公営企業の経営原則

　現代の公営企業のあり方を考える上で軸となる視点は、「当該サービスは公営企業によって提供されるべきか」（適正性・非代替性）という視点と、「（引き続き公営企業として事業を行う場合）いかに戦略的経営を行うか」という視点の二つである（図表4-2）。

　公営企業の適正性・非代替性に課題がある場合には、他の供給方法や事業の廃止を検討しなければならない。また、公営企業としてサービスを提供すべきだとしても、安定的・継続的に住民ニーズを充足するには、公営企業が有する経営リスクを可能な限り認識・理解し、それらに的確に対応する戦略的経営を

■ 図表 4-2　公営企業のあり方を考える二つの視点

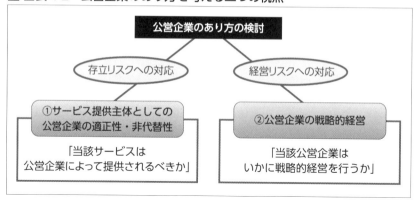

実施する必要がある。具体的には、経営の現状を的確に分析・評価するとともに、一定の精度で将来予測を実施して自らの企業が抱える存立リスク・経営リスクをつまびらかにしていかなければならない。リスクとは、一定の確率で変動が認識できる事項であり、その把握を行い変動に対応する事前の選択肢を形成することが戦略的経営である。

公営企業の全体の収支や貸借対照表（B/S）・損益計算書（P/L）だけをみても、経営リスクを的確に把握することはできない。公営企業の経営原則を踏まえた的確な経営指標の設定があって、はじめて効果的にリスクを把握し住民・議会とも共有することができる。すなわち、公営企業の経営原則の充足状況を定性的・定量的にみていくことが、自企業の存立リスク・経営リスクを認識する上での最初のステップとなる。では、公営企業が充足すべき経営原則とは何か、その定量的評価の可能性とともに以下で整理する。

2-1　公営企業の制度的位置づけ

公営企業の制度的位置づけは多様である。一般的に公営企業と呼ぶとき、法令上の位置づけから大きく三つに分けられる。

1 地方公営企業法上の公営企業
地方公営企業法で指定されている7事業（水道事業・工業用水道事業・電気事業・ガス事業・鉄道事業・自動車運送事業・軌道事業）及び地方公営企業法

の規定を適用することを条例で自ら定めた事業については、地方公営企業の経営を効率的に行えるようにするために設けられた様々な制度的工夫が適用される[1]。

これらの公営企業については、経営の基本原則として「地方公営企業は、常に企業の経済性を発揮するとともに、その本来の目的である公共の福祉を増進するように運営されなければならない。」（地方公営企業法第3条）とされており、公共の福祉の増進をその目的とするとともに、企業としての経済性の発揮が求められる。また、同法第17条の2第2項では「地方公営企業の特別会計においては、その経費は…地方公共団体の一般会計又は他の特別会計において負担するものを除き、当該地方公営企業の経営に伴う収入をもって充てなければならない。」とされており、一般会計負担分を除き独立採算で運営することが求められている。なお、企業の経済性とは「能率的・合理的な業務運営を行い最小の経費で最良のサービスを提供すること」とされている[2]。

2 地方財政法第6条上の公営企業

地方財政法第6条において指定されている13事業（上記7事業に加えて、下水道事業・港湾整備事業・市場事業・と畜場事業・観光施設事業・地域開発事業）については、特別会計を設置して、一般会計が負担すべき経費を除き独立採算で運営することが原則となる。

3 地方財政法第5条上の公営企業

地方財政法第5条は地方債の発行に関する規定であり、同条第1号で公営企業は地方債を発行することができると規定されている。地方債発行の対象となる公営企業の事業について特段の規定はないことから、地方財政法第6条で指定されているもの以外の公営企業についても公営企業債を発行することが可能である。

地方債の発行については、いわゆる「同意等基準」（総務省告示）において発行要件が示されており、その中で公営企業について「主としてその経費（一般会計又は他の特別会計からの繰入れ（以下「他会計繰入金」という。）によ

---

[1] たとえば組織面においては公営企業管理者の設置、人事面においては独自の任用を可能とする制度、財務面においては資産の取得・管理・処分について議会の個別議決を不要とする制度、会計面においては発生主義・複式簿記に基づく制度などが適用される。
[2] 関根（1968）p. 53。

る収入をもって充てることとされている経費を除く。）を当該事業により生じる収入をもって充てることのできる事業」と定義され、独立採算に関して地方財政法第6条と同じ記載がなされている。

2-2　公営企業の経営原則の整理

1 制度上の違いを踏まえた公営企業の経営原則

　地方財政法第6条上の公営企業や地方財政法第5条上の公営企業には、地方公営企業法第3条と同様の公共の福祉の増進目的に関する規定はなく、企業の経済性の発揮についても明文で求められているわけではない。しかし、およそ地方自治体である以上、事業の目的が公共の福祉の増進に係るものであることが大前提となる。

　また、経済性の発揮については、地方自治体全体がその対象となる地方自治法の中で「地方公共団体は、その事務を処理するに当つては、住民の福祉の増進に努めるとともに、最少の経費で最大の効果を挙げるようにしなければならない。」（第2条第14項）とされている。したがって、地方財政法第6条上の公営企業にも公共の福祉の増進や、最少の経費で最良のサービスを提供するという企業の経済性の発揮が求められる。

　独立採算の原則については、厳密には地方公営企業法上の公営企業及び地方財政法第6条上の公営企業にしか法令上の適用がなく、地方財政法第5条上の公営企業には、公営企業債を発行する際の告示の中で独立採算が求められているに過ぎない。つまり、公営企業債を発行しない限り、当該公営企業は独立採算を法令上求められていない。

　確かに「結果として」の独立採算は、地方財政法第5条上の公営企業に対して求められていない。しかし、地方公営企業は「多かれ少なかれ企業危険を伴うものであり、…この危険は最終的にはその設置者である地方公共団体が負わなければならない」（地方公営企業制度調査会「地方公営企業の改善に関する答申」昭和40（1965）年10月）ものであり、独立採算を実施しようとしなければ、一般会計に係る負担が際限なく大きくなる危険をはらんでいる。

　地方財政健全化法の法定指標である連結実質赤字比率の算定では、すべての公営企業の資金不足額を1円でも赤字要素としてカウントしてその解消を求めていることからも、地方自治体の一部として公営企業を経営する以上、「結果として」の独立採算が実現できなかったとしても、「行為規範」としての独立

採算の原則はすべての公営企業の経営原則となる。このことは、はじめて公営企業という単語を法令用語として登場させた地方財政法の制定者の意図にも沿うものであり、およそ公営企業である以上、独立採算を実施すべく経営を行わなければならない[3]。

以上みてきたように、ひとくちに公営企業といっても、事業ごとまた地域ごとに多種多様な公営企業がみられ、制度的にもその位置づけは多種多様である。しかし、それらすべての公営企業に通底する経営の一般原則は、

① いかなる公営企業であっても公共の福祉を増進する必要があり（公共性の原則）、
② その経営にあたっては最少費用で最大効果を発揮することが求められ（経済性発揮の原則）、
③ 必要な支出を経営に伴う収入でまかなわなければならない（独立採算の原則）、

という三つに整理することができる。

2 「公共性の原則」の意義と定量的評価の可能性

民間企業が本来、投下資本の増殖を図る組織体であるのに対し、公営企業は公益の実現、公共の福祉の増進を最終目的としている。そして、公共性の原則の充足状況の判断では、二つの要素、公共の福祉の増進が目的となっているか否か、事業目的の公共性と公共の福祉の増進が実現できているか否か、公共の福祉の実現状況に分解して評価する必要がある。

（1）事業目的の公共性

事業目的の公共性を数値で定量的に測ることは困難である。サービス供給を地方自治体などの公共セクターに独占させることを法定している場合（公共下水道事業など）は別段、「この事業の実施が公共の福祉の増進目的となっているかどうか」は、すぐれて、当該時代・地域における公共の福祉とはどうある

---

[3] 地方財政法の制定者は、その企業に強制すべき経営方式について、特別会計を設置し、その歳出を当該企業の収入をもってまかなわなければならないという独立採算方式を水道事業をはじめとする一部の事業について導入した一方で、「勿論地方公共団体の営む公営企業はこれらの外に極めて多種多様のものがあるのではあるが、法律は、とりあえずこれらの事業に限定した。…地方公共団体がこれらの法規の定むる所を実行し、暫次この方式に習熟して来るならばその…範囲は、更に拡大されるであろう。」としていた（奥野・柴田（1949）p. 193）ことからも、すべての公営企業について、本来独立採算性の確保を要求すべきと意図していたと考えられる。

第4章 公営企業のあり方の検討　143

べきか、立地条件や置かれた環境を踏まえながら地方自治の本旨に基づいて導き出される判断の問題である。

　ある地域ではコンビニ事業を公営企業で実施することが公共の福祉の増進につながると評価され得るし、別の地域ではフェリー事業を実施することが必ずしも公益実現につながらないと評価され得る。また、病院事業でも、地域によって特定の診療科に係る事業を行うことが公共の福祉の増進につながる場合とそうでない場合もある。病院事業であれば「地域医療構想」、下水道事業であれば「都道府県構想」などの形で、事業実施にあたり各地方自治体に求められる役割・事業内容を明確化することを求められる事業もある。当該公営企業がなぜその事業を実施するのか、その事業の実施が公共の福祉の増進につながる目的を有しているのか、附帯事業も含め公営企業での定性的な判断が求められる。

　しかし、定性的であっても目的の公共性の判断にあたり、「当該地域において事業実施能力を有する民間企業が複数存在するかどうか」の視点は重要な意味をもつことになる。

　当該地域に事業実施可能な民間企業が存在する場合（競合性が高い）、事業目的の公共性は相対的に低くなる。事業実施可能な民間企業が1社しかない場合（競合性がないか著しく低い）は、当該企業が倒産し住民ニーズそのものが満たされなくなるリスクは避けられないし、料金設定に対する行政関与がない事業では事業者間での競争が生じず不当な価格設定がなされるリスクもあり、事業目的の公共性は大きくなる。逆にバス事業や病院事業のように料金設定に対する行政関与がある事業で、民間にも技術・人材・資本の蓄積がみられるものを中心に、当該地域で事業実施可能企業がどれくらい存在するかを見極めること、すなわち競合性の程度把握が事業目的の公共性の大小を判断する上では非常に重要である。

（2）公共の福祉の実現状況

　公共性の原則の評価には、「公共の福祉の増進が実現できているかどうか」という公共の福祉の実現状況の評価も重要である。当該時代・当該地域で公共の福祉のとらえ方はまちまちだが、およそ公営企業である限り、全地方自治体で共通して満たすべき視点がある。それは、

　①将来にわたり安定的・継続的にサービス提供が可能な良好な経営状態であるかどうかというサービス供給の安定性・継続性に係る視点、

②事業目的を充足するだけのサービス内容があるかのサービス内容の十分性
　　に係る視点、
　③必要な対象にサービスが提供されているかどうかのサービス供給の実現性
　　に係る視点、
である。
① 将来にわたり安定的・継続的サービス供給可能な経営の健全性
　資本増殖を本来目的とする民間企業の場合、サービス供給を将来にわたり安定的・継続的に行うかどうかは重要な関心事項でない場合もある。設立目的を時に更新しながら、新たなサービス提供も含め、資本の増殖に向けた一連の取組みを行う中で、当初実施していたサービス供給が滞ったり、一部の消費者にのみ提供されたりすることも十分考えられる。また、投下する資本も、成熟国家である日本では、基本的には当該世代の負担において調達されている。一方で、公営企業の経済活動は、基本的には設立目的とされた事業の実施や、公営企業に住民から期待される役割の実現を放棄することは許されない。公共サービスである以上、安定性・継続性の担保が重要な課題となる。
　たとえば、工業用水道事業を始めたら、受水企業がなくなるなどして事業が廃止されない限り、工業用水供給というサービスの安定的・継続的供給を求める現世代の消費者の期待に応えることが求められ、特定の消費者のためだけに供給されることがないようにする必要があり、将来にわたり公共の福祉の増進が図れるよう、健全な経営状態を確保する必要がある。
　公営企業では、事業実施に必要な資本を公営企業債という地方債で調達することが多い。現代の成熟・安定した金融環境においては30年償還・40年償還の公営企業債などもみられ、公営企業のサービス提供が将来の利用者負担によって実施されていることを勘案しても、安定的・継続的サービス供給可能な経営の健全性を保持することは、公共の福祉の増進を図らなければならない公営企業にとって非常に重要となる。
　また、現代の公営企業、とくにインフラ事業が資産の老朽化という現代的課題に直面していることから、経営の健全性を評価する上で、保有資産の健全性、すなわち老朽化状況には留意が必要である。むろん、老朽化の状況とは、資産の健全性を示したものであり、経営の健全性の一部ではあるが公営企業には上下水道など住民生活への影響度の大きなインフラ事業が存在するため、老朽化指標をとくに重視していく必要がある[4]。

② サービス内容の十分性

　経営状態がいくら健全で、サービス提供に支障がない経営体力があったとしても、実際に住民の期待するサービスを提供できていなければ公営企業としてはその役割を十分に果たしていることにはならない。多くの公営企業では事業目的とサービス内容は一致しており、事業目的の公共性を評価すれば基本的にはサービス内容が十分かどうかを見極めることが可能である。

　しかし、事業の実施の有無だけで、サービス内容の十分性を判断できないケースもある。たとえば病院事業では、救急医療を「地域医療構想」の中で公立病院の役割として明確化した場合には救急医療を提供していれば確かに事業目的の公共性を満たしていると評価できる。他方、当該病院で期待されているレベルの救急医療サービスを提供できていなければ、公共の福祉の増進の充足状況としては課題があるといわざるを得ない。どこまでサービス提供をすれば地域住民が満足するのか、地域住民が求めるサービスの内容を実現できていると評価してよいのかという基準は可変的であり、地域・時代によっても異なる。

　「新公立病院改革ガイドライン」(総務省自治財政局、平成27(2015)年3月)の中では、医療機能などの指標として「救急患者数、手術件数、臨床研修医の受入件数、医師派遣など件数、紹介率・逆紹介率、訪問診療・看護件数、在宅復帰率、リハビリ件数、分娩件数、クリニカルパス件数」などが例示されているが、事業目的に照らしてサービス内容は十分かどうか、どこまでやればサービス内容として十分なのかは各公営企業にそもそも期待されているサービスレベルは何なのかといった目標との比較などで決まるものであり、各々の公営企業の中で地域住民から求められるサービスレベル・目標に照らし自主的に評価されるべきである[5]。

③ サービス供給の実現性

　経営状態が健全で、サービス提供に支障がない経営体力があったとしても、実際に地域住民に対して期待されているサービスが提供できていなければ、公共の福祉を増進する必要のある公営企業としてはその役割を果たしていること

---

[4] なお、地方財政健全化法では公営企業の経営の健全性を示す指標として資金不足比率を採用し、いわば企業の短期的な資金繰りの状況をその健全性判断の最重要の視点としている。資金不足比率が制度上、最重要指標であることに疑いないが、サービス供給の安定性・継続性をより多角的にとらえ、公共性の原則の充足状況をより的確に把握する観点から、本書では資金不足比率以外の指標も含めて「経営の健全性を示す指標」として扱う。

[5] クリニカルパスとは、一定の疾患や検査ごとに、その治療の段階及び最終的に患者が目指す最適な状態(到達目標)に向け、最適と考えられる医療の介入内容をスケジュール表にしたものを指す。

にはならない。また、一部の住民にのみ提供されるといった供給の不公平性も生じないように努めなければならない。サービスを供給すべき対象を画定できる場合、すなわち、サービスの受給者・使用料負担者が当該団体の住民に限られている場合には、その対象者に対してサービスを供給できているかどうか、サービス供給対象者に対する供給状況を示す指標を把握することで、定量的に充足状況を示すことが可能となる。

（3）公共性の原則についての留意点

公共性の原則は地方公営企業法で「本来の目的」と明確に位置づけられていることからも、他の二つの原則より重要な原則であり、様々な指標などを総合的に判断した結果が、事業目的の公共性の判断に影響を及ぼし得ることには留意が必要である。

また、公営企業は基本的に単一の事業目的に基づき、その目的の実現のために設立されるものであるが、その事業目的を分解できる場合がある。附帯事業を実施している場合は容易に分解可能だが、たとえば下水道事業においては、サービスの供給区域で分解し、A地域での下水道によるサービス供給は引き続き事業目的に公共性があるものの、それ以外の地域では事業目的にもはや公共性がないと整理することが可能な場合もある。

あるいは、事業内容で分解できる場合もある。病院事業において、産婦人科に係るサービスを供給することには公共性があるが、最先端の診療技術を有する民間企業の進出により脳外科に係るサービスの公共性が乏しいということもある。事業目的の公共性や公共の福祉の実現状況を判断するにあたっては、事業全体だけで考えるのではなく、分解できる場合には、可能な限り分解した単位でその充足度合いを測ることが、公営企業のあり方の検討には重要となる。

3 「経済性発揮の原則」の意味することとその定量的評価の可能性

経済性発揮の原則は「最少費用で最大の効果を上げること」であり、これは民間企業、地方自治体の一般会計、公営企業など、およそ住民サービスを提供するすべての経済主体に共通する原則である。公営企業における「効果」は、事業目的とされているサービスの公平な提供であり、本来可変的なものであってはならないことから、経済性が発揮されているかどうかの判断は、効果の最大性ではなく「費用が高くないか」という費用の最少性の評価によるべきである。

公営企業の運営に係る費用は、必要な投資とその後の維持管理活動から生じる。費用の最少性の判断では、投資の適切性の観点と費用の効率性の観点の両面から測ることが適当と考えられる。財務諸表などの決算書類の作成が義務づけられている公営企業においては定量化が比較的容易であり、水道事業における給水原価など、指標として数値化された投資の適切性・費用の効率性を踏まえて、戦略的経営に活かしていくことが重要である。

4　「独立採算の原則」の意味することとその定量的評価の可能性

　独立採算の原則は地方財政法第6条及び地方公営企業法第17条の2第2項において明文化されている。ここには、公営企業の戦略的経営を考える上での重要な視点が二つ含まれている。

（1）一般会計など負担経費の繰出金による充足性

　第1は「その性質上当該公営企業の経営に伴う収入をもつて充てることが適当でない経費…を除き」または「地方公共団体の一般会計又は他の特別会計において負担するものを除き」と表現されている部分で、一般会計などの他会計で負担すべき経費は、公営企業の使用料収入でまかなう必要はないとされている点である。もちろん、公営企業が提供するサービスの便益が公営企業のサービスの受益者以外に及んでいる場合、その便益供給に係る経費を公営企業の使用料収入でまかなうことは合理的ではない。しかし、一般会計などで負担すべきとされる経費が多ければ多いほど、使用料収入でまかなうべき経費は小さくなり、公営企業にとっては、外見的な独立採算実現の可能性が高くなる。地方公営企業の経営にとって、一般会計など負担への依存は経済性発揮の原則の趣旨を没却しかねない、いわば「麻薬」的性格をもっている。

　一般会計からの繰出金の基本的な考え方は総務省がいわゆる「繰出金通知」として取りまとめ、地方財政措置にも活用されている。一般会計で負担すべき経費のあり方については同通知を参考にしつつ、「当該地方公営企業の実態に即して」、一般会計を含む他会計との間での慎重な議論・整理をした上で運用していくことが極めて重要である。なお、どこまでの経費を他会計で負担すべきかについて整理し、当該経費に占める繰出金の充足状況を算定して数値化し、戦略的経営のための経営情報として収集・公表することは論理的には可能であろう。しかし、

　①地方財政法第6条上の公営企業では「当該公営企業の性質上能率的な経営

■ 図表 4-3　公営企業の原則とその意義、定量的評価の可能性と指標の方向性

経営原則	原則の意義・視点		定量的評価の可能性	指標の方向性
公共性の原則	事業目的の公共性		×	－
	公共の福祉の実現状況	安定的・継続的なサービス供給可能な経営の健全性	○	経営の健全性
				資産の老朽化の状況
		サービス内容の十分性	×	－
		サービス供給の実現性	○	サービス供給対象者に対する供給状況
経済性発揮の原則	費用の最少性		○	費用の効率性
				投資の適切性
独立採算の原則	使用料回収の実現性		○	費用回収の状況
			○	費用回収の効率性
			○	使用料水準
			○	サービス利用者の獲得状況
	一般会計等負担経費の繰出金による充足性		△（非常に困難）	－

を行なってもなおその経営に伴う収入のみをもって充てることが客観的に困難であると認められる経費」も一般会計負担となるが、これを客観的に算出することは技術的に困難であること、

② 繰出金でまかなっている経費には、病院事業における診療報酬や下水道事業などにおける国庫補助事業など国の政策や予算に連動するもの（国の政策変更・補助率変更などに伴う繰出金）など、本来繰出金でまかなうことが適当でない経費も含まれていること、

③ 財務諸表など決算情報が最も充実している地方公営企業法上の公営企業においても決算数値として一般会計で負担すべき経費の額を公表することは義務づけられていないこと、

④ 地方財政健全化法の法定指標である実質公債費比率や将来負担比率の算定における一般会計などから公営企業会計への繰出金負担の算定においても、負担割合の過去3か年平均の数値など、比較的簡易な方法での算定が認められていること、

などを踏まえれば、指標の客観性担保の難しさや作業負担、さらには他地方自治体との比較の難しさなども考慮して、慎重に検討する必要がある。

（2）使用料回収の実現性

　独立採算原則に係る第2の視点は「経費は…当該地方公営企業の経営に伴う収入をもって充てなければならない。」に係る部分であり、費用を使用料で回収できているか、使用料の徴収や収入の確保が効率的に行われているかがその評価にあたっての重要な視点となる。使用料回収の実現性の評価は、経費のうちどれだけの割合を使用料で回収できているかといった費用回収の状況を示す指標（水道事業における料金回収率など）や、サービス供給対象を画定できる場合は、使用料を徴収すべき世帯から確実に徴収・捕捉できているかなどの費用回収の効率性を示す指標（下水道事業における水洗化率など）などでその定量的評価が可能である。

　使用料算定要領などが定められている場合には、その算定要領における原価計算の方法などを踏まえた合理的かつ適切な使用料水準設定が行われているかの視点での検証も重要である。また、観光施設事業など供給対象者を画定できない事業、すなわちサービスの受給者・使用料負担者が当該団体の住民に限られない事業は、サービス利用者の獲得状況を数値化して現状の経営状況を把握することも可能である。

3 的確な経営の現状の把握

3-1　評価・判断の「ものさし」と「めもり」

　公営企業に共通する三つの経営原則を充足していくことが公営企業の存立リスク・経営リスクを極小化する上で前提となり、公営企業が目指すべき方向となる。そのためには、各経営原則の充足状況をできるだけ客観的に把握すること、すなわち定量的評価の可能な経営原則については当該企業の状況を測る「ものさし」として適切な指標を設定し、その指標に基づき充足状況を評価・判断していくことが必要不可欠である。

　しかし、「ものさし」だけがあっても、当該企業の状況を評価・判断することはできない。「ものさし」には「めもり」が必要である。めもりがあってはじめて評価・判断が可能となることから、指標の設定だけでなく評価方法についても整理が必要である。絶対評価が可能な指標なのか、他企業との比較、すなわち相対評価が可能な指標にとどまるのか、相対評価する場合にはどのような企業と比較することが効果的なのか、評価にあたってはどのような基準が考

えられるのか、公営企業の経営原則の充足状況を測る様々な指標と合わせて、その指標の評価方法・評価基準についても認識しておくことが、公営企業のあり方を検討していく上で重要である。

　適正なものさしとめもりの整理は、公営企業のあり方の内部の検討にとってのみ重要なわけではない。経営の状況を示す指標をその評価方法とともにわかりやすく提示・公表することは、住民・議会・民間企業との経営状況の共有、すなわち、官民間・地域内での経営情報の格差解消につながり、公営企業の妥当性の検討や戦略的経営のあり方の検討過程をより開かれたものとする。住民とのネットワーク化に貢献し、「脱・縦割り」、すなわち地方自治体内での連携や他自治体・民間企業との連携に向けた議論の契機となって、より構造変化に強いサービス供給の実現が期待できる。経営の現状把握にあたっては、漫然と指標を並び立てるのではなく、必要十分な指標をその評価方法・評価基準と合わせて整理し、指標の数値が示す意味を住民・議会・民間企業と共有できるようにしていく意識が求められる。

　これらの観点から、以下、公営企業の経営状況を定量的に把握する上で効果的な指標の種類とともに、その指標が示す数値の絶対評価・相対評価の可能性と有効性、さらには評価の結果課題があるとなった場合の取組みの方向性を整理し、定量的な評価が困難な場合も評価の考え方と取組みの方向性を示す。さらに、発生主義・複式簿記に基づく財務書類を公表している地方公営企業法の財務規定を適用した公営企業でのみ算出可能な指標があることも踏まえ、より的確な評価を実施する上で欠かせない企業会計化（公営企業会計の適用）の重要性を明らかにするとともに、単なる現状把握にとどまらない、経営状況の将来予測に係る留意点についても指摘する。

3-2　住民ニーズの存在に関する評価

　公営企業の経営状況を見極める以前の問題として、住民ニーズの存在がなければサービス提供を行う必要性がない。サービスの提供主体が地方自治体か民間企業かNPOかに関係なく、そこに何らかの組織体によって集合的・集中的に提供されるべき住民ニーズがない限り、公営企業がサービスを供給する必要はない。

　たとえば、家庭内で介護が行われることが当たり前の地域では介護サービスに係る住民ニーズは発生しない。また、地域内で持ち回りの形態により葬儀が

行われることが当たり前となっている地域でも葬儀社や葬祭事業は不要である。塩の専売が法定されていた時代は、塩のニーズが独占供給者である政府または公社によって満たされている限り、他の組織体が提供すべき余地はない。いずれにしても、何らかの組織体によって提供されるべき住民ニーズの存在は、その時代の制度設計や社会状況で変化する。その時代の環境をよく見極めながら、住民ニーズの有無を確認することが求められる。万一、現在提供しているサービスに住民ニーズが認められない場合には、当該サービスの廃止の検討が必要となる。

3-3　事業目的としての公共性に関する評価

　事業目的としての公共性の定量的評価は難しく、事業実施能力を有する民間企業の存在などを考慮しながら、基本的には地方自治の本旨に基づき、各地方自治体において個別具体的に判断する必要がある。公共性の原則の充足状況が乏しい場合、すなわち公共の福祉の増進が全体として図られていない事業の場合、当該サービスが地方自治体によって提供されるべき適正性は少ないことになる。とくに事業目的に公共性が乏しい場合には、サービス提供主体としての公営企業の適正性・非代替性に課題があることとなる。公共セクターなど以外の主体によるサービス提供、すなわち、民営化・民間譲渡・既存の民間企業によるサービス提供を見越しての事業廃止（以下「民営化など」と呼ぶ）が考えられる取組みとなる。

3-4　経営の健全性に関する評価

　公営企業である限り、サービス供給を安定的・継続的に行い、将来にわたり、世代間で公平にサービスを提供していく健全性を備えていなければならない。現在世代に過重な負担を強いる経営も避けるべきであり、将来世代に過度に負担をつけ回すような経営も公共性の原則の観点から健全経営と評価することはできない。経営の短期的な健全性を見極めるには主にフロー指標、長期的な健全性を見極めるにはストック指標が重要となる。

1　短期的な健全性に係る評価（フロー指標）

　短期的な健全性を測るフロー指標は多いが、中でも資金不足比率と経常収支

比率（収益的収支比率）が最も根本的で重要な指標である。

① 資金不足比率

資金不足比率は、資金の不足額を事業の規模（営業収益など）で除して得られ、キャッシュフローの悪化状況・短期的な資金繰りの状況を捕捉するフロー指標である。資金不足比率は地方財政健全化法において公営企業の健全性を測る法定指標として公表義務が課せられ、また数値が経営健全化基準以上となった場合には経営健全化計画を策定する義務が発生することとなっており、法的にも非常に重要な指標である。資金不足額の存在は資金ショートの高い蓋然性を意味することから資金不足比率は「0」であることが望ましく、絶対評価が可能な指標である。

資金不足額の存在自体が絶対的評価として避けるべき状態であることから、相対評価（類似団体比較）を行う意義に乏しい。改善策としては、費用の削減及び収益の増加に取り組んでいくことが基本となる。ただし、資金不足比率が現在「0」であっても、経年比較で流動性の課題が大きくなっている場合などは、資金不足が近い将来発生する可能性が高くなるため、経営改善に向けた取組みを検討すべきである。

② 経常収支比率

発生主義・複式簿記に基づく財務書類を作成・公表し、より的確な経営状況の評価が可能な法適用企業（企業会計化実施済企業）に用いる経常収支比率は、当該年度において料金収入や一般会計からの繰入金などの経常的な収益で、経常的な企業活動に伴う費用をどの程度まかなえているかを表すフロー指標である[6]。企業である以上、経常収支が黒字であることは当然であり、経営の健全性を測る上で非常に重要なフロー指標である。

経常収支比率は、単年度の経常的な企業活動による収支が黒字であることを示す100％以上が求められる。100％を大きく超えれば超えるほど良いという指標ではなく、100％を大きく超える場合には、使用料水準や他会計からの繰出金の妥当性・十分性、あるいは将来の更新などに備えた投資や積立ての実施状況などを改めて検証することが求められる。

なお、事業開始後間もない事業では、十分な使用料収入を得るまで時間を要するいわゆるインフラ事業（地下鉄事業・下水道事業など）を中心に、両比率

---

6 経常収益や経常費用の概念・区分が法適用企業にしかないため、法非適用企業については、料金収入や一般会計からの繰入金などの総収益で、総費用に地方債償還金を加えた費用をどの程度まかなえているかを表す収益的収支比率の活用も考えられる。

が低くなるケースも考えられる。したがって、事業開始後年数などにより区分した類似団体間での相対評価が自企業の現状の把握に有効な場合もある。また、資金不足比率と同様、費用の削減及び収益の増加に取り組んでいくことが改善策の基本となるが、その際、必要に応じて、地域やサービスによってセグメントを分けて収支状況を分析すると、取組みの優先順位の検討に極めて有用である。

2 長期的な健全性に係る評価（ストック指標）

将来にわたる健全性を測るストック指標としては、累積欠損金比率や企業債残高対使用料収入比率を挙げることができる。

① 累積欠損金比率

累積欠損金比率は、法適用企業においてのみ算定可能な営業収益に対する累積欠損金の状況を表すストック指標であり、現在世代が対応しなければならない過去の「ツケ」に係る状況を測る指標であることから、将来的に安定的・継続的なサービスが可能な健全性を備えているかどうかを判断する上で有効な指標となる。累積欠損金比率は、累積欠損金が発生していないことを示す0％であることが求められる絶対評価が可能な指標である。一方、事業開始後間もない事業を中心に、やむを得ず比率が非常に大きくなることが考えられることから、事業開始後年数などにより類似団体区分を行い、相対評価を実施することにも一定の意義が認められる。

累積欠損金の解消には資産の増強が必要不可欠なことから、基本的には費用の削減及び収益の増加に取り組んでいくことが改善策の基本となる。ただし、当該指標が0％の場合であっても、使用料収入が減少傾向にある場合や維持管理費などの費用が増加傾向にある場合などには、将来判断にも十分留意する必要がある。また、事業開始後間もない場合は使用料収入が少額となり、数値が異常に高くなることが想定されるが、このような場合でも使用料収入の増加が見込めるか否か将来の見込みも分析する姿勢が必要である。

② 企業債残高対使用料収入比率

累積欠損金がすでに現実化したストックの欠損を表しているのに対し、今後の損益収支・収益的収支に影響を及ぼすストックに関する財務情報も同時にみることにより、将来にわたって安定的・継続的にサービス提供ができる経営状態にあるかどうかも見極めることが可能となる。企業債残高対使用料収入比率は企業債残高を使用料収入で除することにより得られるストック指標で、いわ

ば「公営企業版将来負担比率」とでもいうべき指標であり、将来世代にツケを残さず、今後も持続的なサービス供給が可能かどうかを見極める上で非常に重要な指標である。

　使用料収入については、事業の本業にかかわる収益を分母とすることが企業債残高の規模の大小の的確な測定に重要である。たとえば、水道・工業用水道事業では給水収益、電気事業では電気収益、ガス事業ではガス収益、交通事業では旅客運輸収益、病院事業においては医業収益などを分母として使用することが考えられる。

　また、一般会計で負担すべき経費が多い事業は、適切に一般会計負担額を企業債残高から控除して算定すべきである。企業債現在高のうち一般会計で負担する額は、法適用企業では、将来一般会計が負担すべき額について、決算書類での記載が求められている（地方公営企業法施行規則第39条第2号に掲げる額）。一方、法非適用企業は、地方財政健全化法の将来負担比率の算定の際に計算することが求められているが、この数値は過去3年間の繰入実績に基づくものであり、「繰り入れるべき金額」とは異なる[7]。

　一般会計から必要以上に繰入れを実施している地方自治体にあっては、企業債現在高のうち一般会計で負担する額が本来あるべき額より大きく算出され、企業債残高対使用料収入比率の数値が必要以上に高くなる。一般会計で負担すべき経費は、国・地方自治体などで公的信用とそれに支えられた客観性を担保したデータなど、住民・議会に説明可能なものについてのみ、適切な範囲を地方債残高から控除することが許される。たとえば、下水道事業の雨水処理負担金（地方債元利償還金の1割）や分流式下水道に要する経費（同2割～6割）など、地方財政計画の算定にあたって用いられる公表資料など、対外的に説明可能な形で一般会計の負担すべき範囲を定量化しているものを用いることが考えられる。

　企業債残高が大きすぎることは、将来世代にツケを回す可能性があることを意味する。このことから、各事業あるいは各事業グループに一定の「危険水準」を設定し、その基準以上に企業債残高が大きい場合に健全性に問題ありと評価できれば理想的である。しかし、公営企業債の平均償還年数に関する全国データがないことや資本費平準化債の存在などから、将来負担比率にみられるような全国一律の「危険水準」の設定は難しい。また、各地方自治体における

---

[7] 地方財政健全化法第2条第4号ハ、同法施行規則第9条第2号の算定方法に準じて算定した額を指す。

独自の「危険水準」の設定も技術的には可能ではあるが、それらのデータの収集・整理にかなりのコストを要することも踏まえれば、絶対評価を実施していくことの優位性は高いとはいえない。

　一方で、老朽化が進み、更新需要の高まりがみられる事業において、安易に企業債発行による更新投資を実施し、修繕や長寿命化といった比較的投資額を抑えられる取組みを放棄することにならないように、事業数が豊富なものについては、類似団体の平均値などを算出し、団体間比較（相対評価）をすることが考えられる。企業債現在高のうち、一般会計負担割合が地方財政措置などで定量的に示されている場合は、そのグループごとで類似団体をまとめるなど、類似団体の設定にも留意し、適切な相対評価の実施が求められる。

　たとえば、下水道事業においては、区域内人口密度区分により公費負担割合が3～7割と5つに区分されているが、この区分でグループを作ることにより相対評価の説得性が増す。さらに、事業開始後年数や事業内容（たとえば港湾事業の中でどのような事業を実施しているのか）によって区分を細分化することで、より効果的なグループ化が可能となる。細分化すればするほど比較対象事業数が少なくなり、相対評価のもつ意味が低減することにも留意しながら、類似団体間での相対評価でより効果的な健全性の評価が可能となる。

　また、企業債残高が低すぎる場合も留意が必要である。水道事業などのインフラ事業において、必要な更新投資や老朽化対策に係る投資が実施されていないために企業債残高が低い場合には、サービス提供の安定性・継続性に課題がある可能性がある。個々の企業ごとに老朽化対策の取組み状況は異なることから、企業債残高が小さすぎるかどうかの絶対評価を行うことは難しいと考えられるが、類似団体間での相対評価を実施し、自企業の数値の状況・理由について説明責任を果たしていくことが重要である。

　比率が大きい場合には、できるだけ企業債発行に頼らない運営や使用料収入の確保などにより比率は低減することから、アセットマネジメントなどの老朽化対策の実施とともに、費用の削減及び収益の増加に取り組み、必要に応じて積立金などを確保するなどしていくことが取組みの基本となる。比率が小さい場合には、必要な更新を先送りしているため企業債残高が少額となっているに過ぎないのではないかといった分析を行い、必要な老朽化対策を実施していく必要がある。

3-5　老朽化状況に関する評価

　持続的にサービス提供ができる経営状態にあるかどうかを点検する上で、総費用に占める有形固定資産の減価償却費割合の高い、いわゆるインフラ事業においては、老朽化の現状をできるだけ正確に把握し、将来世代にわたりサービスが安定的・継続的に供給され、世代間の公平性も実現できるように経営していかなければならない。

　インフラ事業としては、「損失補償債務等に係る一般会計等負担見込額の算定に関する基準」（平成20（2008）年4月21日、総務省告示第242号）で示されている出資法人の類型（第二－二－3－（1））の中で「地方公営企業に準ずるインフラ事業型法人」に分類されている鉄軌道事業、上水道事業、工業用水道事業、下水道事業、市場事業、港湾整備事業が地方財政法第6条上の公営企業として挙げられる[8]。地方財政法第6条に掲げられていない事業についても、総費用のうち減価償却費が占める割合が比較的高い事業の場合、老朽化の状況を的確に把握することが重要である。

　老朽化の状況を示す代表的な指標としては、法適用企業でのみ算定可能ではあるものの、有形固定資産減価償却費比率を挙げることができる。償却対象資産の減価償却の進行状況を表す指標で、有形固定資産減価償却累計額を当該償却資産の帳簿原価で除することで得られる。なお、上下水道事業については、事業に必要とされる主要資産に管路・管渠があるが、従来からこれらの老朽化状況を測る指標が広く用いられている。

　たとえば、水道事業における管路経年化率や下水道事業における管渠老朽化率は、法定耐用年数を超えた管路・管渠延長の割合を表す指標であり、また、更新投資などをどれだけ実施しているかについても、当該年度に更新した管路延長の割合や改善（更新・改良・修繕）に取り組んだ管渠延長の割合を示す管路更新率（水道事業）や管渠改善率（下水道事業）といった指標により、把握可能である。上下水道事業については、住民生活に密着した重要な事業であることから、これらの指標も活用して、老朽化の状況をより的確に把握していくことが求められる。

---

[8] 実際、2014年度決算に基づくデータでは、公営企業全事業における減価償却費の総費用に占める割合が27.1％であるのに対し、水道事業：36.1％　工業用水道事業：45.1％　地下鉄事業：35.6％　下水道事業：54.8％　市場事業：35.8％　港湾整備事業：32.3％となっており、資産の健全性により留意する必要性の高い事業区分であるといえる。

一般的に、数値が100％に近いほど保有資産が法定耐用年数に近づいていることを示しているが、長寿命化・適切な修繕を実施するなどして「丁寧に長く」資産を活用している場合でも、この指標は年数さえ過ぎれば数値が大きくなる。したがって、この数値の絶対評価の基準を設けることは困難であり、相対評価を実施する場合でも、修繕・長寿命化に係る取組みも考慮して数値のもつ意味を慎重に見極める必要がある。老朽化の状況に課題がある場合には、修繕・長寿命化・更新投資などの何らかの老朽化対策を実施していくことが求められる。こうした取組みは、場合によっては必要な投資や費用計上につながることから、経営の健全性の確保のため、健全性指標と老朽化指標を併せて評価・検証しながら、必要な取組みを検討していくことが求められる。

　なお、本指標は全施設を一体としてとらえて経年変化の状況をみている指標ではあるが、主要施設を中心にできるだけ個別施設の老朽化の状況を把握することが重要である。法適用企業の決算調整において必要となる固定資産台帳の作成にあたり、資産範囲のグルーピングや資産情報の項目を一定の水準で実施し、企業の資産情報の一層の的確な把握が必要となる。

3-6　サービス内容の十分性・サービス供給の実現性に関する評価

　経営状態が健全でサービス提供に支障がない経営体力があったとしても、実際に住民に対して期待されているサービスが提供できていなければ、公共の福祉を増進する必要のある公営企業としてはその役割を果たしていることにはならない。その観点から、(1) サービス内容の十分性に関する評価（住民の求めるレベルのサービスを提供できているかどうか）、(2) サービス供給の実現性に関する評価（サービスを供給すべき対象者に供給できているかどうか）が重要となる。

1 サービス内容の十分性に関する評価

　どこまでサービス提供をすれば住民が満足するのか、住民が求めるサービスの内容を「実現できている」と評価してよいのかという基準は、当該時代・当該地域の住民から求められるサービスレベル・目標に照らし自主的に展開されるべきである。

　したがって、サービスレベル目標を数値化して設定した場合などには定量的評価が可能となる場合もある。たとえば、病院事業において、手術件数の目標

を設定した場合には、経年変化をみたり、その達成度合いを測ったりするなどして、一定程度定量的に評価することは可能となり得る。しかし、その評価にあたっては各公営企業において、当該目標の設定理由や住民の意思を十分に勘案しながら丁寧に実施することが求められる。

2 サービス供給の実現性に関する評価

サービス供給の実現性に関する評価は、サービスを供給すべき対象を特定できる場合には、その対象者に対してサービス供給ができているかを把握することで、定量的に充足状況を示すことが可能である。サービス供給対象者を画定可能な事業、すなわち、水道事業・下水道事業といったサービスの受給者・使用料負担者が住民に限られる事業においては、必要な対象にサービスが供給されているかどうかを定量的に評価することが可能な場合がある。たとえば、下水道事業において、処理区域内の水洗化人口の処理区域内全人口に占める割合などはその代表例である。

当然、数値としては100％が絶対評価の基準となり、また事業開始後年数によってサービス供給の普及状況は異なることから、事業開始後年数で合理的に区分した類似団体との相対評価によっても、自企業のサービス供給の実現性の度合いを判断することが可能である。サービス供給状況に課題がある場合は、当然、サービスの確保に向けた取組みを実施することが重要となる。

一方で、サービスの確保施策のための投資に取り組むことにより、場合によっては経営の健全性に影響を及ぼす可能性もある点には留意が必要であり、企業の状況に応じて、投資の優先順位をつけるなどの効率的・効果的なサービス確保施策の実施が必要となる。また、サービス供給対象区域のうち普及に遅れがみられる地域の場所情報など、サービス普及の濃淡に関する情報も、取組みを検討する上で有用な現状分析となる。

3-7 費用の効率性に関する評価

経済性発揮の原則は「最少費用で最大の効果を上げること」であるが、前述のとおり、経済性が発揮されているかどうかの判断は、効果の最大性ではなく、費用の最少性の評価に拠らなければならない。サービス提供に必要不可欠な費用（供給原価）は効率的か、個別の事業ごとに主要となる費用は効率的かなど、事業の特性に応じた指標設定を行い、的確に評価していくことが求められる。

1 供給原価の効率性に関する評価

　個別事業ごとに提供するサービスは様々ではあるが、そのサービス提供に必要不可欠な費用を供給原価として抽出し、供給1単位あたりの数値を算出することで事業全体の費用の効率性を測ることが可能となる。たとえば、自動車運送事業においては自動車運送事業経常費用、都市高速鉄道事業では都市高速鉄道事業経常費用、下水道事業では汚水処理費用などを費用としてとらえ、供給単位については、自動車運送事業・都市高速鉄道事業では年間走行キロ数や利用者数、下水道事業では有収水量と設定すると、事業遂行に必要不可欠な費用の効率性の検討に用いることが可能となる。

　供給原価は個々の企業の置かれた環境・地形的要因などで大きく異なり、あるべき原価の算定は不可能であることから、絶対評価は困難である。一方、提供するサービスの性質によっては、規模の経済が働くことなどにより費用が縮減されることがある。このことから、供給規模の大小などによって団体を区分して類似団体比較を行うことには一定の意義がある。たとえば、下水道事業において、処理区域内人口密度・有収水量・供用開始後年数などによって類似団体を区分し、その中で汚水処理原価の状況を比較していくことは、自企業の費用の効率性の課題抽出に効果的である。

　費用の効率性に課題がある場合には、当然、費用削減（効率化）に係る取組みを実施することが求められる。資本費の削減は、その取組みの成果が出るまで一定の時間を要する投資の効率化によって実現可能なことが多いが、維持管理費の削減は比較的短期間で取組みの成果が表れることから、後者が取組みの中心となる。また、事業によっては、供給地域や供給サービスによって事業をセグメント化することが可能な場合があり、セグメントごとの供給原価の状況を評価することにより、費用の効率性を高める取組みのプライオリティの設定が可能となることにも留意すべきである。

2 個別費用の効率性に関する評価

　サービスの供給原価の効率性の他にも、事業ごとに主要な費用の効率性をみていくことが、公営企業として経済性が発揮できているかどうかの分析には欠かせない。たとえば、労働集約的な事業であるバス事業において、人件費の効率性を測らずに費用の効率性を評価したことにはなり得ない。個別の事業ごとに主要となる費用が効率的かどうかを判断し、課題があれば当該費用の効率化に向けた取組みが必須となる。

主要となる費用は個別の事業ごとに異なり、また細分化しようと思えばどこまでも細かく設定することも可能であるが、たとえば、上下水道事業では減価償却費や薬品費、バス事業や病院事業では人件費といった主要な費用ごとに算定し、供給規模の大小などによって地方自治体を区分して類似団体比較（相対評価）を行うことにより、各費用の効率性に関する評価をより的確に行うことが可能となる。

3-8　投資の適切性に関する評価

　費用の効率性に課題がある場合、短期的に状況を改善するには維持管理費用の削減策が主要な対策となるが、インフラ事業などでは、費用効率化にインパクトがあるのは資本費の削減である。資本費の削減のためには更新時にできるだけ施設・設備の効率性を上げ、より「筋肉質」な施設・設備としていくことが求められる。更新時に施設・設備の更新のあり方を適切に判断するためにも、過去の投資の適切性を指標化して、オーバースペックとなっていないか、過剰な設備投資がないかについて評価することは、公営企業の経済性の発揮に向けた重要な視点となる。

　投資の適切性を示す指標は事業ごとに様々であるが、水道事業における施設利用率（一日配水能力に対する一日平均配水量の割合）や工業用水道事業における契約率（配水能力に対する契約水量の割合）などはその例である。また、観光施設事業では、宿泊定員数に占める延宿泊者数の割合（定員稼働率）などで施設の利用状況を把握することも可能であり、これらの数値に課題があると評価された場合には、施設の利用状況や規模に何らかの見直しのポイントが存在することを示唆している。

　投資の適切性は基本的には需要との比較の中で示されるものであり、一般的には100％に近い高い数値であることが望まれる。ただし、配水能力などについて災害時などを想定して高く設定したり、また季節によって数値に大きな変動が生じたりすることもあるため、100％を基準に絶対評価するだけでなく、経年変化や最大稼働率などにも着目しつつ、個別の自治体の実情に応じた評価を実施し、施設・設備が遊休状態ではないか、過大なスペックとなっていないか判断することが重要である。その際、事業開始後年数が同一などで事業状況の類似した企業を類似団体として区分、相対評価することにより、自企業の施設・設備の効率性の状況の把握も可能となる。

投資の適切性に課題がある場合には、前述のとおり、主に施設・設備の更新時にダウンサイジングやスペックダウンの必要性などを検討することが求められることから、主要な設備の更新時期についても情報を整理しておくことが望ましい。法非適用企業においては、後に述べる公営企業会計の適用作業の中で固定資産台帳の整備などを行い、各種施設・設備の資産情報の整理・分析を実施していくことが必要となる。

3-9　使用料回収の実現性に関する評価

　独立採算の原則の充足状況を見極めるためには、使用料回収の実現性、すなわち、使用料でまかなうべき経費のうちどれだけの割合を使用料で回収できているかを示す費用回収の状況に関する指標が最も重要である。その上で、使用料を徴収すべき対象から確実に徴収・捕捉できているかといった費用回収の効率性を示す指標に基づく評価や、合理的かつ適切な使用料水準設定が行われているか否かの視点での検証、さらには供給対象者を画定できないサービスにおいてサービス利用者を十分獲得できているか否かの判断に基づき、使用料回収の実現状況を検証していくことが求められる。

1　費用回収の状況に関する評価

　使用料でまかなうべき経費を使用料でまかなえているかどうかという費用回収性指標が独立採算原則のいわば根本指標であり、一般会計によるサービス提供とすべきかどうかを判断する上で最も重要な視点となる。たとえば、水道・工業用水道・交通・電気・ガス事業においては、供給単価を供給原価で除した数値を料金回収率として算出しており、病院事業では医業収益を医業費用で除した数値を医業収支比率として算出している。

　費用回収性に係る指標は、公営企業が使用料収入によってサービスを提供する上で必要な企業活動による収支が黒字であることを示す100％以上となっていなければ、独立採算が成り立っていないという判断となる。ただし、100％を大きく超えれば超えるほど良いという指標でもなく、100％を大きく超える場合には、使用料水準の妥当性などを改めて検証することが求められる。絶対評価が可能な指標でもあり、基本的には類似団体比較の必要性は高くないが、事業開始後間もない事業では、十分な使用料収入を得るまで時間を要する、いわゆるインフラ事業を中心に比率が低くなるケースも考えられる。事業開始後

年数などにより区分した類似団体間での相対評価にも一定の意義が認められる。

　使用料回収の実現性に係る指標であることから、数値に課題があると評価される場合には、当然収益の増加に取り組んでいくことが改善策の基本となり、使用料水準の見直しなどがその重要な選択肢となる。なお、事業によっては、供給地域や供給サービスによって、事業を分解することも可能である。たとえば複数の観光施設を運営している観光施設事業においては、各施設の費用回収状況を分析し、施設の状況に応じた収益増加策を図っていくことも可能である。

2 費用回収の効率性に関する評価

　サービス供給の対象者を画定可能な事業の場合、サービスの受給者と使用料負担者が一致することから、サービス受給者が負担すべき使用料を回収できているかどうか、対象の捕捉状況を定量的に把握することが可能である。たとえば、水道事業や下水道事業において、有収率などの指標により費用回収の効率性を測ることが可能である。

　費用回収の効率性に係る指標は、回収すべき対象をすべて捕捉していることを示す100％以上となっていることが求められ、100％を基準とした絶対評価により判断される。したがって基本的には類似団体比較の必要性は高くないが、事業開始後間もない事業では、使用料を回収すべき対象の捕捉が不十分な場合も考えられ、事業開始後年数などにより区分した類似団体間での相対評価には一定の意義がある。また、使用料を回収すべき対象からの回収を実現することによる収益の増加に取り組んでいくことが改善策の基本となるが、供給地域ごとに分析が可能な場合には地域ごとの回収の効率性を測り、優先順位をつけて使用料回収の実現性の向上に取り組んでいくことも効果的である。

3 使用料水準の適切性に関する評価

　使用料回収の実現状況を測る上で、使用料水準が適正かどうかの判断は非常に重要である。政治的な意図により使用料水準を低く抑える例も散見される中、公営企業である限りは独立採算の原則を充足する必要があり、不当に低い使用料水準となっていることにより使用料回収が実現しないということは不適切である。

　使用料については地方公営企業法第21条第2項において、「公正妥当なものでなければならず、かつ、能率的な経営の下における適正な原価を基礎とし、地方公営企業の健全な運営を確保することができるものでなければならない。」

とされている。適正な原価計算の方法として、事業によっては使用料算定要領や拠るべき準則が定められていることもある。そのような場合には当該要領などに基づく原価計算により使用料水準を定めていくことが望ましく、そのあるべき水準と現実の使用料水準の比較により、定量的評価が可能となる。また、使用料算定要領がない場合であっても、投資計画・財政計画を作成し、適切な原価計算に基づく合理的な使用料水準を算定することにより、定量的評価が実現可能となる。

個別の企業ごとに当然合理的な使用料水準は異なるため、全国一律の基準に基づく絶対評価によって使用料水準の適切性を評価することは困難であるが、使用料算定要領などに基づき算定されるあるべき使用料水準との比較により、あるべき使用料水準との間に乖離がある場合には、その理由が説明可能でなければならない。また、個別の企業ごとに置かれた環境や事業内容が異なり、あるべき使用料水準がまちまちである以上、企業間で使用料水準を比較、相対評価することの意義は厳密にいえば乏しい。

しかし、公営企業の使用料水準は政策的に低く抑えられる例も散見されるところであり、使用料水準の設定に関する住民・議会に対する説明責任は非常に重要なものである。したがって、事業開始後年数が同じであったり、企業の規模が同程度であったり、企業の置かれた環境の類似した団体を区分して相対評価を行い、たとえば平均値から乖離がある企業にあっては、なぜそのような乖離が生じるのかについて、個別の企業の置かれた環境などを含めた説明を実施することにより使用料水準の適正化の一助とすることは可能である。その意味において、使用料水準の相対評価にも一定程度意義がある場合がある。

使用料水準に課題がある場合には、当然その水準の適正化が最も重要な取組みとなる。とくに、供給対象区域が画定されている上下水道事業などを中心に、市町村合併後の団体で公営企業として事業が一つに統合されているにもかかわらず、旧市町村の使用料体系が温存されているケースも散見される。事業として一体的に運営している以上、サービス供給対象者間での公平性を保持するためにも、一刻も早い使用料水準の一体化が求められる。そのためにも、地域ごとのセグメント情報を丁寧に把握することが重要である。

4 サービス利用者の獲得状況に関する評価

サービスの供給対象者を特定できる場合には、その対象の状況をとらえることにより費用回収の効率性を測ることが可能であるのに対し、交通事業や観光

施設事業をはじめ、多くの公営企業においては、不特定多数の利用者にサービスが供給され、それにより独立採算の達成が可能となる場合がある。サービス供給の対象者を画定できない事業、すなわちサービスの受給者と使用料負担者が住民に限られない事業においては、それぞれの事業における利用者数の状況をみることにより使用料回収の実現状況を評価する。当然事業ごとにサービスの利用単位は異なるため、全事業に共通した指標の設定は困難であるが、交通事業における年間乗車人員数など、事業ごとにサービス利用者の獲得状況を測ることが可能である[9]。

いずれの事業でも損益分岐点はあることから、使用料水準を勘案しながらサービス利用者として獲得すべき対象の数を設定し、その獲得すべき対象数との比較で各企業の状況を絶対評価することは可能である。損益分岐点とは関係なく目標を定量的に設定した場合に、自ら設定した目標と比較する形で利用者獲得状況について一定の評価を行うことも、使用料収入の確保に向けた努力を促す点で一定の意義がある。しかし、サービス利用者の獲得状況の「良し悪し」の評価にはならないことには留意が必要である。また、サービス利用者の確保にあたっては、様々な形でのサービスの充実・確保策が求められる可能性があるが、それにより、場合によっては経営の健全性に影響を及ぼす可能性もあり、企業の経営状況に応じた効率的・効果的なサービス確保施策の実施が重要となる。

3-10 一般会計など負担の充足状況に関する評価

一般会計などで負担すべき経費の繰出金による負担状況については、定量的評価が極めて困難であるが、繰出金への過度の依存は企業の経済性発揮の原則を没却する可能性がある。このため、定量的評価ができないことで検証を実施しないことは、適切とはいえない。

そもそも、地方財政法第6条及び地方公営企業法第17条の2・第17条の3において、繰出金を充てることができる経費については、

①その性質上当該公営企業の経営に伴う収入をもって充てることが適当でない経費、

---

[9] 港湾事業：年間取扱貨物量（荷役機械、その他上屋、倉庫、貯木場）、年間利用者数（旅客上屋）、年間取扱件数（船舶の離着岸を補助する船舶）、市場事業：年間取扱高、と畜場事業：年間処理実績、観光施設事業：年間利用人数（休養宿泊施設）などが考えられる。

②性質上能率的な経営を行ってもまかなえないと客観的に認められる経費、
　③災害その他特別な理由により必要がある場合
の3種類が記載されているところであり、地方公営企業法第18条の規定を除けばこれが地方財政法・地方公営企業法上の繰出金の法令上の根拠となっている。
　一般会計からの繰出金の基本的な考え方については、総務省の繰出金通知に取りまとめられているが、どのような経費を繰出金でまかなうべきか否かは、基本的には当該自治体・公営企業の実態に即して判断することが重要である。繰出金で事実上まかなっている経費には国の政策変更・補助率変更などに伴う経費など本来繰出金でまかなうべきではないと考えられる経費があり、一般会計で負担すべき経費の正確な算出が困難な場合があるにしても、少なくとも、一般会計からの繰出金でまかなうべき経費は何なのか、その繰出根拠をどう整理しているのかについて、繰出金通知を参考にしながら一般会計の財政当局と慎重に評価することは、より適正な繰出金の運用には必要不可欠と考えられる。

3-11　公営企業会計の財務規定の適用の必要性

1　公営企業会計の財務規定の適用の意義

　地方公営企業法に基づく法定7事業及び、その他の事業で任意で財務規定を適用することとしている事業は、複式簿記・発生主義に基づく公営企業会計を適用する必要がある。地方公営企業の経済的活動を正確に把握するためには、その損益及び財産の状態を計数上正確に把握する必要があり、現金の出入のみに着目して計理する官庁会計方式は不十分である。
　また、管理運営に係る取引（収益的な取引）と建設改良などに係る取引（資本的な取引）を区分して経理することにより、当該年度の経営成績を正確に把握することも可能となる。公営企業によるサービス供給の妥当性を判断する場合と戦略的な経営のあり方を検討する場合のいずれにおいてもより的確な、より充実した経営情報に基づくことが望ましいのは当然である。前述の様々な指標においても法適用企業でしか算定できない指標が数多くあり、また企業会計に精通した経営マインドをもった職員の育成や住民・議会によるガバナンスの向上にも資することを踏まえれば、法定7事業以外の事業においては公営企業会計を適用しなくても違法とはならないにしても、積極的な適用が求められる。
　公営企業会計の適用がもたらす最も重要な意義は、投資資金の期間配分額の算定による使用料対象原価の適正な計算が可能となることと、資産の現状（施

設の経済的価値、老朽化などの状況）の適正な把握が可能となることの2点である。

2 資産の現状（施設の経済的価値、老朽化の状況など）の把握

　公営企業会計の導入にあたっては、減価償却費など非現金支出を含む損益情報を明らかにしていかなければならない。そのためには、企業が保有する固定資産の情報を合理的な水準で把握する必要があるが、固定資産情報の整理によって資産の経済的価値や老朽化の状況などを把握することが可能となる。当該固定資産はいつ取得されたのか、耐用年数は何年か、いくらで取得したのか、充当された補助金はどれだけかなど、当該固定資産に関する情報を合理的な水準で整理することで、企業の資産の現状を把握する必要がある。

　公有財産台帳では金額情報が掲載されていないことが多いが、固定資産台帳では金額情報も掲載されるため、減価償却累計額も把握することができる。インフラ事業など資産の健全性がとくに強く求められる事業を中心に、経営の現状を把握するための情報として極めて有用であり、公営企業会計の適用の大きな意義である。

3 公営企業会計の適用の留意点

　公営企業会計の適用については、総務省からマニュアル（「地方公営企業法の適用に関するマニュアル」（平成27（2015）年1月、地方公営企業法の適用に関する実務研究会））などが順次提供されており、詳しくはそれらを参照して取組みを進めていくことが望まれるが、公営企業会計の適用にあたっての重要な留意点については以下のとおりである。

① 十分な移行期間と事業費の確保

　下水道事業において公営企業会計の適用にこれまで取り組んできた企業では、平均で3年程度の期間を要している。小規模自治体においては対応する職員やノウハウの確保のためにさらに多くの時間を要することも考えられる。

　さらに、合併自治体や事業開始後の年数が長い事業においては、固定資産情報の整備などにさらに時間がかかることも考えられ、場合によっては資産情報整備のための非常勤職員の雇用や、民間コンサルの活用なども検討する必要がある。より的確に公営企業のあり方を検討する上で重要な取組みである公営企業会計の適用が非常に長い期間と多額の経費を要する作業であることを踏まえ、十分な時間的余裕をもち、先進的な取組みを検証したり、都道府県や周辺の大

規模自治体からの支援も視野に入れたりしながら、計画的に取り組むことが重要である。

② **小規模事業における適用の必要性**

　公営企業会計の適用作業には、非常に多くの時間と金額、さらには事業及び財務会計についての専門的な知識を要することから、十分な人員体制を取る必要がある。小規模な市町村の公営企業においては、対応できる職員が極めて少数であり、事業規模（収入規模）も小さいことから、個別の企業の置かれた環境を勘案し公営企業会計の適用への取組みを検討していくべきである。

　ただし、小規模な企業においても、統一的な基準（地方公会計）による財務書類などの作成が求められていることには留意が必要である。公営企業会計も地方公会計も、いずれも発生主義・複式簿記の取組みを求めているものであるが、公営企業会計は地方公会計と異なり、固定資産台帳における財源情報の把握が必須とされており、使用料算定原価の一部である減価償却費を正確に算定できるため、より適切な使用料算定を行うことが可能となるなど、より充実した財務書類となっていることを踏まえ、可能な限り、公営企業会計の適用を図っていくことが必要である。

③ **固定資産台帳の整備にあたっての留意点**

　固定資産台帳の整備についても総務省マニュアルに詳細な解説があるが、固定資産台帳情報の「水準」については留意が必要である。

　固定資産情報を固定資産台帳として整備するにあたっては、貸借対照表・損益計算書の作成を適正に行うことを基本として、資産の状況（施設の老朽化などの現状）を合理的な水準で把握することが必要である。しかし、固定資産台帳の整備には、前述のとおり相当程度の事務量が生じ、予算・人員を要する作業となる。資産の登録単位を細かくすればするほど、また資産の記載項目を細かくすればするほどより正確な資産情報を把握できるが、小規模な公営企業においては充当できる予算・人員に限りがある。マニュアルにおいても、地方自治体が固定資産台帳を整備するためには相当程度の事務量が生じることから、固定資産台帳への登録単位・記載項目などについて、過度に精緻な水準を求めるべきではないという考え方に基づいて、登録単位・記載項目の標準的な考え方が整理されていることには留意が必要である。

　たとえば、資産の登録単位については、固定資産の種別（耐用年数を基に分類された「地方公営企業法施行規則」（昭和27（1952）年総理府令9第73号）別表第2号及び「地方公営企業法の適用を受ける簡易水道事業等の勘定科目等

について」（平成24（2012）年10月19日付総財公第99号）別紙2の「細目」にある資産種別）及び取得年度に応じて分類することを固定資産台帳整備の必要不可欠な要素として求める一方、それ以上の区分については、「各地方公営企業が自らの固定資産の実情、老朽化などを把握するために必要な水準と考えられる、より合理的な分類区分（例：工事、取替、設計、管理、区域など）を設定し、当該区分で分類する。」ことを求めており、全国一律の分類区分を設定することなく、固定資産の整備・管理などの実態の多様性を踏まえた登録単位を許容することを標準的な考え方としている。

また、資産の記載項目についても、「固定資産台帳において個別の固定資産を特定するとともに、その現状を把握するために必要な項目」「資産の現在の経済的価値の把握、投資資金の期間配分額（減価償却費）の算定のために必要な項目」「期間配分額（長期前受金戻入）算定のために必要な項目」「資産の経済的価値などに異動が生じた場合にその内容を正確に把握するために必要な項目」として、必要不可欠な項目を標準的な考え方として列挙する一方で、より詳細の項目の記載は、各地方自治体の実情に応じた取扱いを許容している。

3-12　経営の将来予測の方法

以上のとおり、公営企業の損益情報・資産情報に関する様々な経営指標により、経営の現状及び課題を把握することが可能となる。しかし、たとえ経営の現状が良くても、近い将来経営状況が悪化するのであれば、それに備えて必要な対策を取らなければならない。公営企業としてサービスを提供していくことが適切なのか、適切だとしても経営健全化・戦略的経営に向けていかなる取組みを進めるべきかを検討する上で、将来の費用・収益などの先読みとそれに基づく分析、経営状況に対する評価の実施は欠かせない。

現時点で反映可能な経営健全化や財源確保に係る取組みがある場合にはそれらを踏まえながら現状と将来予測に基づいて見極めを行い、公営企業に必要な三つの経営原則が仮に満たされていない場合には、その立地状況や置かれた環境を勘案しながら、具体的な取組みを検討していく必要がある。

一般的に、各公営企業は将来の経営予測を実施していないわけではない。企業によっては、投資計画・財政計画を策定し、経営状況の将来予測に基づく適正な原価を基礎として使用料水準を定めている。しかし、その将来予測の精度にはばらつきがあり、また、その将来予測を特段公表する必要もないことから、

使用料水準の設定に際していかなる収支見通しを立てているのかを、住民・議会に対して詳しく明らかにされている例は多くない。

　また、漫然と将来の収支を予測するだけでは将来の公営企業の経営状況を見極めるには不十分である一方で、予測を詳細にすればするほど、その人的コスト、金銭的コストは莫大なものとなってしまう。住民・議会が納得するレベルであればそれで足りるとはいえ、将来予測にあたって確保されるべき一定の精度が定められていることが望ましい。

　総務省が策定を求めている中長期的な経営の基本計画である「経営戦略」では、経営健全化に向けた議論の契機とするためにも、広く住民・議会に対してその意義・内容などを公開することを求めており、将来予測の方法についても、平成28（2016）年1月26日付通知「『経営戦略』の策定推進について」に添付された「経営戦略策定ガイドライン」の中で、費用・収益ごとにその将来予測の考え方・方法・参考例を示し、一定水準以上の精度が確保された将来予測を実施することを求めている。もちろん、事業ごとに主要な費用や収益は異なることから、それぞれの事業特性に応じた将来予測をしなければならないが、経営戦略ガイドラインの記載を参考にしながら、資本的支出・資本的収入・収益的支出・収益的収入を適切に見込んでいくことが重要である。

4　公営企業の適正性・非代替性の検討

　現代の公営企業のあり方を考える上で軸となる視点は、「当該サービスは公営企業によって提供されるべきか」という視点と、「（引き続き公営企業として事業を行う場合）いかに戦略的経営を行うか」という視点である。公営企業の適正性・非代替性に課題がある場合には他の供給方法や事業の廃止といった公営企業制度の枠組みの外での対応策を検討する必要があり、公営企業としてサービスを提供すべきだとしても、安定的・継続的に住民ニーズを充足していくためには、公営企業が有する経営リスクに的確に対応した戦略的経営を実施していくための公営企業制度の枠組みの中での具体的な取組みが求められる。

　公営企業の適正性・非代替性に係る検討は、戦略的経営のあり方の検討に先立って行われなければならない。公営企業としてサービスを提供すべき理由に乏しいと評価された事業についていくら戦略的経営のあり方を検討しても無意味である。前節でみた経営の現状・将来予測に基づき、まずは当該企業の存立リスクの状況を測り、当該サービスが公営企業によって提供されるべきかどう

かの判断をすることが求められる。どのような場合に公営企業の適正性・非代替性が低いと評価されるのか。結論的には、公共性の原則の充足状況に課題がある場合と独立採算の原則の充足状況に課題がある場合には、公営企業の適正性・非代替性が低いと評価され、民営化や一般会計での代替実施といった公営企業制度の枠外での取組みが求められる。以下、その考え方の筋道と留意点について整理する。

4-1 公共性の原則の充足状況に課題がある場合

1 民営化などの検討の筋道

　公営企業の三つの原則のうち最も重要な公共性の原則の充足状況については、事業目的の公共性と公共の福祉の実現状況から総合的に判断する。この二つの視点に基づいて（事業内容を地域単位やサービスの種類ごとに分解できるのであれば分解した単位で）経営状況を見極める必要がある。その上で、現状または将来において公共性に課題がある、当該公営企業の提供するサービスの公共の福祉の増進への貢献が乏しいと評価された場合には、「当該サービスは公営企業によって提供されるべきか」というサービス提供主体としての公営企業の適正性・非代替性に課題があり、公共セクター以外の主体によるサービス提供、すなわち、民営化などが考えられる。

　事業目的に公共性が薄ければ、とくに、公営企業の所在地域にサービス提供可能な民間企業の技術面・採算面の能力を見極め、「事業実施能力あり」と評価できる企業が複数あるなどの状況があれば、事業目的の公共性は低くなり、当然公共セクターでサービス提供すべきでないと評価できる。また、経営の健全性に課題がある場合にも、現役世代または将来世代のサービス利用者に過度に負担を強いるようなサービスを公共セクターが提供すべきでないと判断できる[10]。言い換えれば、公共性の原則の充足状況に係る判断が、民営化などを検討する上での重要なメルクマールとなる。

2 民営化などの実現可能性の判断

　公営企業としてサービスを提供することが難しくても、住民ニーズがある以

10　民間企業によるサービス供給には、大きく分けて、公営企業の実施する事業そのものを新たな民間企業により実施する民営化、事業を既存の民間企業が実施する民間譲渡、さらに公営企業が既存の民間企業によるサービス提供を見越して資産債務を民間企業に承継せずに清算する事業廃止の三つの取組み方法がある。

上、何らかの資本体によって集合的にサービスが提供されることが望ましい。民間企業がその主体となれるかどうか、すなわち能力面・採算面で事業実施能力をもつと評価できる民間企業の存在が民営化などの実現のポイントとなるが、この民間企業の事業実施能力の評価は非常に難しい。

民間企業の事業実施能力の評価方法については、いわゆる「三セク指針」(平成26（2014）年8月5日付総務省自治財政局長通知「第三セクター等の経営健全化等に関する指針の策定について」）の採算性の判断（同指針の第三－二－（2））などが参考にはなるものの、本質的には市場化テストのような取組みを経ない限り、定量的にその採算性・事業実施可能性を行政において評価・判断することは不可能に近い。したがって、民営化などの実現可能性の判断にあたっては、必要に応じて、民間コンサルなどの知見を活用しながら、総合的な判断をすることが住民・議会に説明責任を果たす観点からも重要となる。もちろん、民間企業は自らの経営判断でサービス提供の中止が可能であることには留意が必要であり、地域の雇用情勢など様々な事情を併せ考えた上で、地方自治の本旨に基づき、事業の公共性を各地方自治体において慎重に判断する必要がある。

そして、民営化などが困難な状況にあっては、公共性が認めがたい以上、公共セクターでサービス提供はできないことから、地縁団体などの非営利団体などによるサービス提供や完全な事業廃止を検討することが求められる。

4-2　独立採算の原則の充足状況に課題がある場合

1　一般会計によるサービス提供の検討の筋道

独立採算の原則の充足状況の判断は、使用料回収の実現性、すなわち費用回収の状況、費用回収の効率性、使用料水準、サービス利用者の獲得状況に関する指標について定量的に判断するとともに、一般会計などで負担すべき経費が的確に負担されているか検証も求められる。

一般会計の行う事業と公営企業による事業の最大の違いは独立採算原則の適用の有無であり、独立採算の原則が実現できていない、あるいは将来においても実現が見込まれない場合には、公営企業制度の枠組みの中で経営改善を図っていくことも可能であるが、そもそも企業形態でサービス提供を行う合理性に乏しいという評価も可能となる。その場合、住民ニーズが認められ、公共性が認められる以上、公共セクターがサービス提供していくことが求められるため、

公営企業制度の枠組みの外の取組みとして一般会計によるサービス供給策の実施（代替供給による事業廃止を含む）が選択肢として登場する。バス事業を公営企業で行うことが困難となった場合であっても、住民ニーズの存在を踏まえ、コミュニティバスやデマンドタクシーなどのサービスを一般会計などによって提供することを検討している地方自治体も散見されるが、この典型的なケースといえる。

2 第三セクターによるサービス提供についての考え方

　以上みてきたように、公営企業以外のサービス提供主体として民間企業と一般会計を挙げたところであるが、第三セクターもその担い手としての有力な選択肢となる。

　第三セクターは「公共性と企業性を併せ持つ」（「第三セクター等の経営健全化の推進等について」（平成26（2014）年8月5日総財公第101号））ものであり、サービス提供主体として公営企業との類似性が高い。事業目的に公共性を有しない主体ではないことから、純粋な民間企業を想定した民営化などの選択肢の中で検討することはないが、そもそも第三セクターによるサービス供給の実施を検討してもよいのか、検討するとしたらどのような場合に第三セクターの活用が望まれるのかなど、あらかじめ整理しておく必要がある。

（1）第三セクターの課題と優位点

　第三セクターは様々な事業を実施しており、公営企業としてサービス提供されている事業の多くが第三セクターによっても供給されている。しかし、第三セクターで多くの住民ニーズが充足されていることをもって、第三セクターの形態の活用が望まれるということにはならない。

　実際、第三セクターは、議会による経営に対する監視・コントロールが、予算決算の審査のある公営企業ほど法律上求められていないことには留意が必要である。2008年成立した地方財政健全化法において、将来負担比率の損失補償債務として一般会計に対する財政リスクは認識、公表されているものの、かつては地方自治体と第三セクターに対する資金提供者（地域金融機関など）との間で締結される損失補償契約により、多くの財政リスクを地方自治体が負うこととなったケースも散見される。実際、かつて林業や炭鉱業で栄えた地方自治体を中心に、第三セクターの経営悪化が地方自治体の財政運営に悪影響を及ぼした例も多い。

一方、「第三セクター等の経営健全化の推進等について」でも指摘されているように、
- ①「健全な経営が行われる場合には、公共部門において民間の資金やノウハウを活用するための有力な手法の一つとなる」、
- ②「経営が好調な場合には投下した資金を上回る経済効果をあげることが可能」、
- ③「市町村の圏域を越えて活動が可能」であるし、
- ④（公営企業の場合は附帯事業を除き単一の事業目的に係る事業しか実施することはできないが、第三セクターにおいては）複数の事業目的を1つの企業の中で実施可能である（たとえば市場事業と観光施設事業を同一の第三セクターで実施し、市場の観光資源化を図ることも可能）、

ことから、適切な経営が行われるならば、「第三セクターを活用した経済再生・地域再生」（三セク大臣通知）に貢献したり、事業間のシナジー効果を発揮したりするなど、住民ニーズの充足主体として積極的な役割を期待することも可能である。したがって、
- ①第三セクターで実施した場合、健全な経営が行われる見込みがあるか、
- ②当該第三セクターに公共部門の有していない技術やノウハウがあるか、
- ③（市町村の圏域を越えた活動をする三セクについては、公営企業による広域化ではなく）第三セクターとして市町村の圏域を越えたサービス提供を行う優位性があるか、
- ④（複数の事業目的を一つの企業の中で実施する三セクについては）複数の事業を一つの企業で行うことのシナジー効果が発揮可能か、

について検証した上で、第三セクターの活用を検討していくべきである。

その際には、前述のとおり第三セクターは公営企業に比して求められる情報公開のレベルが法律上強くないが、第三セクターも公共性を有する存在であることを勘案し、住民・議会に対して経営状況をオープンにし、経営のあり方について理解を求めていくようにすることが非常に重要である。また、第三セクターなどが経営破たんした場合には、当該地方自治体が巨額の債務を負うという特別なリスクが存在し、第三セクターなどに対する金融機関などによる資金調達面からのガバナンスが希薄となるなどの課題があることから、地方自治体が第三セクターなどに対して公的支援を行う場合には、債務について損失補償を行うべきではなく、やむを得ず損失補償を行う場合には、議会・住民などに対して十分に理解を得ていくことが求められる。

（2）定量的判断の困難性

しかし、地方自治体において、「どのような場合に第三セクターを活用すべきか」を定量的に判断することは難しい。

確かに、①の健全経営の見込みの判断方法については、三セク指針の中で「採算性の判断」の項目で一定程度触れられており、「損失補償債務等に係る一般会計等負担見込額の算定に関する基準」を援用する形で採算性の有無の判断基準を定量的に示している[11]。しかし、これはあくまでも第三セクターの抜本的改革の検討の必要性を判断する参考として設けているものであり、三セク指針自身も、採算性無と判断した上で、必要な経営改革を実施して引き続き三セクとして事業実施していくことも容認している。

ここで用いられている定量的判断基準は、将来負担比率において地方自治体のリスクをどのように判断するかという一種の「決め」の数字・考え方であって、各地域・各事業が置かれている状況・環境、さらに第三セクターを活用しようという目的・意義、また三セク設立後の事業内容が自治体によって異なることを踏まえれば、公営企業ではなく第三セクターでサービス提供を実施することの妥当性の判断基準としての「健全経営の見込み」の具体的算定方法を示すことは極めて困難である。

②の投下資本を上回る経済効果の測定などについても定量的な議論がとくに難しいことから、「どのような場合に公営企業でなく、第三セクターの活用が望まれるのか」という点については、必要に応じて民間コンサルタントや地域金融機関などの知見も活用しながら、地方自治体内外で議論を深め、総合的に検討していくことが重要である。

5　公営企業の戦略的経営

何らかの必要性があって開始・実施されてきたには違いない各事業も、時代・地域によって様々な環境の変化は避けられず、地域住民の生活や地域の発展のために、事業そのものの必要性やサービス提供のあり方を不断に検討していく必要がある。

11　たとえば、損失補償を地方自治体が行っている第三セクターの場合は、基準に定めるB/SとP/Lによる「標準評価方式」における定量的判断でB（地方団体要関与債務）・C（地方団体要支援債務）・D（地方団体実質管理債務）・E（地方団体実質負担債務）と評価されたものを採算性無と判断、土地開発公社の場合は、保有期間が5年以上の土地を有しているものを採算性無と判断するなど、定量的な判断基準を示している。

そして、今日、公営企業によって提供されるべきとされたサービスであっても、現在世代や将来世代の利用者に対して過重な負担を強いることなく、安定的・継続的に住民ニーズを充足していくためには、企業が有する経営リスクに的確に対応した戦略的経営を実施していく必要がある。公営企業の経営原則の充足状況を定量的・定性的に把握し、課題ありと評価される場合には、サービスの提供を安定的に継続できるよう、中長期的な視点に立って、その課題解消に効果的な取組みを計画的に実施していくことが求められる。

　戦略的経営に向けた取組みは、前述したとおり公営企業の三つの経営原則の充足状況を踏まえて検討することが求められ、経営の健全性に課題がある場合には費用の効率化や収益の確保に関する取組みが求められるなど、それぞれの原則の意義・視点ごとに取り組むべき施策の方向性が定まってくる。したがって、公営企業制度の枠内で実施されるこれらの取組みを経営原則ごとに、指標ごとに整理していくことも可能であるが、公共性の原則に課題がある場合にも経済性発揮の原則に課題がある場合にも費用効率化に向けた取組みが求められるなど、そこには多くの重複がみられることも事実である。

　そこで、以下では、経営の三要素として挙げられるヒト・モノ・カネ、さらに技術面を加えた四つの観点からあらゆる取組みを整理することとし、それらの各取組みが、公営企業の各経営原則のいずれの充足化に貢献するのかについても合わせて整理していく。なお、その際、戦略的経営に向けた取組みには、全事業に共通する取組みと各事業に特有の取組みが考えられるが、ここではそのうちの前者について重要なものを紹介することとしたい。そして最後に、公営企業の戦略的経営に必要な取組みを「経営戦略」として取りまとめることの意義・留意点に触れる。

5-1　組織・人材面に関する取組み（ヒト）

　組織・人材面に関するいわゆる「ヒト」に関する取組みは、経営指標を即座に好転させる効果をもつことは少ない。しかし、組織・人材は経営の根本であり、組織・人材に関する的確な取組みなくして、より良い経営の実現が考えられないのは、公営企業にとどまらずあらゆる経営主体に共通の課題である。どのような経営形態を採用するのか、人材の確保・育成にどのように取り組んでいくのか、他の経営主体とどのように連携を図っていくかなど、様々な観点からのより良い組織づくり・職員づくりへの取組みが求められる。以下、主要な

取組みについて整理する。

1 組織面の取組み

　公営企業としての法律上の位置づけを維持しながら、経営形態の変更、すなわち事業経営の最終意思決定機関の変更を伴う取組みを実施することが効果的な場合がある。以下、地方公営企業法の全部適用・公営企業型地方独立行政法人化・他団体の公営企業との事業統合などによる広域化について触れることとする。なお、PFI（含、コンセッション）・指定管理者制度の活用・包括的民間委託などは、最終意思決定権者が公営企業の管理者（または地方自治体の長）から変更されないため、ここでは経営形態の変更に分類しない。

① 地方公営企業法の全部適用

　地方公営企業法が義務的に適用される7事業以外の事業については、地方公営企業法の全部適用は任意である。地方公営企業法を全部適用することにより、当該企業は地方公営企業法第7条に基づく管理者の設置義務が課される。管理者は「地方公営企業の経営に関し識見を有する者のうちから、地方自治体の長が任命する」者であり（同法第7条の2）、人事・予算に関する一定の権限が付与され、より自律的な経営が可能となることが期待される。

　元々、所有と経営の分離という民間企業の経営学の考え方から地方公営企業法に導入された制度ではあるが、この地方公営企業法の全部適用は、次に述べる地方独立行政法人化に比べると経営の自由度の拡大の範囲は限定的であり、また制度運用上、管理者の実質的な権限と責任の明確化を図らなければ、任命権者が地方自治体の長であることから、管理者の識見を活用した戦略的な経営が困難になり得ることには留意が必要である。

② 公営企業型地方独立行政法人化

　公営企業型地方独立行政法人化は、地方独立行政法人法の規定に基づき、非公務員型の地方独立行政法人を設立し、経営を譲渡するものである。地方自治体と別の法人格を有する経営主体に経営が委ねられる。

　このことにより、地方自治体が公営企業として直営で事業を実施する場合に比べ、予算・財務・契約、職員定数・人事などの面でより自律的・弾力的な経営が可能となり、権限と責任の明確化に資することが期待される。地方独立行政法人の形態が活用できるのは、地方独立行政法人法第21条第3号などにより、法定7事業及び病院事業に限定されているが、改組により経営上の効果を指摘しているケースも多い。

③ 事業統合などによる広域化（経営の意思決定機関の変更を伴うもの）

　いわゆる「広域化」と呼ばれる取組みには、一部事務組合・企業団・広域連合・地方独立行政法人による統合といった別法人の設立を伴うものの他にも、既存事業への接続・吸収や、地方自治法上の制度を活用したもの、たとえば事業の他企業（他団体）への委託（地方自治法第252条の14～16の「事務の委託」に基づく委託）や地方自治法第252条の16の2～第252条の16の4に基づく事務の代替執行を活用している例があり、各事業で様々な形で活用されている。たとえば、病院事業におけるいわゆる「再編・ネットワーク化」の一環で実施される経営統合や、水道事業における用水供給と末端給水の垂直統合、集落排水事業の廃止（処理場の廃止）による公共下水道事業化などがある。

　別法人を新たに設立する場合には設立の手続きも必要となるなど、事業統合に向けた調整手続きには多くの労力を必要とする。とくに、企業間で使用料やサービス水準に格差がある場合には、調整手続きがさらに困難になることが予想されることから、同じ事業統合であっても、たとえば行政認可上の事業はそのままにして、経営主体のみ一元化する、病院事業における再編・ネットワーク化のような取組みを選択するなど、個別の事情に応じた事業統合の検討が求められる。いずれにしても、これらの広域化は、施設整備、管理体制、事業の効率的運営、人材育成など、あらゆる面での経営の効率化や経営の基盤強化を図ることが可能となる場合があり、とくにインフラの大規模更新を控えている企業や人材確保に苦しむ小規模企業など積極的な検討が期待される。

2 人材の確保・育成に係る取組み

　事業内容に精通し経営マインドを有した人材を確保し、専門知識・技術ノウハウ・先進的な取組みを継承していくことは、戦略的経営を継続的に実施していく上で必要不可欠である。とくに、民間活力を活用するケースが増えている近年では、その民間企業をチェック・モニタリングする能力を行政として持つことも非常に重要であるし、施設の大量更新時期を迎えるインフラ事業を抱える自治体においては、更新事業や老朽化対策の実施を効果的に担う人材が必要となる。

　チェック・モニタリング能力については、一部の公営企業において、民間委託可能な事務（下水道事業におけるポンプ場の運転管理など）をすべて民間企業に委託するのではなく、あえて一部の事務（特定の地域のポンプ場の運転管理）を直営で実施することにより、職員の技術力の維持を図っている例などは

参考となる。

　人材についても、職員の大量退職などにより事業運営に精通した人材の不足が指摘されている中において、各省・各関係機関において設けられているアドバイザー制度などを活用したり、さらには都道府県や近隣自治体との協力などを通して、中長期的な視野に立って人材の育成・確保に取り組んだりするなどして、適切な定員管理・退職管理・人事管理を一般会計と協力しながら実施していく取組みが重要である。

5-2　一般会計の各部門との緊密な連携（ヒト）

　組織の形態変更にしても、人材の確保・育成にしても、一般会計との協力なしには実現不可能である。組織の形態変更にあたっては職員の所属や繰出金の調整が必要になるし、工業用水道事業・交通事業・観光施設事業・宅地造成事業などは常に一般会計の産業施策やまちづくり施策との調整が欠かせない。コンパクトシティや高齢者のまちなか居住などの一般会計施策を推進する上で、高齢者をはじめとする市民の移動手段としてバス事業の効果的な運用が期待される場合もあれば、工業用水道事業や工業用地造成事業などが一般会計に対してさらなる企業誘致施策の充実を要求することもある。公営企業が地方自治体の一部である以上、「ヒト」に関する取組みとして当然のことではあるが、公営企業の経営の独立性・効率性にも配慮しながら、一般会計の各部門との緊密で有機的な連携にも留意すべきである。

5-3　近隣基礎自治体・広域自治体との緊密な連携（ヒト）

　地方自治体の現状把握・将来予測は戦略的経営を実施していく上で必要不可欠だが、近隣の自治体や、都道府県の同種の事業の経営状況の把握も非常に重要である。財政難や人材難に苦しむ小規模自治体も散見される中、広域連携のための様々な手法、たとえば、定住自立圏構想などの圏域全体で地域経済の維持・発展を志向した制度整備がなされている中で、事業統合・経営統合・施設の共同化などの実施可能性は、周辺自治体の経営環境によって大いに変わり得る。また、民間活力の活用にあたっても、シェアードサービス（事務の共同委託）の検討には周辺自治体の積極的な協力が欠かせない。自らの自治体以外の経営状況・経営環境を注視し緊密な連携を図っていくことは、効率的・効果的

な戦略的経営を実現していく上で忘れてはならないポイントである。

たとえば、水道事業においては、各自治体の現場の職員で構成された勉強会や、県の水道局提案で県内市町村の水道事業担当者が集まった勉強会が出発点となり、ボトムアップで事業統合による広域化に成功した例がいくつもみられるところである。

近隣基礎自治体や広域自治体と協議会などの形で定期的な意見交換の場を設定するなどして、組織・人材面の補完関係を構築できるかどうかの検討を平時から行うことは、より良い経営を実現できる組織づくりの上で非常に重要な取組みである。

5-4 施設・経営面に関する取組み（モノ・カネ）

施設運営と効率的な経営が表裏一体であり、施設運営に係る取組みにより公営企業の費用効率化などに大きな影響を及ぼすことから、「モノ」・「カネ」に関する取組みについてはここでは一体的に検討・整理する。公営企業の各経営原則に基づく定性評価や指標に基づく定量的評価によって検討すべき取組みの方向性は第3節で触れたところであるが、「モノ」・「カネ」に関する取組みは大きく、費用効率化策、収益増加策、老朽化対策、サービス確保・充実策の四つに分類・整理することができる。以下、それぞれについて、主な取組みとその留意点を整理して紹介する[12]。こうした整理を参考に地方自治体において最適な事業モデルを選択すると同時に、新たな事業モデルの構築にも取り組むことが重要となる。

1 費用効率化策

① PFI

PFI (Private Finance Initiative) については、技術力・事業運営能力を備えた民間事業者の競争による効率的なサービス供給により、民間ノウハウの活用による財政支出の軽減が期待される。とくに資産の老朽化に伴い改築・更新が必要な公営企業においては、PFIの手法が効果的な場合がある。

一方で、乗り越えるべきハードルも多い。たとえば、PFIは相応の事業規模

---

12 なお、民間活用・事務の広域化については、自治総合センター「公営企業の経営のあり方等に関する調査研究会報告書」（平成27（2015）年3月）に、先進的な取組み事例については、「経営戦略ガイドライン」に詳細な説明があることから、それらを適宜参照されたい。

がなければ民間企業の事業運営参入が期待できないし、またPFIの実施にあたっては相応の事務負担や導入までの期間を覚悟しなければならず、PFIの実施ノウハウを有する民間コンサルタントを活用するにしても、一定程度の金銭的コストは避けられない。さらに、PFI事業契約の民間企業との締結で契約内容が住民の必要とするサービス供給に課題が出ないよう、民間コンサルタントやPFI事業者と対等に渡り合いモニタリングすることができるようなPFIに関する知識を有する職員の戦略的育成も欠かせない。導入にあたっては、先進事例などをよく研究することが重要である。

② コンセッション

コンセッション方式とは、施設の所有権は公共が保有したまま、民間事業者に公共施設など運営権を付与する方式であり、2011年のPFI法改正で新たに設けられたPFIの一形態である。民間事業者は利用者から収受する利用料金で事業を運営するが、事業管理の最終責任は公共が負うという点で、公営企業の民間活用の一形態として整理することが可能である。コンセッション方式は、既存の施設などについて所有と経営を分離し、経営権を民間に売却し、それ以降の経営責任は民間が負担する形態である。PFIが英国を中心として成長した制度であるのに対して、コンセッションは主にフランスを中心に成長した制度である。

国レベルでは、空港などについてすでに検討され実施段階にある。地方自治体の水道事業・下水道事業において検討が進められているが、コンセッション方式については制度的に関係省庁と調整中の論点もあり、今後、各論点が整理され、公営企業とコンセッション業者との契約・リスク負担のあり方などについて事例が集積していくことが期待される。

③ DBO

DBO（Design-Build-Operate）とは、地方自治体が資金を調達し、民間事業者に設計・建設、運営などを一体的に委託する方式であり、施設の所有権は地方自治体に留保されたままとなる。委託期間は設計・建設期間に加えて20年間程度が一般的であり、業務内容は性能発注による建設（改築を含む）に加えて維持管理とされる。

PFIと同様、民間企業のノウハウを活用した施設整備・運営に係る取組みであり、資本費・維持管理費両面で、公営企業の経営に貢献し得る取組みである。DBO方式は、日本ではPFI方式の一類型として拡大してきた。PFIは民間が施設を所有し運営管理することを基本とするものの、民間が所有することから

固定資産税負担の問題が焦点となり、施設完成後に所有権を地方自治体に移転し、当該民間企業が引き続き管理運営する形態である。

一方で、DBOの採用にあたっては相応の事業規模がなければ、民間企業が事業運営に参入しない場合があるため、比較的小規模の自治体・企業では導入は困難な場合が多いこと、また、導入にあたっては様々な手続きが必要とされることから、実施にあたっては相応の事務負担や導入までの期間を覚悟しなければならないことなどはPFIと同様である。

④ シェアードサービス

シェアードサービスとは、複数の公営企業が共同の事務をまとめて一つの民間事業者に委託すること（事務の共同委託）であり、業務を発注する地方自治体側の負担が減り、民間事業者側にもスケールメリットが出るものと考えられる。また、業務の一部を共同で発注するため、事業統合を前提とせず、複雑な手続きも必要なく活用でき、経営統合に向けた第1段階として機能することも期待される。

ただし、事務を一括で委託した場合、公営企業内部でのノウハウの蓄積が生まれず、委託先の民間企業へのモニタリング能力が低下する可能性がある。職員の技術ノウハウの蓄積・継承の観点から、委託にあたって一部地域での事務を直営として留保するなどの一定の工夫や配慮を実施している企業があることには留意が必要である。

⑤ 指定管理者制度

指定管理者制度とは、地方自治法上の「公の施設」（地方自治法第244条第1項）について、地方自治体から指定を受けた指定管理者が当該公共施設の管理を行う制度である（地方自治法第244条の2第3項）。指定管理者のノウハウを活用することにより、施設運営に係る費用、とくに維持管理費用を抑制することが期待される。指定管理者制度の問題点については、第2章（4. 4-2. **5** PPPの限界）を参照されたい。

⑥ 一部事務の広域化・共同化

シェアードサービスが複数の公営企業が共通する事務をまとめて一つの民間事業者に委託するものであるのに対し、同様の事務を一つの一部事務組合などの地方自治体において集合的に実施することも、資本費面・維持管理費面の両面で費用効率化に貢献し得る取組みである。財務会計システム事務を一部事務組合で実施している例や、流域下水道のように汚水処理場を複数市町村で共同化している例などがこれに該当する。当該実施先に対して、実質的な民主的統

制を及ぼせるように運営していくことが重要な留意点である。
⑦ 施設・設備の廃止・統合
　⑥が公営企業の領域を越えた広域化・共同化などによる費用の削減を目指した施策であるのに対し、ここでの施設・設備の廃止・統合は、同一企業内での廃止・統合による費用効率化を図るものである。老朽化が進み利用率が非常に低くなった施設・設備などの廃止や同種の施設・設備への吸収・統合などの取組みにより、管理すべき施設・設備が減ることから短期的には維持管理費の削減が図られ、また、更新投資量の削減にもつながることから、将来的には資本費の削減にも資するものである。
⑧ 施設・設備の性能合理化
　⑦がいわゆる「ダウンサイジング」を中心とした取組みであるのに対し、⑧はいわゆる「スペックダウン」に係る取組みである。企業活動に用いられている施設・整備のうち、その能力が供給対象に比して過剰なスペックとなっている場合に、その性能をアジャストしていくことで、短期的には維持管理費、長期的には更新投資の削減による資本費の効率化が期待されるものである。
⑨ 投資の平準化
　更新投資は新たな使用料収入を生み出すことはないため、更新投資の集中は急激な経営状況の悪化につながる可能性が高い。資産について点検・調査を行い、法定耐用年数を超えている資産など、改築・更新の必要性の高いものから優先的に投資し、取組みの必要性に劣る資産については投資を先送りすることにより、費用を一時的に削減できる。資産の投資時期に偏りのある企業においては、老朽化対策（アセットマネジメントなど）を的確に実施し、急激な経営悪化を避け世代間での公平なサービス供給の実現が必要となる。
⑩ 施設の維持管理業務の複数施設のパッケージ化など
　施設の維持管理業務について、個別の施設ごとの契約をまとめて契約することで、委託料の効率化を図ることが可能である。維持管理業務については、点検の頻度・方法などをより効率的なものにするなどの方法も考えられることから、施設・設備を多く有する事業においては、積極的に取組みを検討していく必要がある。

2 収益増加策（モノ・カネ）
① 使用料水準の見直し
　多くの事業において使用料算定要領が定められていることから、要領に基づ

き、また当該企業の実情に応じて適切に原価計算を実施し、住民・議会の理解を得ながら、使用料水準を必要に応じて見直していくことが重要である。その際、将来の更新投資などに備え、必要に応じて資産維持費の原価算入について検討していくべきである。とくに、市町村合併を経た自治体においては、事業としては一体化しているにもかかわらず、旧市町村ごとの使用料水準が異なるなどの使用料形態となっている企業においては、一刻も早い使用料水準の統一に向けた作業が必要となる。

　なお、資産維持費のあり方についての検討も重要である。供用開始後年数の比較的長い都市部を中心とする多くの自治体の施設が老朽化しており、今後、更新・老朽化対策事業が大幅に増加することが見込まれるが、法定耐用年数の長い資産を多く抱える上下水道事業・工業用水道事業などのインフラ事業にあっては、更新時には建設当時と比べて物価上昇が進み、かつ施工環境悪化・高機能化（耐震化など）などにより、施工費用が増加する場合がある。更新・老朽化対策事業は、新規投資と異なり、新たな使用料収入の増が見込まれない。前述のとおり、使用料水準については適正な原価計算に基づいて合理的に決定される必要があるが、原価計算の中で施工費用の増加分を見込まない場合、企業債利子の減少による資本費低減への期待が難しくなりつつある現代においては、今後収支が悪化し、将来的に急激な使用料水準の上昇を引き起こし、世代間公平を損なう恐れがある。

　こうした観点から、上水道事業・工業用水道事業・下水道事業においては、事業の施設実体の維持などのために、施設の建設、改良、再構築及び企業債の償還などに充当されるべき額を資産維持費として、必要に応じて原価計算に含めることも検討すべきであろう。その算定方法については全国的に様々な方法が実施されているところではあるが、資産の老朽化が進み、大量更新が求められる時代にあって、資産維持費の算入でより適正な使用料水準とし、更新投資に備えて適切に内部留保を図ることも合わせて検討する必要がある。

② **必要な繰出金の確保**

　一般会計からの繰出金の考え方については総務省によっていわゆる繰出金通知として取りまとめられているが、一般会計で負担すべき経費のあり方については同通知を参考にしつつ、当該企業の実態に即して、一般会計を含む他会計との間での慎重な議論・整理をした上で、繰出金の適正な運用をしていくことが極めて重要である。その結果として、一般会計で負担すべき経費に対する繰出金が不足していると評価できる場合には、財政当局との調整などに基づき、

必要な繰出金を確保していく取組みが必要となる。

③ 資産の有効活用

公営企業の有する様々な資産を活用した収入確保の取組みが考えられる。広大な敷地がある場合には、その敷地を用いてメガソーラー発電事業や土地の賃貸事業などの附帯事業を実施することも可能である。また、廃熱や消化ガスを利用した温水供給事業や発電事業など、事業実施に伴い生み出される資源を用いて収益を確保することも、独立採算の原則の充足の観点から有意義である。

3 老朽化対策（モノ・カネ）

老朽化対策は、施設・設備の機能・性能を維持し、事業のサービス提供が安定的・継続的に実現するよう実施されるものであり、主に以下の四つの取組みを行っていくことが求められる。

①適切な点検
②計画的な修繕実施による予防保全的な維持管理（長寿命化）
③新技術なども活用した適切な修繕・改良工事
④必要な更新作業

この老朽化対策の重要性は何も公営企業に限ったことではない。一般会計の有する様々な公共施設でも適切な老朽化対策に係る取組みが求められており、公共施設など総合管理計画などの形で、所有施設の現状や施設全体の管理に関する方針を明確化した上で計画的に取り組んでいくことが求められている。

公営企業の有する施設も、点検・診断の実施方針に加え、日常の維持管理・修繕（耐用年数の延伸を伴わないもの）・改良（耐用年数の延伸を伴うもの）・更新の方針などに関する合意形成を図った上で、ライフサイクルコストの軽減や施設に係る財政負担の平準化を目指し、持続可能な事業運営に努めることが求められる。とくに、公営企業においては、前述の公営企業会計の適用を通じて作成される固定資産台帳システム（データベース）と連動させて、効果的・効率的なアセットマネジメントを実施していくことも効果的である。

4 サービス確保・充実策（モノ・カネ）

公共の福祉の増進に資する事業となるよう、サービス内容に不足がある場合には、経営の健全性にも配慮しつつ、積極的に様々な取組みを実施していくことが望まれる。防災安全対策に係る取組みや、サービス供給をより充実したものにするための新たな投資、さらには新たな附帯事業の実施なども検討し、よ

■ 図表 4-4　戦略的経営に向けた取組み一覧

				公共性の原則における課題の所在					経済性発揮の原則における課題の所在		独立採算の原則における課題の所在				
				事業目的の公共性	健全性指標	老朽化指標	サービス内容の十分性	サービス供給実現性指標	費用の効率性指標	施設の適切性指標	費用回収性指標	費用回収効率性指標	使用料水準適切性	サービス利用者獲得状況指標	一般会計負担充足状況
【全事業共通の取組み】															
ヒト	経営形態の変更		地方公営企業法の全部適用		○				○		○	○	○	○	○
			公営企業型地方独立行政法人化		○				○		○	○	○	○	○
	人材確保・育成にかかる取組み				○				○						
	事業統合などによる広域化				○				○	○					
	一般会計の各部門との緊密な連携														○
	近隣自治体・広域自治体との緊密な連携														
モノ・カネ	民間活用		PFI						○	○					
			コンセッション						○	○					
			DBO						○	○					
			シェアードサービス						○						
			指定管理者制度						○	○					
	費用効率化策		一部事務の広域化・共同化						○						
			施設・設備の廃止・統合						○	○					
			施設・設備の性能合理化						○	○					
			投資の平準化						○	○					
			施設の維持管理業務の複数施設のパッケージ化など						○						
	収益増加策		使用料水準の見直し								○	○	○	○	
			必要な繰出金の確保												○
			資産の有効活用								○	○			
	老朽化対策					○									
	サービス確保・充実策						○	○							
技術	新技術の活用								○						
三セク化					○										
公営企業制度の枠外での取組み			一般会計によるサービス供給策（既存の民間企業によるサービス提供を見越しての）事業廃止	○			○	○							
			民営化・民間譲渡												

186

り効果的に住民ニーズに応えていくことも重要となる。

5 技術面に関する全事業に共通する取組み（技術）

　各事業においては、事業実施にあたり、様々な新技術を活用した先進的な取組みがみられる。たとえば、固定資産台帳システムにおいても、地図上に固定資産情報がプロットされ、住民も閲覧可能となるようなシステムも開発されており、一目で事業実施資産の老朽化状況を判断することが可能である。ICTを中心とした新技術の導入にはコストを必要とする場合も多いが、新技術に関する情報についても随時アップデートし、各々の手法のコスト・メリット・デメリットなどを整理することは、自治体・自企業に最適な戦略を構築する上でも必要不可欠な作業である。

　ここまでの取組みの全体像をまとめたものが図表4-4である。以上、全事業に共通する取組みのみを取り上げたが、もちろん、事業ごとに、事業特性・特徴を反映した様々な効果的な取組みがある。とくに費用効率化策については、各事業の費用構造の特徴を踏まえた多くの先進的な取組みが全国的にも蓄積されている。総務省においては、これらの先進的な取組みを平成28（2016）年1月26日付通知「『経営戦略』の策定推進について」に添付された「先進的取組事例集」の中で事業ごとに、また取組みごとに、その内容や要した期間・費用・留意点などと合わせて紹介しているので参照されたい。

5-5　経営戦略として取りまとめていく上での留意点

　経営の現状と将来予測を「見える化」することも重要であるが、それらを踏まえ、当該公営企業としての経営の戦略、取り組むべき施策についても「見える化」し、住民・議会と共有していくことは、PDCAサイクルをより効果的に働かせていく契機となり、住民とのネットワーク化に貢献する。さらには、地方自治体の垣根、事業の垣根を越えた広い視野で企業経営を実施できているか否かについても他自治体・他事業・民間企業がチェックすることが可能となり、政策領域の拡大や地理的範囲の拡大といった様々な現代的環境変化・構造変化への不断の臨機応変な対応の必要性を強く意識していく契機となる。

　公営企業の戦略的経営のあり方について検討を行い、公営企業としてこのまま引き続きサービスを提供するのかどうか、提供する場合はどのような取組みをしていくのかについて文書にまとめ、これを「経営戦略」として広く住民・

議会と意思を共有することを総務省では求めており、住民・議会に対して理解を得られるような公開の方法や内容で公表していくことが必要である。

なお、「経営戦略」に記載すべき事項については、「公営企業の経営に当たっての留意事項について」(平成26 (2014) 年8月29日付総務省自治財政局公営企業課長等通知)や「経営戦略策定ガイドライン」(平成28 (2016) 年1月26日)に詳細な説明があるが、ここではその中でもとくに留意すべき、目標設定に関する事項、経営戦略の期間に関する事項、経営戦略の見直し(点検)に関する事項について、その留意点を紹介する。

1 目標

地方財政健全化法において資金不足比率が一定水準を超えると経営健全化計画の策定義務が課されていることを踏まえれば、公営企業の経営の究極の目標は「資金不足を生じないようにすること」である。また、企業である以上、経常収支が黒字となっていなければならないのは当然であることから、資金不足比率と経常収支比率が最も重要な指標であり、資金不足比率が0であること、経常収支比率が100%を超えることが最も重要な目標となる。

しかし、これらの目標よりも、さらに具体的な取組みの目標がある方が、戦略的経営を実現していく上では望ましい。より具体的な取組みの目標については、絶対評価や相対評価に一定の意義を有する指標を中心に設定していくことが、また、目標の設定にあたっては、各指標のバランスを取ることも重要である。公営企業としてサービスを提供する以上、公共性の原則・経済性発揮の原則・独立採算の原則を将来にわたり充足していくことが求められており、サービス内容の充実を図ることにより、経営の健全性や費用の効率性が過度に損なわれるようなことがあってはならない。一般的にサービスの確保・充実を図るほど経営の健全性や費用の効率性が損なわれることとなるため、指標間のバランスをみながら、各団体の実情に応じて目標を設定し、課題の改善に取り組むことが求められる。

2 「経営戦略」の期間

経営の将来予測や取組みの整理にあたっては、その精度が確保できる限り、できるだけ長期の期間を取ることが望ましい。多くの事業において、3〜5年の投資計画・財政計画に基づく原価計算で使用料水準を設定することが求められているのに対し、「経営戦略」の期間としては10年以上を基本とすることを

求めており、向こう10年間にわたり、公営企業として、公共性の原則・経済性発揮の原則・独立採算の原則が充足できる取組みが必要となる。大量更新時代の到来や公営企業を取り巻く経営環境の変化に適切に対応するためには、中長期的な視点で戦略的経営を考えていく必要性が高いことを踏まえて、市町村合併や事業統合を伴う広域化などを具体的に検討しているなどの事情がある場合などを除き、10年以上の期間の設定を求めていることには留意が必要である。

経営状況が非常に悪化している企業や、近い将来に経営の健全性が著しく悪くなる企業においては、期間内に資金不足の解消や経常収支の黒字化に至らない「経営戦略」とならざるを得ない場合もある。とくに将来予測において経常収支の赤字が発生している際、料金水準の大幅な引上げや安易な多額の繰出金計上で黒字化を装っても意味がない。早期に「経営戦略」を策定し、経営健全化に向けた取組みにできるだけ早く着手するためにも、「経営戦略ガイドライン」においては、収支について厳密に「合理的な計画期間内」で「収支均衡」していない場合でも、少なくとも収支ギャップの解消に向けた取組みの方向性や検討体制・スケジュールを記載した「経営戦略」を策定し、収支改善を図っていくことを求めている。

なお、「収支ギャップ」の解消に向けた取組みに関する記載については、期待される効果などを極力定量的に記載することが望まれるが、定量的な記載ができない場合であっても、できる限り具体的にその内容を記載することが必要である。

3 「経営戦略」の事後検証、更新

「経営戦略」の期間は、10年以上の合理的な期間を設定することを求めているが、一度策定すればそれで終わりというわけではなく、毎年度進捗管理を行うとともに、必要に応じて見直し、内容更新を実施していくことが必要である。その際、使用料算定要領などで、一般的に3〜5年程度の投資計画・財政計画による原価計算に基づくことが求められていることも踏まえ、3〜5年ごとに見直しを行い、PDCAサイクルを働かせることが重要であり、毎年度進捗管理（モニタリング）を行うとともに、3〜5年ごとに見直し（ローリング）を行うことが必要である。

その際には、「外の目」による経営の点検が有用な場合も考えられる。地方自治体の行財政については、監査委員や議会などからその運営について常にチェックを受けており、公営企業の提供するサービスについても同様である。

しかし、地方公営企業法の適用される公営企業は予算決算が発生主義会計に基づいた情報となっており、一般会計と大きく異なる特徴をもっている。また、地方公営企業法の適用されていない事業にあっても、インフラ事業では長期的視野が必要となるなど、チェックにあたっては専門的・技術的な知識が欠かせない。

一方で、民間企業にも公的領域に関連した様々なノウハウなどの蓄積が進んでいる。公営企業会計の導入には発生主義会計に精通した会計士や、新しい予算決算システム構築に携わるITやインフラに関するコンサルタントが極めて有用であるし、経営戦略の策定にあたっても、自治体での業務受託経験やPFIの組成経験などを有する民間企業のアドバイスは極めて効果的となる。予算・経営状況によってその活用には自ずから限界もあるが、様々な人材支援制度・都道府県や近隣自治体との連携なども活用しながら、外部の目をPlan-Do-Check-Actionのサイクルに適切に組み込んでいくことも重要な視点である。事業実施において民間活力を活用している事業を中心に、公認会計士、学者、民間コンサル、他団体の事業経営に精通した人材をはじめとする外部有識者の知見を効率的に活用しながら、より良いサービス提供を実現していくことが望まれる。

（東　宣行）

※なお、本稿の意見にわたる部分は、筆者の個人的見解であって、総務省を代表する意見ではないことを申し添える。

【参考文献】
大沢博（2015）「『新公立病院改革ガイドライン』について」『公営企業』5月号、pp. 56-73
大村慎一（2015）「公営企業会計の適用拡大と経営改革」『地方財務』3月号、pp. 2-16
奥野誠亮・柴田護（1949）『地方財政法講話』地方財務協会
蔵園進（1970）『地方公営企業の研究』法政大学出版局
佐々木弘・公営企業金融公庫総務部企画課監修（1997）『講座　公営企業のための経営学』地方財務協会
関根則之（1968）『地方公営企業法逐条解説』地方財務協会
桝原勝美（1977）『地方公営企業の経営（現代地方自治全集⑰）』ぎょうせい

第 5 章
情報化を基盤とした事務事業の進化

　地方自治体では、これまでも直接執行による事務事業の展開のみならず、財政や人的など資源制約の強まり、他の主体がもつ高度かつ効率的な実施ノウハウの活用などの観点から、地方自治体間の広域連携、そして民間事業者やNPO、コミュニティとの官民連携による事務事業を行ってきた。

　一方、広域連携や官民連携による事務事業を行うことは、異なる人間行動で構成する集団間の新たなネットワーク展開となるため、従来の事務事業に関する情報の蓄積と伝達移動の構図が歪み、情報の散逸体質が生じやすくなる。こうした散逸体質をそのままにして連携を進めても、公共サービスや自治体経営の質的進化は実現しない。本章では、地方自治体間の連携である「広域連携」と地方自治体と民間組織との連携である「官民連携」とを軸に、複数の異なる主体をつなぐガバナンス機能と情報化を基盤とした事務事業の進化を検証する。

1　広域連携・官民連携による事務事業進化の視点

　連携組織間の事務事業に関する情報が散逸する体質は、PDCAサイクルなどを通じた事務事業の実施・見直しを行うための基礎情報を共有できない空洞化した連携ネットワークを生み出す。このことは、様々な連携の進化に不可欠なコーディネート機能とモニタリング機能を劣化させる要因となる。モニタリング機能などの劣化は、当然に連携による自治体経営のリスクを増大させることになる。

　連携に関するモニタリング機能の劣化などは、連携者間で流れる情報の蓄積と伝達移動の共有化が行われていないことに起因する。そのため、事務事業の進化に向けては、官と官、官と民との違いはあるものの、異なる行動原理の集団を連携させるための統合的なガバナンス機能が欠如している状況を認識する必要がある。

　この統合的ガバナンス機能を認識せず、財政や人的等資源制約の強まりへの対応、他の主体の高度かつ効率的な実施ノウハウ活用などの観点からだけ、広域連携や官民連携による事務事業に取り組んでも、公共サービスや自治体経営の質的進化は困難である。

1-1 人的基盤形成の重要性

　直接・間接を問わず、地方自治体が提供する公共サービスの基礎的単位である住民記録、介護、生活保護、施設整備などの事務事業の展開では、複雑化し変化する住民ニーズや地域課題の解決を図ることを目的として実施される。一方、人口減少・超少子高齢化、グローバル化に伴う財政難や職員数減少などにより、すべての事務事業を行政が直接的に担う直接執行を基本とすることは困難になっている。このため、他の地方自治体との広域連携、外部委託や指定管理者制度などをはじめとした官民連携の取組みが、とくに2000年以降継続的に進行している。

1 公的部門連携の人的基盤形成

　広域連携や官民連携の推進の背景として、財政難や職員数減少などの資源制約があるものの、さらに深層部には高度かつ効率的な事務事業実施のノウハウをいかに維持し、向上させるかの人的基盤形成が地方自治体の持続性確保に向けた一層重要な課題として横たわる。

　人的基盤形成は、単に公的部門や民間部門の知識や経験を蓄積し、次世代に伝承移転することにとどまらず、組織において形成されている人間行動自体の蓄積・伝承移転、そして進化の道筋を形成することを意味する。

　たとえば、公的部門間の連携の場合、事務事業の執行に関しては予算なども含めて法令に基づきルール化された公式的な行動原理が多く存在し、こうした公式的ルールに基づく行動原理に関しては、基本的に地方自治体間で大きく異なる内容とはなっていない。

　しかし、組織内の稟議制度も含めた意思決定、議会との利害調整など、公式だけでなく非公式のルールも現実に存在し、この点に関しては地方自治体間でも大きな相違がある。加えて、法令に基づく行動であっても、裁量権に基づく行動は広範に存在する。リプスキー（M. Lipsky）が指摘した有名な「ストリート・レベルの行政職員理論」である。行政職員は、法令に基づき事務事業を執行するものの、多様かつ具体的な事例に対して設定された法令ルールをどのように適用するか、あるいはどの仕事にどの程度のエネルギーを割くかの裁量権を広範にもち、そのことが組織の明示・暗示のルールとそれによる行動原理に基づく体質を形成する。この明示・暗示のルール両者について地方自治体間で連携する必要があり、行動原理の違いを克服することができなければ、連

携全体としてガバナンス機能は劣化し、自治体経営にリスクを生み出す。

2 官民連携の人的基盤形成

　地方自治体と民間企業やNPOなど非営利団体、地縁団体たるコミュニティとの連携の場合、公的組織としての行動原理の共通性がないことから、さらに人的基盤の形成は重要となる。

　日本の経済社会では、これまで公的部門と民間部門を区分けした制度設計、具体的には、公法・私法、公会計・企業会計、そして公務員・民間人といった、官民それぞれの分野で人間行動に対するガバナンス構造を形成する、いわゆる二分論としての制度設計が展開されてきた。このため、たとえば行政と民間企業では、法令に基づく行動ルールや会計処理などに至るまで異なる点が多く存在し、こうした相違点を相互に認識し共有する前段的ガバナンス構造の構築が不可欠となる。

　加えて、事務事業の連携を考える上で、第2章でも示した、「厚生経済アプローチ」と「公共選択アプローチ」の考え方の違いを認識する必要がある。厚生経済アプローチは、家計と企業は自己利益を徹底的に追求する主体であり、公共性や社会全体の便益を最大化させる行動を担う主体は政府・行政機関として位置づけられる。すなわち、厚生経済アプローチでは、公共性を担う主体は政府・行政機関のみであるとして、制度設計や事務事業の展開を考える。

　これに対して、官民連携の展開には、公共選択アプローチの考え方を積極的に取り入れる必要がある。公共選択アプローチは、家計と企業が自己利益の最大化を合理的に求めるだけでなく、政府・行政機関も自らの利益を追求する主体として位置づけられる。このため、公共性についても政府・行政機関の独占物ではなく、民間企業などとの連携、すなわちどのような関係を形成するかで公共性を担うことが可能と考える。このため、官民連携の場合、公法・私法などの二分論的制度設計、そして「民間企業は利益を追求する」といった行動原理を公的部門も理解し踏まえた上で、その違いを認識し「共に考え共に行動する」人間行動の形成が必要となる。このように、広域連携・官民連携による事務事業の課題を解決するためには、まず公共選択アプローチ的思考を理解した上で、統合的なガバナンス機能の構築を図る必要がある。

3 官民連携の本質

　官民連携自体は、1980年代でも請負方式などの形で存在しており、今日で

も公共事業などで重要な役割を果たしている。請負方式の官民連携とは、「官は指示する人、民は作業する人」の行動原理の下で、行政は企画し指示を行い、民間企業は指示されたとおりに作業を行い、納品することが基本である。勝手に行政の指示内容を変更し、指示と異なる工夫を行うことは許されない。具体的には、公共事業において建設会社は、設計図に基づき間違いなく施設を作り上げることが役割となる。こうした請負型官民連携は、法令や政策に基づき、着実に事務事業を実行する場合に有用であり、今日でも公共事業から窓口業務に至るまで広範に活用されている。

これに対して2000年代以降、新たな官民連携として形成されてきた指定管理者制度、PFI、コンセッションなどの仕組みは、官と民が「共に考え共に行動する」ことを中心とした創意工夫型官民連携であり、行政も企画・指示するだけでなく、民間と共に考え行動・作業すること、民間も作業するだけでなく民間自身が創意工夫し、行政と共に考え行動することが求められる。

このため、展開する事務事業の性格と連携の意図を明確にしつつ、請負型官民連携あるいは創意工夫型官民連携が適しているのかなどを判断した上で、「**2**官民連携の人的基盤形成」でみた官民を通じた相互の人間行動やそれを支える情報の蓄積・伝達移動の枠組みを相互に理解し、共通したガバナンス構造を構築することが大前提となる。

1-2　地域における担い手最適化とガバナンス

1 NPSの流れ

欧米では公共サービスの提供だけでなく、公共領域自体の形成とそこを担う公共サービスの展開自体に住民参加などの民主的手続きを組み込んだ流れが生まれている。すなわち、第1章で整理している市場主義に民主的手続きを組み込む新公共サービス（New Public Service：NPS）理論の強まりである。NPSでは、住民・地縁団体・NPOなど多様な主体が多様な利害や価値観で参加し、意思決定する仕組みが重視されている。

NPSでは、スリム化・効率化を最優先とするのではなく、民主的な政策決定を重視し、公共サービスのあり方について役割と責任を分担し議論する。NPSを一歩進め、国や地方自治体が住民などとネットワークを形成し、公共サービスだけでなく、財政なども踏まえた広範な意思決定を行うことを重視する議論が新公共ガバナンス（New Public Governance：NPG）である。地方自

治体、とくに直接住民と接する基礎自治体において、民主的政策決定を重視し、住民参加などの官民協働のネットワーク機能によって意思決定が行われるパートナーシップの仕組みである。

(1) 地域情報の蓄積と全体最適化への活用

　地域において、行政だけでなく民間企業やNPOなど様々な組織が活動しているものの、地域の情報（個人情報ではなく、セミマクロ情報など）を積極的に蓄積し相互に共有する中で、多様な主体が多様な利害や価値観をもって意思決定する仕組みはほとんど構築されておらず、部分最適化が進行している。

　たとえば、子育て政策の展開における子育て支援などの事務事業の場合には、従来から展開してきた関連事務事業におけるサービス水準の現状認識と必要な水準の想定が遅れ、大きな空白を生み出し、子育て政策の効果が十分に発揮できていないことなどがある。この場合、地域の現状認識に加え、子育て政策の効果に大きな影響を与える年齢構成別人口増減と乳幼児人口の急増を認識し、そこでは親、子供、そして保育に関する人間行動を体系的に認識することが求められる。なお、保育サービスの提供では、周辺地方自治体の乳幼児人口の急増急減要因を踏まえていれば、他の地方自治体との連携や施設容量に余裕のある民間事業者によるサービス提供、そして仮に施設を建設するとしても、容易に転用可能な内装・設備を中心として機能を多様化できるスケルトンインフィル[1]型の施設などの選択肢が生まれる。

(2) コミュニティとアソシエーション

　地域における集団的活動として、重要な位置にあるのがコミュニティである。コミュニティは、本来「同志の集まり」であり、日本では主に地縁団体たる自治会・町内会などを中心にイメージされる。似たような地域集団として、アソシエーションがある。アソシエーションは一定の目的・テーマに基づいて集まった集団であり、必ずしも地縁を基礎としていない。広域に活動するNPOなどはアソシエーションに該当する。

　地域の公共サービスを支えるこうしたコミュニティやアソシエーションは、団体間の情報が必ずしも共有されておらず、そのため地域における自らの実施

1　スケルトンインフィルとは、スケルトン（構造躯体）とインフィル（内装や設備）を分離することで、利用ニーズの変化に対応した可変性をもつ建築物とする工法である。

事業の位置づけなども認識が十分でないことがある。

　一方で地方自治体も地域の公共サービスを支えるコミュニティやアソシエーションの実施事業の範囲・位置づけを正確に情報として認識し共有しておらず、複数のコミュニティやアソシエーションが重複した事業を展開し、相互に効果を相殺・減殺し合う形で公共サービスを提供する、あるいは相互に認識していないことで公共サービスの空白領域を形成してしまうこともある。たとえば、地方自治体として市民活動センターなどを設置しており、センターを通じての把握に努めているものの、市民活動センターの運営を中間支援NPOなどに委託し運営情報を適切に収集していない場合、市民活動センターに情報があっても地方自治体の事務事業運営には活用されない場合、自治会・町会などのコミュニティの所管とNPOなどの所管が異なり、部門間の情報連携が行われていない場合など、十分な情報蓄積と伝達移動が展開されていない事例も少なくない。

　地方自治体としては、市民活動センターや中間支援NPOの有する情報を活用しながら、民間事業者などが担う公共サービスを特定するため、NPGとして子育て支援などをテーマに議論する場を形成し、重複・空白などが生じる公共サービスの領域について調整を行うか、直接的・間接的に施策・事務事業を展開・支援し、全体最適化に取り組む必要がある。

（3）納得水準の特定

　官民連携も含めた事務事業の進化を考える上で重要な要素は「納得水準の特定」である。納得水準とは、「事務事業の質・量共に事務事業を取り巻く資源制約や事務事業の対象課題に対する成果を踏まえた上で、住民との合意可能なサービスの程度」を意味する。行政組織内においても公共サービス提供の直接領域だけでなく、財政部門や総務部門など間接領域も踏まえた広範な意思決定を行うためには、この納得水準の議論は避けて通れない。また、選好基準たる納得水準を明確にする前提として、目標水準の明確化が重要となる。

① 目標水準

　目標水準を定めるにあたっても、満足水準・納得水準・最低水準の区分を意識しながら整理を行うことが求められる。満足水準とは、「事務事業の質・量共に、資源制約や事務事業の対象課題に対する成果をあまり踏まえず、より多くの住民が満足するサービスの程度」を意味する。納得水準は、前述したとおり「事務事業の質・量共に事務事業を取り巻く資源制約や事務事業の対象課題に対する成果を踏まえた上で、住民との合意可能なサービスの程度」であり、

最低水準とは、「事務事業の質・量共に、法規制により地方自治体の裁量がほとんどなく必ず実施しなければならないサービス、または住民の生命・財産を守るサービスの程度」を意味する。

② **増分主義による漸次性**

納得水準の特定について多くの地方自治体は、現在住民の満足水準をいかに高めるかを重要視し、様々な対象分野において事務事業を展開している。しかし、現在住民のニーズへの対応を満足度の向上と同義にとらえると、第1章でみた増分主義体質を反映し、事務事業の質・量共に膨張を続けることになる。増分主義の漸進体質により事務事業はひとたび実施し始めると、既存の利害関係者に加えて必ず1人以上の新たな利害関係者が生まれる。このことで、利害関係調整が複雑化し目的に合致しづらくなった事務事業でも、廃止や見直しのためには多大な労力が必要となる。この状況を放置すれば、より良い事務事業に資源配分が行われず資源を不必要に費消する結果となる。

③ **納得水準の本質**

NPGの意思決定は、地域住民が地域経済・財政などの状況を踏まえた上で、地方自治体の実施する事務事業の提供水準を納得水準に合わせることに合意することである。事務事業の提供水準を納得水準に合わせるためには、個別事務事業の利害関係者との調整も不可欠であるが、住民全体に対する事務事業の投入資源や成果の「見える化」に取り組むことがまず重要である。見える化は、無意識な住民の目にもまず情報が触れる状況を創り出すこと、「可視化」とは見たいとすでに意識している住民に対し、理解を深めるための情報を提供することである。

【住民意識調査の活用】

たとえば、納得水準の特定方法と投入資源や成果の「見える化」として、地方自治体の実施する事務事業に関して「住民意識調査」の中で施策や事務事業の満足度・重要度の調査を実施することなどが挙げられる。住民意識調査では、不特定多数の中から無作為に調査対象を選ぶランダムサンプリングが行われ、地方自治体の事務事業に関心のある住民のみではなく、関心のない住民に対しても調査票が配付される。調査票を見ることから、見える化のきっかけが形成される。

住民意識調査の調査票で回答を求める際に、調査票に施策・事務事業への投入費用（職員人件費なども含めたフルコスト）とその成果を明示した上で、住民の満足度を回答してもらい計測する。これにより、「このような成果を出し

ているのであればさらに費用を投入しても良いのではないか」、「これだけしか成果が出ていないのにこれほど費用が投入されているのか」という住民の気づきを促すことにつながる。また、施策・事務事業について満足度・重要度の判断が困難な住民（例：サービスの受益者でない住民）の回答を除外できる項目を加えることで、納得水準を検証する姿勢が求められる。これは、サービスの受益者でない住民を除外することで、「あったら良いな」レベルの回答を含むことで納得水準が膨張することを回避することができる。

　なお、サービスの満足度などに関しては、サービスの受益者たる住民の回答を中心とすることが重要となる一方で、施設の必要性、サービス自体の必要性については、利用の有無に関係なく住民全体を対象として意識を把握することが同時に必要となる。なぜならば、財源を投入して展開する以上、施設やサービスを利用しない住民の利用しない理由なども把握し、地域全体としての資源配分の適正性に留意する必要があるからだ。

【不満要因の分析】

　納得水準による施策・事業の見直しには、満足度・重要度を住民に確認するだけでなく、満足度で「不満」と回答した住民に対して、不満の「要因」を確認することが重要である。不満要因の明確化で施策・事務事業の見直しのトリガーを発見することが可能となる。

　具体的には、子育て支援環境に関する満足度・重要度を尋ねた場合、不満の要因として、「子育て相談の場所が少ない」・「子育て支援の情報が少ない」・「気軽に集まれる場所が少ない」・「相談体制が不十分」などの選択肢を設けることで、施策・事務事業が対象としている課題の動き（課題は改善方向の動きを示しているか否か）と施策・事務事業による成果（課題に対して予定どおりの成果を上げているか否か）の関係性（寄与度）を検討しながら見直しを図ることができる。これらの情報を踏まえながら、NPGの場で議論することで、納得水準の特定や担い手のあり方に向けた、より深い議論が可能になる。

④ **事務事業展開とラグ**

　先に例示した保育サービスに関する事務事業の選択肢を準備し、実行に移し効果を発揮するまでには、状況認識から効果発現までの政策ラグ、すなわち時間的ズレが発生する。政策ラグには、社会情勢の変化認識時に発生する認知のラグ、政策形成と決定に関する決定のラグ、決定した政策を実行に移すための実行のラグ、そして政策を実行し効果が現実化するまでの効果のラグがある。これらのラグ自体が自治体経営にとっては、リスク要因となる。とくにグロー

■ 図表 5-1　事務事業の水準・対象分野とその担い手の全体最適化

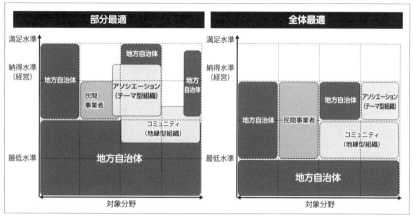

バル化や情報化の進展により、社会経済環境の変化が著しく速くなっているため、いかに認知のラグや実行のラグを極小化できるかが、自治体経営に大きな影響を及ぼす。ラグを極小化するためには、以下が必要となる。

・前提となる社会経済環境の複数シナリオの形成
・現状と目標の乖離（すなわち課題）とその課題発生要因の整理
・リスク要因を克服するための手段の複数の選択肢の形成

　課題発生要因が特定できれば、その要因に対応する政策や事務事業について選択肢を複数検討することになる。

（4）担い手最適化

　以上、公共サービスを担う行政、民間企業、コミュニティ、アソシエーションなどの主体とその行動規範を形成する基準などについて整理してきたが、現状の部分最適化された姿と全体最適化された姿について整理したのが図表5-1である。各主体が公共サービスの担い手となるものの、納得水準を基本として、役割分担することが原則となる。

1-3 目的に応じた事務事業執行体制の構築と標準化

1 地方自治体間連携
（1）広域事務と持ち寄り事務

　地方自治体の広域連携では、事務特性に応じて「広域事務」と「持ち寄り事務」に類型化できる。広域事務は、自治体の区域にまたがる面的な処理が必要な事務であり、具体的には工業用地、工業・農業用水、林野管理、道路、河川などの事務である。これに対して、持ち寄り事務は単独でも処理可能な事務であるが、効率性や安定性を踏まえ共同で担う事務であり、具体的にはゴミ処理、学校、病院・福祉施設、公営競技、消防、共済、計算事務などの事務が挙げられる。

　広域連携による事務事業進化を目指す際の入口は、①広域事務と②持ち寄り事務の仕分けである。広域事務では、連携協約などに基づく政策目的の共有・連携が可能となるかどうかが重要な要素となる。単独で展開可能である点でいえば、観光関連事業や産業関連事業などは、持ち寄り事務的な側面がある。しかし、観光・産業など現実の経済社会活動が少なくとも複数の基礎自治体を包括する圏域に広がっていることを踏まえれば、広域で連携し対応することが重要となる。あくまでも、人間行動の変化を前提として、行政区域にとらわれることなく機動的な連携を形成する必要がある。

（2）事務事業の標準化の重要性と課題

　広域連携と個別地方自治体との関係では、人口減少・超少子高齢化などの資源制約の下、簡素で効率的な広域連携の確立・拡大が求められる。現状の広域連携が意思決定の遅延や事務組織設置・運営コストの増加に結びつくなど課題を抱える中で、改めて広域連携を展開する意義・目的を確認する必要がある。

　簡素で効率的な広域連携の確立・拡大を実現する場合、まず各地方自治体における事務事業の標準化を図ることが広域化効果を高めるために極めて重要となる。事務事業の標準化は、官民連携を行う際にも民間側の個別対応範囲を限定し、効率化効果を高める意義がある。しかし、すでにみたように同じ地方自治体間でも事務処理だけでなく、利害関係の調整などにおいて非公式、あるいは暗黙のルールが存在し、こうしたルールが行政だけでなく地域住民の行動にも強く関連している場合が少なくない。

　このため、事務事業といえども、単純に他の地方自治体のルールと調整し標

準化することの困難性が存在する。標準化の本質は、事務事業の処理の効率化と並んで利害関係調整の効率化にある。そのため、既存の利害関係の調整ルールと常に対立する要因を抱えていることを忘れてはならない。こうした点を忘れた標準化は、広域連携が極めて狭い範囲の事務処理だけに限定され、幅広く展開しても既存の利害関係と対立し、標準化と暗黙のルールなどの二重構造となり、非効率を生む原因ともなりかねない。

　広域連携などで複数の地方自治体間で事務事業の標準化に取り組む場合、まず、各地方自治体が全庁単位で非公式あるいは暗黙のルールを棚卸しした上で、相互に認識することからスタートしなければならない。この点は、法令に基づく事務事業でも、裁量権をいかなる範囲で活用してきたかを認識する必要がある。そうした認識には、行政組織内のプロジェクトチームの組成や外部の視点を含めた組織的整理が必要となる。こうした取組みの上に立って標準化を進める必要があり、標準化基準については、「3　情報化を基盤とした事務事業進化の取組み方法」で具体的に整理する。

（3）事務事業の標準化の有効性

　広域連携の事務事業の標準化に関しては、各地方自治体の「独自性」と「共通性」の分類軸を踏まえ、標準化の領域とその内容を検証する。これにより、各地方自治体間の事務事業の差異をなくし、事務事業が対象とする課題と組織単位の同一化による事務事業成果の向上や規模のメリットによる効率性の向上を図ることができる。

　また、標準化することで各地方自治体の事務事業間の差異がなくなり、官民連携の受け手である民間事業者やNPOなどの組織が他の地方自治体で実施している事務事業運営ノウハウを活用でき、全体として効率性の向上を図ることが可能になる。

　さらに、情報化に関しては、事務事業の標準化が行われていない場合、情報の蓄積と伝達移動に関する情報システムの導入に際して、標準化と異なる部分について付加的な機能改修を行わなければならなくなり、開発・運用費用の増大が生じる。標準化を行うことで、情報システムに関する開発・運用経費の抑制を図るとともに、各情報システム間の連携が容易になり、縦割りの情報生成を越えた新たな情報を生み出す基盤を形成することができる。

（4）標準化と独自性

　前述したように、官民を問わず組織には非公式・暗黙のルールがあり、様々な利害関係調整のツールとなっている。この点を無視して、単純な標準化を行えば、当然に対立を生じさせ、標準化の効果も限定的となり、非効率な構図を生み出す逆機能要因ともなる。

　標準化は独自性がそれほど必要とされない事務について、まず共通性を高め広域連携の持ち寄り事務とすることが適切となる。具体的には、法定受託事務や広域自治体からの権限委譲事務のうち独自性が必要とされない事務、行政法上の行政行為のうち裁量が認められない羈束行為や法規内での裁量が認められる羈束裁量行為は、広域連携事務になじみやすい。裁量行為であっても、裁量基準の統一化を図ることや統一を図らない場合でも裁量行為が必要な業務プロセスのみを地方自治体ごとのプロセスとして分けること、一定の範囲の裁量パターン分けを行えば、持ち寄り事務化することは可能となる。独自性とは、地方自治体あるいは圏域としての競争力を高めるためのものであり、既得権や既存の利害関係の調整ルールを単に守るための概念ではないことを共有していく必要もある。

（5）進化する広域連携の制度

　広域連携に関する制度は、共通性があり非定型的な業務を連携事務として位置づけるための基盤となる「連携協約」や、フルセットで事務をもたないことを前提としつつも法令上の責任及び管理執行権限は保有したまま事務委託ができる「事務の代替執行」、特別地方公共団体の設置手続きのハードルの高さ

■ 図表5-2　広域連携と各地方自治体との関係

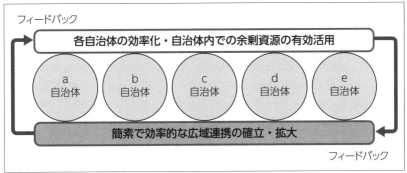

と事務の委託におけるサービスの不安定性などの解消を目的とした「内部組織の共同設置」などがある。これらは、組織を構築しない形の簡素で効率的な事務運営を目指す広域連携手法であり、法令上の仕組みとして継続的に制度的進化が図られている（図表5-2）。

　こうした制度の進化を活用し、地方自治体組織や圏域全体での機会利益、すなわち時間的・財政的余裕を確保し、他の公共サービスの展開や職員・組織の質的向上のための研鑽に振り向けることが、自治体経営力の向上のために必要である。

2　基本的官民連携手法

　地方自治体には直営（直接執行）による公共サービス提供のほかに、以下7点の間接執行たる基本的な官民連携手法がある。

①業務委託方式：行政側が仕様を詳細に定め、その仕様に沿った業務を民間事業者などに委託する方式。

②指定管理者方式：公の施設（公営住宅・学校・体育館など）の管理運営について、民間事業者に委ねる方式。

③PFI方式：民間資金で建設投資し付随して管理運営などを長期間民間事業者に委託する方式。

④コンセッション・アフェルマージュ方式：施設の所有権を行政に残したまま、施設の追加投資や維持修繕投資も含めた建設・資金調達・運営を一体的契約に基づき民間事業者に委ねる方式。

⑤第三セクター方式：地方自治体と民間事業者が共同出資して設立運営する組織のうち、株式会社形態をとる商法上の法人組織や財団法人・社団法人などが事業運営を行う方式。

⑥公有地信託方式：地方自治体が所有する土地を議会の議決を得て、信託銀行などの金融機関に信託し開発を行わせ、その運用益をもって開発負担を償還し、償還後は運用益を地方自治体に戻す方式。

⑦市民協働方式：地方自治体とNPO・地縁団体が、公益・共益目的の達成のため、協働関係を締結し、各主体の得意分野を活用し、課題解決を図るため連携する方式。

　それぞれの手法における具体的仕組みや体制構築方法により、官と民の役割や責任分担、官の関与度などが異なるほか、同じ方式でも地方自治体ごとに現実の発注方式・契約形態で内容が異なる場合も少なくない。たとえば、地方自

治体でPFI方式を採用しても、PFI的という表現で実質的機能は業務委託に近い形態となっている場合、公有地信託方式も実質的な事業展開は第三セクター的となっており、資金面の管理のみ民間金融機関が担う場合など千差万別であることには留意する必要がある。

2 情報化を基盤とした事務事業進化の視点

2-1 情報通信革命の構図

　広域連携や官民連携による事務事業運営では、当該地方自治体と異なる組織・人間行動の集団が関与することで、異なる行動原理が連携する。事務事業の進化に向けては、官と官、官と民との違いはあるものの、異なる行動原理の集団を連携させるための統合的なガバナンス機能とそれを支える情報の蓄積と伝達移動が必要となる。第1章でみたように、情報は組織・地域の内外を問わない人間関係を形成するための中核的要素であり、情報化は、人間関係を形成する「情報の集積」と「伝達移動」の流れを変えるために行われる。情報化の流れは、効率的に人間関係の権限と責任の体系化を図る経済社会のガバナンス構造の中核的位置づけにあると同時に、様々な社会現象が相互連関性を強めた状況に対応するため、社会全体の脱縦割りなど自治体経営の枠組み、そして広域連携や官民連携の枠組みにも大きな変化を与える。

■1 情報通信革命と行政体質の進化

　戦後日本経済社会は、成長率の鈍化はあるものの、1990年代まで大量生産・大量物流・大量消費による経済活動の効率化を優先し、標準化と階層化を基本として専門化と細分化を進める縦型ネットワークを強める基本的構造を形成してきた。縦型ネットワークは、「標準化と階層化」で構成される（図表5-3）。

　標準化とは様々な利害関係者間の調整を効率的に行い、全体として一貫した目的に到達するための規格づくりを意味する。階層化は、機能とそれに伴う責任を特定の層ごとに分割することを意味する。そこでは、情報格差（情報の非対称性）が多層的に形成され、上位階層がもつ寡占的情報を下位階層にいかに配分するかで権力を維持する構造が生まれやすくなる。このため、トップの視点が固定的になりやすいこと、縦割りから外れた集団を認識しづらいこと、専門化・分業化が激しく細分化したタコ壺として硬直化しやすく、新たなニーズ

■ 図表5-3　専門化と分業化の縦型ネットワーク

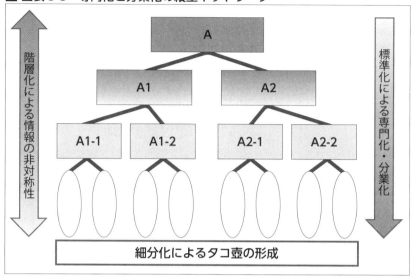

やリスクへの対応が困難になるなどの問題が生じる。

　しかし、インターネットなどによる情報化は、情報の蓄積と伝達移動に関するオープン化を進め、組織内の縦割り構図を越えた情報共有、さらには行政の組織内だけでなく地域や住民との情報共有の充実が可能となる。こうした脱縦割りの情報生成により、今まで認識されてこなかった利害関係者以外の視点や思考を踏まえた政策展開が可能となる。経済社会環境が複雑化する中で、既存の縦割り情報による課題認識が不十分となりやすく、縦割りを越えた情報を通じて新たな自治体経営の創造とリスク対応が展開できる。

2 データの蓄積・分析によるエビデンス形成
① エビデンスに基づく自治体経営の進化

　情報化による蓄積や伝達移動の進化は、単に縦割りの情報の流れに大きな変化をもたらすだけでなく、行政における情報分析の質を飛躍的に改善する。

　これまで行政は様々な情報を蓄積しても、それらが膨大な紙資料中心に保管されてきたことから、データとして蓄積・分析を行う基盤が整っていなかった。ある程度の調査に基づいて効果を見込んでも、組織的な主観としての推測の域を脱することができず、基本的には「実施してみなければ効果はわからない」

という実態にとどまり、事後的に見込みと結果の乖離の検証を行っても主観的な推測の域にとどまっている。

しかし、現在ではデータを蓄積する記憶装置も劇的に安価となり、膨大なデータ収集・蓄積を行っても記憶装置が制約要因となることもほぼなくなった。したがって、本来的には政策や事務事業のデータを体系的に把握・分析し、エビデンスに基づく政策形成や自治体経営を展開することが可能となっている。その際には分析軸が極めて重要になり、分析軸の蓄積も合わせて必要となる。エビデンスとは、「政策効果が生み出されるという妥当性と合理性をもった根拠」を意味する。

② エビデンス形成に資する地域情報の集積

エビデンスに基づく自治体経営の観点からは、事務事業実施に際しての事前評価が重要となる。しかし、事前評価に資する地域のメッシュ基礎情報の収集を行うためには、単独の地方自治体だけでは不可能であり大きな負担が生じる。そのため英国では、官民連携組織として「What Works Centre」と呼ばれる分野ごとのエビデンス収集・分析・蓄積組織と規制所管府省との連携を図る「What Works Network」という仕組みがあり、規制所管府省の依頼に基づき、規制改革に関する基礎的なエビデンス形成を行うために、これらの組織とネットワークが重要な役割を果たしている。データを横断的に活用するには、既存の主体のみで情報を収集するには限界があり、他の主体とのネットワークを通じて、情報収集・分析のガバナンス構造を確立することが求められる。

2-2　行政組織の情報化と官民ガバナンス

自治体経営と情報戦略の核として、「情報通信改革による自治体経営」から「情報通信改革を育てる自治体経営」への進化を、地域情報の集積とそのネットワーク化、行政組織内の権限・責任の再構築などで実現する必要がある。

その理由として、①地域メッシュ情報の集積度とそのネットワーク化が地域活力と競争力の原点であり、その原点の拡充によりICTによる対流の核を形成すること、②情報通信革命による行政内外のコミュニケーション形態を変革し、公共サービスの効率化・質的進化と地域の自治体経営能力を高めることが挙げられる。そこで、情報通信改革と情報を通じた官民コミュニケーション形態を分析する。

1 庁内情報管理領域

　庁内情報管理領域は、従来の縦割り構造・閉鎖的行政組織の中で、適切かつ効率的な情報管理と活用を図る領域であり、住民記録、徴税や給付の分野が代表的であるほか、地域内の経済社会活動に関する統計データの管理・活用も含まれる。従来も住民票コードなどで一定の管理は行われてきたものの、地方自治体ごとに情報管理や活用、企画部門を含めた庁内共有体制など、量的・質的に実態が大きく異なっている。マイナンバー制度の導入も含め、庁内情報の体系的な把握・活用、さらには地域メッシュ情報の把握・活用が極めて重要であり、公共サービスの効率化や質的改善の根底に位置する領域である（図表5-4）。

2 積極型公共サービス領域

　積極型公共サービス領域は、庁内情報管理型と同様に行政閉鎖領域の情報を対象とするものの、行政内部の縦型ネットワークを克服し、住民が必要としている公共サービス情報を個々の住民・世帯状況に合わせて積極的に提供する領域である。すなわち、公共サービスの需要サイド重視型への転換を模索する領域である。

　これまでの公共サービスは、行政側の視点で情報提供を行うことを中心とし

■ 図表 5-4　行政のガバナンスと情報

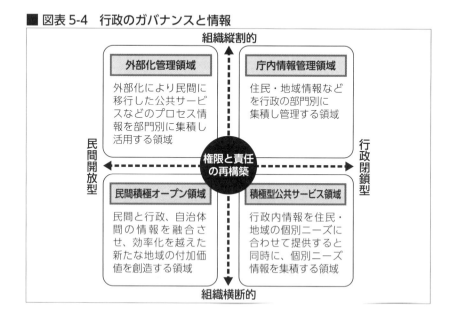

た供給サイド型が基本であり、部門ごとの縦割りでの情報提供、住民から行政機関にアクセスする申請主義を基本としてきた。このため、住民側が情報へのアクセスコストを負担し、住民側の得た情報が量的・質的に不足していれば、公共サービスの選択が制限される「限定された選択肢」の状況にあった。こうした実態を情報面から改善し、住民が必要とする公共サービスを住民が自ら十分に知り選択できる環境を形成する領域である。住民の機会コストの概念を理解しイメージすることで、公共サービスの進化に結びつけるトリガーの発掘が可能となる。

3 外部化管理領域

　外部化管理領域は、庁内情報管理領域及び積極型公共サービス領域と密接な関係がある。行政内部の情報ではあるものの、マイナンバーなどの活用により行政閉鎖型ではなく、行政と民間が公共サービスに関する情報を開放型で共有する領域でもある。指定管理者制度をはじめとした官民連携の取組みは、職員数削減、財政負担の抑制、そして民間ノウハウの公的部門での応用などを意図して広範に展開されている。

① **移動コスト・転換コスト**

　民間化の取組みは、単に職員数の削減や財政コストの抑制のためだけに行われるものではない。民間化の取組みの本質は、行政と企業・住民の間にある権限や責任の再構築である。前述したようにその核となるのは、行政内部と民間事業者などとのパートナーシップに基づく情報集積・共有と伝達移動の再構築にある。

　既存の権限と責任の体系の効率化は、情報の集積に関する転換コスト要因と移動コスト要因から主に形成される。転換コスト要因とは、情報の形態を変えることであり、具体的に行政では申請書類への記載、言語の翻訳、行政内部の文書主義などを意味する。これに対して、移動コストとは、窓口での住民の申請や面談、行政内部の稟議制度などに伴う負担である。マイナンバーにより両コストの低減が誰に帰着したかを踏まえ、経済的負担だけでなく、公共サービスの質も含めた効率化を評価することが重要となる。

② **情報の分散化**

　一方、民間化の取組みは、これまで行政内に蓄積していた情報を分散化する。従来、行政が公共サービスを直接提供してきた時代には、活用や統合程度の差異があるものの行政内部に直接的に情報が集積していた。実際に窓口業務や公

民館などの窓口での対応から、業務の問題点や住民からの意見などを一元的に把握することができた。

しかし、民間化により窓口業務が委託された場合、行政が直接的に現場の情報を把握することが困難となる。仮に、所管部門までは情報がフィードバックされても、行政組織として部局横断で一元化し、民間化のノウハウの共有・応用や質の改善に向けた集積化は、意図されない限り困難となる。

民間化などが職員数削減と同時並行的に行われた場合、その削減対象が現場サイドであり企画部門や総務部門ではないとしても、企画部門や総務部門の機能の前提である情報集積が劣化することに対処する必要がある。情報集積を高めればその情報を分析する管理職を中心とした能力の向上が不可欠となる。それなしでは、全体の効率性はむしろ低下し、さらには将来に向けた自治体経営にリスクを抱えることにつながる。

4 民間積極オープン領域

民間積極オープン領域は、行政内で保有しているデータを個人情報に配慮しつつ可能な限り民間活動にも活用する領域である。この領域に関しては、個人情報保護はもちろんのこと、行政内部にどのようなデータが存在するかの棚卸しから始める必要がある。欧米などでは多くの分野の行政データを公開することで、透明度の高い行政の実現を目指すと同時に、公共サービスの質向上も含めた効率性を図る「オープンデータ」と呼ばれる取組みが展開されている。進度の違いはあっても、日本でも同様の取組みが進められている。

英国では、「DATA.GOV.UK」で行政の集めた様々な分野のデータを利用可能にすると同時に、郵便番号や通りを記入してエリアを限定し、道路の破損や不法投棄などの問題解決を図る仕組みなども展開された。また、フランスでは地方分権改革の推進とともに、公共サービスの改革と同時並行的に進められた。そのため、公共サービスの内容や簡素化に関して住民から新たな視点や企画の提示を可能とする「faire simple」などの仕組みがオンライン形式で導入されている。このオンラインの仕組みは、公共サービスの改革などに関して首相府内に設置された横断的組織である公共施策現代化総局と双方向で検討できるポータルサイトとして機能している。

faire simpleでは、①現在進行中のトピックの提供、②ソリューション形成のための対話と検証、③解決策の形成が機能として組み込まれている。具体的にみると、次のとおりとなる。

①現在進行中のトピックの提供は、行政手続きを含む公共サービス全般に対して、一般住民及び行政職員双方がアイデアを出し合い、それに対して助言や意見を提示したりできるオンラインによるブレーン・ストーミング方式が採用されている。

②ソリューション形成のための対話と検証では、一般住民と行政側職員の対話により手続き簡略化の可能性などを模索している。具体的には、オンラインによる税務申告、起業手続き、警察官によるIT活用、社会保険料徴収など公的分野の広範多岐な領域にわたっている。

③最後の解決策の形成は、ブレーン・ストーミングの対話により構築された解決策を模索し、その導入に向けて関係機関で検討を行うことで進められる。それにより有効と判断された提案については施策・事務事業改善のための省庁委員会がさらに検討を進める。

④そして、公共サービスについて個人向けサービス、企業向けサービス、サービス提供者たる行政機関の3つのブロックに分け、各措置の達成状況が明示されている。①から③をオンラインによる対話方式で展開する前提として、公共サービスの提供を担う機関・団体を対象にデータ共有サイトである「data.gouv.fr」が設けられ、民間化も含めた公共サービスの質的改善に向けた戦略的かつ質の高い情報提供を行う。

フランス国立統計経済研究所作成データをはじめとする情報を活用可能とし、引き続き行政機関はもちろんのこと、外郭団体のデータが継続的に追加されている。この仕組みにより、国や地方自治体、公益団体、外郭団体などは、公共サービスの提供を通じて得られた個人情報を除く、税務・財政・国土整備・住居・犯罪・観光・選挙などの広範な公的データを共有することが可能となっている。また、住民からの情報提供も直接可能であり、公益事業に関する情報をより住民のニーズに適した内容にする努力が進められている。

3　情報化を基盤とした事務事業進化の取組み方法

以上、事務事業と情報化の関係について整理してきた。以下では、情報化を活用した事務事業の進化の具体的手法について整理していく。

3-1　情報化を基盤とした事務事業進化に向けた流れ

　情報化を基盤とした地方自治体の実施する事務事業進化に向けたフローチャートは、図表5-5のとおりである。

1　全体の流れ

　「事業を取り巻く環境の変化（対象課題変化・経営資源リスクの変動）」を起点として検討を行い、通常時には数年に1度の定期検討や急迫時の緊急検討が必要となる。そこでは、対象課題変化や経営資源リスクのモニタリングを行い、シナリオを分ける境界に近づいた場合にはAシナリオからBシナリオへの変更が必要となる。その際には通常時の定期検討の流れではなく、急迫時の緊急検討の位置づけでの検討が開始される。

■ 図表5-5　事務事業進化に向けたフローチャート

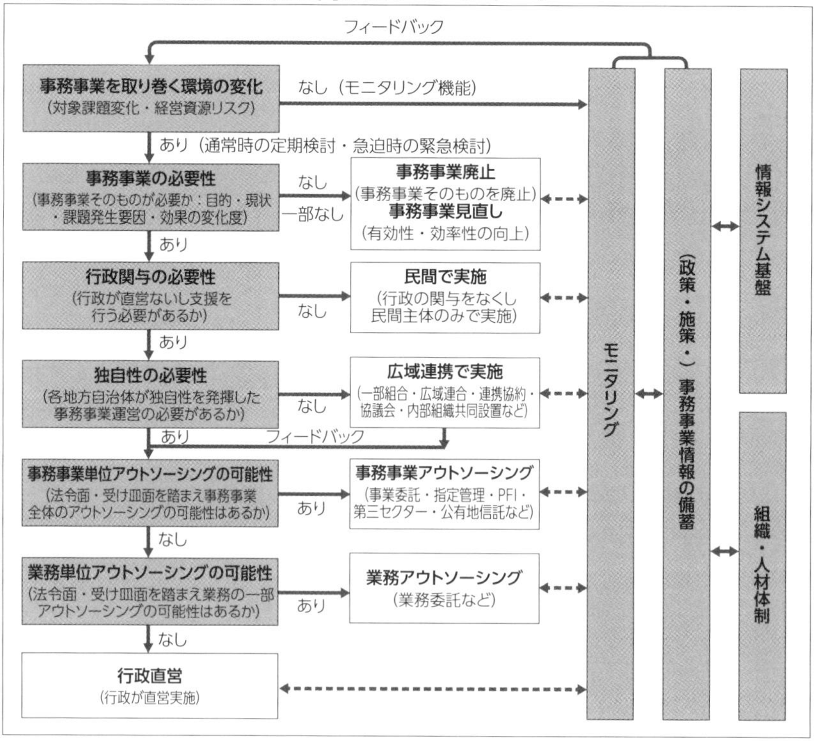

従来の取組みでは、地方自治体が事務事業を実施する際に、対象課題変化や経営資源リスクのモニタリングを行う仕組みは内包されておらず、対象課題変化や経営資源リスクの認識は、総合計画の実施計画事業策定時に行われる程度であった。対象課題変化や経営資源リスクを踏まえずとも、事務事業を実施できた右肩上がりの事務事業形成の方法が残存していることも大きな要因となっている。またシナリオを分けた事務事業の代替手段をあらかじめ構築しておくことは、シナリオに対する画一性の美学、議会などへの説明負担の回避などから作業負荷も高く、かつ求められてもいないため実際には実施されていない。そのため、実際に事務事業の効果が思うように高まらず、見直しが求められた段階で、次の事務事業見直しに初めて着手する流れになっている。

2 必要性等判断

① 事務事業の必要性
　事務事業の必要性の検討は、経営資源の有効活用に向けても最も重要な要素である。目的・現状・課題発生要因・効果の変化などを観察・分析し、事務事業廃止または有効性・効率性を高める事務事業見直しの検討が求められる。

② 行政関与の必要性
　行政関与の必要性は、行政が直営ないし支援を行う必要があるかを民間主体の代替性・市場性などの動向を踏まえ検討する。行政関与がなくても実施可能であれば民間主体のみで実施することを促す。

③ 独自性の必要性
　独自性の必要性では、自治体間競争に影響を及ぼす事務事業か否かを整理し、独自性の必要性がなければ広域連携での実施を検討する。

④ 事務事業単位アウトソーシングの可能性
　事務事業単位アウトソーシングの可能性では、事務事業全体を対象に、法令面・受け皿面などを踏まえ、事務事業全体のアウトソーシングの可能性があるかを具体的な手法も踏まえつつ検討する。

⑤ 業務単位アウトソーシングの可能性
　業務単位アウトソーシングの可能性では、たとえば受付・入力・審査・交付などの業務プロセスに分けたうちの一部を対象としてアウトソーシングが可能かを検討する。

　これら①事務事業の必要性から⑤業務単位アウトソーシングの可能性の検討では、広域連携・官民連携事務事業の類型化を踏まえながら、まず事務事業の

可視化・標準化を行うことが大前提となる。

　以上の判断軸として、広域連携・官民連携を組み合わせた公共サービスの担い手の見直しなどを行うことが可能である。これまでの地方自治体ではこのような取組みを情報化基盤がない中で進めてきたこともあり、毎回検討を行う際の情報を認識し理解し蓄積するなどの負担が極めて大きいことが事務事業の進化を阻んできた要因の一つとなっている。

　また、体系的な事務事業の進化を進めるため、「アウトソーシング指針」を策定する場合も、単に検討順番を整理するだけでなく、事務事業を取り巻く環境の変化を起点として、広域連携の可能性として独自性の判断、業務単位のアウトソーシング、そして情報を核としたモニタリング構造や情報備蓄とそれを支える情報システム基盤や組織・人材体制を含めて、検討フローチャートを位置づける必要がある。

　以下では、このフローチャートを進めるにあたって重要な取組みとなる「対象課題変化の観察・分析力強化」・「事務事業の類型化」・「事務事業の可視化・標準化」・「モニタリング機能の強化」・「情報備蓄とフィードバック」に絞って取組みの観点と方法を整理する。

3-2　対象課題変化の観察力の強化

　情報化を基盤とした事務事業の進化のフローチャートの起点は、事務事業を取り巻く環境変化に対する認識である。環境変化への認識の第一歩は、観察力の強化である。

1　客観性の確保

　観察とは、具体的な出来事やデータなどからなる様々な情報を注意深く知覚（自らの五感と他者の観察結果を活用すること）して、日常的・継続的に自らの地域や組織を眺め、その変化と特性に気づくことである。

　観察で最も重要となるのは、客観性を確保することにある。客観性とは、観察した内容について他の対象と比較することである。比較する場合、比較対象の内容や抽象度のレベルを合わせることが重要となる。たとえば、基礎自治体で行われるアンケートによる「住民意識調査」を他の地方自治体と比較する場合、単純に比較するのではなく、項目が同じでもサンプル数や調査票の配付方法、母集団の性格、性別・年齢構成別の回収率の違いなどにより調査結果が左

右されることから、比較対象となる情報のレベル、抽象度の内容などについて留意し調査結果を丁寧に比較することが求められる。

2 観察の視点

観察も漠然と行うのではなく、観察の視点を明確に認識して行うことが必要である。地域の出来事を観察する視点として、基礎観察と応用観察がある。

① 基礎観察

基礎観察は、すべての出来事に共通して行う観察であり、外見観察、時間観察、環境観察に分けられる。外見観察とは、目でみえる情報や事象の形態に注目する視点であり、情報であれば定量情報・定性情報の別、事象であれば発生場所や発生形態、その他、地形や気候など地勢学的視点も含まれる。時間観察は、過去の時間軸や将来の時間軸など時間の経過に沿って情報や事象の変化に注目する視点であり、いわゆる時系列観察である。環境観察は、観察対象の情報や事象に影響を与えている経済社会・自然などの周辺要因に注目する視点である。

② 応用観察

応用観察は、自治体経営に不可欠な地域などの人間行動を認識するために行う観察である。意思観察は、基礎的観察で得られた情報を生み出す背後にある個々の人間や集団で展開される意思決定のプロセスと質を認識することである。さらに制度観察とは、基礎的観察で得られた情報を形成する制度やそのプロセスを認識し、制度と情報との相互連関性を認識することである。制度は、人間行動を法令などに基づき権力的に枠組み化することであり、そこへの認識は自治体経営に重要な要因となる。

これらの視点は複合的に活用することが重要であり、環境観察と時間観察により時間軸を踏まえた要因を明らかにして、意思観察や制度観察と突合させることで、ある事象が発生した経緯や理由、対応した地方自治体の意思決定速度や的確性、制約要因・推進要因となった制度について認識することができる。

③ 観察の方法

観察の方法としては、事務事業に関与する中で得られる五感による気づき（起点は外見観察）が最も起点となる観察である。この気づきを得た後には、短時間で観察が可能な手法として、時間観察や環境観察の視点を踏まえ、事務事業の対象に対する関係者や関係組織への聞き取りや広く基礎観察に活用可能なインターネット検索を行う。次いで、地方自治体、国、そして民間機関が実

施した統計・アンケート結果や商用データベース（新聞記事・商用統計）を活用し、さらに地域へのメッシュ的観察を深耕したい場合には、新規アンケート調査の実施や地域の民間企業へのヒアリングなどを展開することが重要となる。

以上の観察の視点を踏まえた上で、以下では事務事業を取り巻く環境の変化や対象課題、施策・事務事業自体の課題やその要因を把握するためのデータセットのあり方と観察手段として最もよく活用されるアンケート調査について整理する。

3 データ活用

（1）データセット

事務事業課題の変化やその要因を正確に把握するためには、「②地方自治体の変化を把握する概観データ」を起点として概要をつかんだ上で、政治・経済・社会・技術などの動向をつかむための「①地方自治体を取り巻く社会経済環境の変化を把握する前提データ」を概観する必要がある。その際には、自治体経営において地方自治体内で一定のデータセットを共有することも重要となる。

自らの担当領域以外において、自治体経営に影響を与えるマクロ・セミマクロ情報を認識し、日常から関心を払うことで自治体経営のアンテナが広がり、リスク対応も含めて観察の質を高めることができる。その際に、地方自治体や国のデータだけでなく、民間機関のデータも重要な位置づけにあるという認識が必要となる。たとえば、地域の景気動向をみる「景況調査」や「倒産件数」、地域の空き家動向をみるための「賃貸空き家率」や「賃貸価格動向」など、業界としての特性を踏まえつつ活用することが必要である。国や地方自治体の公式統計などでは見落としがちな視点を補完してくれる（図表5-6）。

（2）データセットの活用

データセットの具体的活用例として、対象課題の変化や事務事業の状況を把握するためには、データセット例で示した「②地方自治体の変化を把握する概観データ」を通じたモニタリングの展開が重要である。

詳細は第3章でも示したとおり、モニタリング指標として、活動指標・成果指標の位置づけが重要となる。モニタリング指標は達成・未達成が直ちに問題になるわけではなく、仮に未達成であればなぜ未達成だったのか、社会経済環境の変化によるものなのか、施策・事務事業効果が発現しなかったからなのか

■ 図表 5-6　取り巻く環境や対象課題、施策・事業課題を把握するためのデータセット(例)

No.	データ種別	データ (例)
①	地方自治体を取り巻く社会経済環境の変化を把握する前提データ	・政治：各府省・業界団体「法令改正動向」 ・経済：内閣府「年次経済財政報告」、「地域の経済」 ・社会：国土交通省「国土形成計画」、「○○圏広域地方計画」、「国土長期展望」 ・技術：科学技術・学術政策研究所「科学技術予測・科学技術動向」 ・民間企業などの各種調査
②	地方自治体の変化を把握する概観データ	・内閣官房・経済産業省「地域経済分析システム（RESAS）」：様々な地域経済関連データが内包 ・総務省「統計でみる市区町村のすがた」 ・人口推計・財政推計
③	地方自治体の個別施策・事務事業などを確認する詳細データ	・総合計画策定時の基礎調査報告書 ・総合計画（基本構想・基本計画・実施計画） ・分野別計画・分野別計画策定の前提となる調査結果 ・個別統計（基幹統計・独自統計）：統計書 ・施政方針・予算案の概要・予算書 ・施策評価書・事務事業評価書 ・その他、所管部門実施調査結果（アンケート調査など）

など、要因を判断することにポイントがある。本来的には各事業に対して、以下の指標の位置づけを整理することが求められる。

・事業単体の活動指標（行政自身が実施した活動状況を示す数値。例：生活保護受給者に対する復職指導を何回実施したか）。
・成果指標（行政が働きかけを行う対象の状況を示す数値。例：生活保護受給者の復職指導を何人受けたか（一次成果指標）、復職指導を受けた中で何人が復職したか、半年後・1年後継続率はどの程度か（二次成果指標））。

この事業単体の二次成果指標と他の事業の二次成果指標の合計が施策の成果指標として位置づけられる（例：ある地方自治体が実施した施策により生活保護受給者から復職した人数）。地方自治体が実施した施策以外の外部要因が大きな指標は課題指標（行政が施策・事務事業を展開する上で最終的な解決課題として管理すべき数値。例：現役世帯の相対的貧困率）として位置づけ、モニタリングの継続が求められる。

3-3　アンケート調査による対象課題変化の観察・分析方法

　データセット例のうち、「③地方自治体の個別施策・事務事業などを確認する詳細データ」として位置づけられ、かつ地方自治体でよく活用される基本的観察方法にアンケート調査が挙げられる。とくに、直接住民と接している基礎自治体では、アンケート調査と分析の適切性・妥当性の担保度合いにより、自治体経営の質と地域の競争力に大きな影響を与える。

　アンケートの中でも代表的な住民意識調査は、公募住民などを集め計画づくりに関する議論を行う住民ワークショップと異なり、統計的有意性を確保し、多様化・複雑化する地域住民の意識を計測する手段として広く実施されている。このため、住民意識調査を例に挙げて、アンケートを通じた地域への観察について整理する。

1 住民意識調査の課題

　住民意識調査では大きく分けて、住みやすさ・定住意向などの地方自治体全体の状況を計測する設問と、個別施策・事務事業に対する満足度・優先（または重要）度を計測する設問がある。前者は、地方自治体全体の方向性の正否を継続的に計測するために行われ、後者は、現状の個別施策・事務事業の状況を計測し、将来的な資源配分の優先順位を計測する。

　一方、現状の住民意識調査の実施方法（設問設計・分析方法）及び活用方法に大きな課題があることも指摘されている。そもそも住民意識調査を住民の意見を聴いた証拠づくりとして活用し、施策や事務事業の見直しに積極的に活用しようとしてこなかったことに最大の課題がある。ただし、現状の住民意識調査の課題を乗り越えることができれば、多様化・複雑化した住民ニーズを踏ま

■ 図表5-7　住民意識調査の課題

No.	課題	概要
①	設問に関する課題	・回答要因を問う設問が少なく、住民意識の背景要因が不明 ・設問文言の定義が曖昧で、回答イメージのずれが発生 ・事業の受け手でない住民が曖昧なイメージで満足度を回答
②	分析に関する課題	・高齢者の回収率が高い傾向にあり、世代のゆがみが発生 ・要因を問う設問がないため、分析でも要因の把握不可
③	活用に関する課題	・各所管部門が保有する施策・事務事業情報の未活用 ・施策・事務事業の対象属性に特化した住民意識の未活用

え、施策・事務事業の改善を促す起点として、住民意識調査は極めて有効性の高い手法となり得る。現状の住民意識調査の課題は、おおむね以下の3点に集約できる（図表5-7）。

① 設問に関する課題と解決の方向性

　設問に関する課題は、第1に、各設問に回答要因を問う設問が少ないため、住民意識の背景要因が不明となる点が指摘できる。施策・事業の改善ポイントをみつけ出すため、要因を枝設問として設けることが重要である。第2に、各設問の文言の定義が曖昧で、回答イメージのずれが発生する点が指摘できる。回答イメージのずれの極小化を図るため、意識ではなく行動を問う設問を多くするとともに、施策・事業成果や1人あたりにかかる費用なども合わせて提示する必要がある。加えて、文言の定義や説明を丁寧に行う必要があるが、回答の偏りを生み出す説明を行わないよう留意する必要がある。第3に、事業の受け手でない住民が曖昧なイメージで満足度などを回答する点が指摘できる。事業の受け手でなければ判断できない施策・事業の満足度などは回答を除外できるよう選択肢を提示することが求められる。

② 分析に関する課題と解決の方向性

　分析に関する課題は、第1に高齢者の回収率がおおむね高い傾向にあり、そのまま分析すると、高齢者に偏った回答傾向がみられる点が指摘できる。住民全体の構成比に合わせるため、住民意識調査結果に年齢構成比で補正をかけるなどの方法が想定できる。なお、調査対象の偏りについては、高齢者の回収率同様に特定の組織や特定の職種に偏りがあるなど常に留意する必要がある。第2に要因を問う設問がないため、分析でも要因を探り出すことができない点が指摘できる。先に示したように、施策・事業の改善ポイントをみつけ出すため、要因を枝設問として設けることが重要である。

③ 活用に関する課題と解決の方向性

　活用に関する課題は、第1に、現状の住民意識調査の活用では仮説を立てず、各所管部門が保有する施策・事務事業情報を未利用なまま指標動向を整理することが多い。本来的には、施策・事務事業に対する所管部門などの仮説（原因と課題結果の間の一定の流れの想定）があり、住民意識調査を用いて情報収集を行った上で仮説検証を行うことが望ましい。また、現状は「聞くべきこと」ではなく「聞きたいこと」を設問にすることが多い。

　一方で、所管部門の情報には一定の偏りがあるものの、指標動向は社会情勢の変化や施策・事務事業の変化に左右される傾向にあるため、各所管部門が保

■ 図表5-8　対象設問に対する問いかけ例

> ▶ 前回と今回の間に実施した施策・事務事業の継続・見直しで、目的・目標に沿った対象設問指標の変化はみられるか
> ▶ どのような施策・事務事業の見直しを行ったのか：目的の見直し・対象の見直し・手段の見直し（税・規制・補助／助成金・サービス提供・情報・教育／相談など）・投入資源の見直し（量の増減・質の加減）・担い手の見直し（広域連携・官民連携など）
> ▶ 指標の動向に寄与していると思われる施策・事務事業はなにか、どの程度の寄与度か
> ▶ その間に発生した社会情勢の変化の影響はないか

有する情報を活用しないままでは、指標動向の背景要因を整理できない。これを解決するためには、住民意識調査の各指標の動向が変化した場合に、各所管部門が保有する施策・事務事業情報と突合しながら変化がなぜ生じたのかを仮説設定し検証を行うことで、指標の動向に影響を与えた施策・事務事業などの要素がどこにあったかを明らかにすることが重要である。この結果を踏まえ、指標に好影響を与えた施策・事務事業の要素を特定し、ブラッシュアップを行うことで、より有効な施策・事務事業の展開が可能となる。以上の観点を踏まえた対象設問に対する具体的な問いかけ例は、図表5-8のとおりである。

　第2に、施策・事務事業には多くの場合、特定された対象属性（性別・年齢層・居住地区など）が設定されているものの、住民意識調査を属性ごとにマーケティング的発想で活用することは多くない。住民意識調査を属性別などに分けた形で整理し細かく活用すれば、施策・事務事業が意図する対象属性に効果が帰着しているか否かを判断する材料になる。これを踏まえ、対象属性の見直しや施策・事務事業の実施方法の見直しが可能となる。

　具体的には、集計結果取りまとめでは単純集計を行い、前回調査との比較を行うとともに、属性別・設問間の関係性などのクロス集計を行い、施策・事務事業の前提となる課題数値を整理する。また、住みよさ・定住意向と施策・事務事業満足度をクロス集計し、それぞれの相互の関係と影響度を明確化し、どの施策・事務事業満足度を高めることで住みよさ・定住意向が高まる可能性が高いかを明らかにすることができる。

2　ウェブの活用

　以上で住民意識調査をはじめとしたアンケート調査について整理したが、現状は紙媒体によるアンケート調査票を作成・配付し、回収・集計・分析を行う流れが一般的である。ただし、対象課題変化の観察を素早く行うためには、紙

媒体ではなく情報基盤を活用したアンケートシステムの導入を検討することが求められる。

インターネットを利用できる住民をモニターとして登録し、ウェブ上でアンケートを送信・回答を求めれば、作成・配付・回収・集計までの職員負荷は著しく低減する。モニターにはインターネットを利用できる住民という偏りが発生するが、民間企業などでは広くウェブによるアンケート調査が実施されており、加えて、今後においては、インターネット世代の単身世帯などが増加することが避けられず、地域の新たなアソシエーション、コミュニティとして積極的にとらえていく必要がある。

4 事務事業の類型化

広域連携・官民連携によるリスク管理型事務事業の進化に向けては、広域連携・官民連携それぞれの事務類型を整理する必要がある。

4-1 広域連携の対象となる事務類型

広域連携の対象となる事務類型は、図表5-9左図の部分のとおりである。まず、地方自治体ごとの事務の差異が比較的少なく共通性があり、定型的な業務（共通定型業務）を対象として、広域連携を実施することが可能である。

具体的には、図書館事務などの施設利用の共同化、戸籍広域交付、税務部門、監査委員・監査委員事務局などが対象となる。これらは定型的な業務であり、官民連携の対象となる事務類型でもみるように、官民連携も可能な事務であり、広域連携と合わせた官民連携も検討することが可能である。

さらに、持続可能な自治体経営に向けた取組みを図るためには、今まで広域連携の活用が進んでいない、共通性があり非定型的な業務（共通非定型業務）を連携事務として位置づけることが重要である。具体的には、保健福祉部門（地域保健センター）や消費生活センターなどをはじめとして、連携協約などに基づく政策目的の共有・連携が行われていることを前提とした産業関連事業や観光関連事業の広域化が挙げられる。これら業務のうち、専門性が低い業務は官民連携も可能な事務であり、広域連携と組み合わせた官民連携も検討の余地がある。

■ 図表 5-9　広域連携・官民連携の対象となる事務類型
　　　　　　（左図：広域連携・右図：官民連携）

4-2　官民連携の対象となる事務類型

　先にもみたように、共通性のある事務類型としては、法定受託事務や広域自治体からの権限委譲事務のうち地方自治体間競争と関係ない独自性が必要とされない事務、行政法上の行政行為のうち裁量が認められない羈束行為や法規内での裁量が認められる羈束裁量行為などが想定される。裁量行為であっても、裁量基準の統一化を図ることや統一を図らない場合でも裁量行為が必要な業務プロセスのみを自治体ごとのプロセスとして分けること、一定の範囲の裁量パターン分けを行えば、持ち寄り事務化することは可能である。

　官民連携の対象となる事務類型は、図表5-9右図の部分のとおりである。まず、地方自治体特有の専門性が低く、定型的な業務（単純定型業務）が官民連携の対象となる。具体的には、清掃業務や給食調理業務、ゴミ収集業務、公用車運転業務などが挙げられる。直接雇用で実施する場合は、技能労務職員や臨時職員が担う業務となる。

　次に、地方自治体特有の専門性が高く、定型的な業務（専門定型業務）が官民連携の対象となる。この業務は、過去には行政が直営で実施していたものの、民間事業者側にノウハウを開放し、事務事業運営の経験を積み重ねることで、現在の専門定型業務市場が確立された。具体的には、戸籍・住民基本台帳業務、会計・出納業務、窓口業務などが挙げられる。直接雇用で実施する場合には、

地方自治体特有の専門性を有する嘱託職員や再任用職員が担う業務となる。

その他、地方自治体特有の専門性が低く、非定型的な業務（単純非定型業務）も、官民連携の対象となる。具体的には、庶務事務や物品調達業務、施設管理業務などが挙げられる。非定型であり臨機応変な対応が求められるため、過去には直接雇用で実施することが多く、嘱託職員や臨時職員が担う業務となる。非定型業務を官民連携（とくに業務委託方式）により実施する場合、パターン分けによるマニュアルの詳細化が求められる。一方、PFI方式やコンセッション・アフェルマージュ方式などは、求めるサービス水準を定めて、具体的な運営手法は広く民間事業者のノウハウに基づく提案にゆだねる「性能発注」と呼ばれる考え方をとることが多い。

4-3 事務事業の可視化・標準化

1 事務事業の可視化

以上で示した事務類型を踏まえた上で、事務事業の可視化・標準化を行う。まず事務事業の可視化とは、事務事業への理解を深めるため事務事業を一定の構成要素に分解し、要素ごとに比較可能性を担保することである。事務事業を可視化する理由は、事務事業の標準化を行うために比較可能性を担保し、より良い要素や課題となり得る要素を発見するためである。

① 基本的位置づけ・概要の洗い出し

具体的な事務事業の構成要素のうち、事務事業の基本的位置づけを洗い出す項目としては、総合計画体系上の位置づけ、事務裁量区分（自治事務・法定受託事務）、事業区分（実施計画事業・経常事業、ハード事業・ソフト事業、予算事業・予算外事業・間接事務など）、実施義務（義務・努力・任意）、根拠法令・要綱、事務事業特性（内部管理業務・高度秘匿性個人情報取扱業務・高度政策判断業務・許認可など公権力行使業務）などがある。これらの事務事業の基本的位置づけを通して、事務事業の類型化で示した周辺の地方自治体と共通して事務事業を実施すると、より成果を生み出す可能性があるか、効率性を高めることができるかなど、独自性の有無の観点から判断する。

事務事業の概要を洗い出す項目として、対象、目的・目標、手段（現在の手段、経年による変更履歴）などがある。目的・目標に照らした対象の絞り込みが実施できているか、その目的・目標に照らして最も適切な手段を選択しているかを判断する。

② **目的・対象の明確化**

　目的・対象の明確化について、現状課題がある事務事業は、担当者が問題意識をもたないまま前年度までの事務事業内容を踏襲している場合が多い。この場合、前任者からの引継ぎを受けた仕事を粛々と実施する事務事業の「実行性」（予定どおりに事務事業が進行すること）を重視し、「実効性」（対象課題の解決に効果が上がるよう事務事業を修正しながら実施すること）を重視しない姿勢となっていることを意味する。

　事務事業には、その目的となる上位施策があり、施策の手段として下位の事務事業が政策体系として位置づけられる。このため、施策内容を具体的に定義しながら、この施策実現に寄与する事務事業を組み立てることが重要である。すなわち、事務事業からみた目的の明確化とは、施策の具体的定義づけによる施策の明確化と同義である。目的の明確化の観点として、当該事務事業の実施理由や事務事業実施の前提となっている対象課題、対象の達成すべき到達点などについて検討することが求められる。

③ **介入対象の絞り込み**

　その上で、施策で示される目的を達成するために、最も適切な介入対象を絞り込み、対象に対する手段（＝事務事業）や目標水準の検討が求められる。介入対象を絞り込む観点として、具体的な対象の属性（事象の場合：時間・時期、場所、主体、発生要因など、主体（住民）の場合：性別、年齢層、職業、居住地域、居住年数、家族構成など、主体（企業）の場合：業種、従業員数、売上規模、大企業・中小企業の別、立地地域、事業継続年数、本支社の別など）において、課題発生の範囲と深度を確認することが求められる。特定属性の主体に広く深く課題が発生しているとすれば、介入対象は当該特定属性に自ずと絞り込まれる。一方、様々な属性の主体に広く深く課題が発生している場合は、要因・課題・影響の連鎖構造を仮説として整理し、課題解決のトリガーとなる要因部分に最も効果を発揮する属性を確認し、介入を行う。

　事務事業の成果を洗い出す項目としては、先に示した活動指標と成果指標がある。指標に関しては、達成・未達成が直ちに問題になるわけではなく、仮に未達成であればなぜ未達成だったのか、社会経済環境の変化によるものなのか、施策・事務事業効果が発現しなかったからなのかなど、徹底的な要因分析を行うことが重要である。この要因分析により、要因側の課題に働きかける手段を検討することが可能となる。

④ **工数の洗い出し**

　事務事業の工数を洗い出す観点としては、正規職員・嘱託職員・臨時職員などの職員種別工数を求めることが指摘できる。これは、事務事業のフルコストを算出する際の基盤的数値となる。合わせて業務繁忙期を日次・週次・月次などで認識することにより、職員をどの時期にどの程度手当てしなければならないか、民間委託を行う際に、どの時期にどの程度の事業者要員を確保するかを検討することも可能となる。

　費用を洗い出す項目として、事業費もさることながら正規職員・嘱託職員・臨時職員などの人件費単価に職員種別ごとの工数を掛け合わせた事業別人件費も合計して、事業にかかる費用を認識することが重要である。その他、共通経費と位置づけられる施設の減価償却費や退職給付引当なども財務会計システムとの連動を図ることで、各事務事業単位に分配し、より正確なフルコストを認識することで、事務事業の費用対効果を明らかにする基盤を整えることにつながる。

　これらの費用を洗い出す際に認識されにくい項目として、事業所管部門共通の庶務関係事務や予算決算関係事務、人事福利厚生関係事務などがある。とくに、嘱託職員や臨時職員の活用が進む今日の地方自治体では、嘱託職員・臨時職員の募集採用事務負担や指導・育成事務負担、シフト管理事務負担、トラブル対応事務負担が極めて大きくなっている。

　以上の費用を認識しない中で、民間委託時の費用対効果を明らかにしようとしても、民間委託時の費用と現状の費用を比較できる基盤が整っていないことになる。可能な限りフルコストの認識を行うためには、以上で示した定義・範囲を踏まえた上で、データの収集可能性も含めて検証することが求められる。これらを容易に収集するためには、情報システム基盤が以上の情報を生成できる機能を十分に有している必要がある。

⑤ **定型性・専門性の洗い出し**

　事務事業全体の定型性・専門性を洗い出す項目として、定型性の面からは、発生頻度（繰り返し発生する事務事業か否か）や業務遂行の容易性（類似業務の有無やマニュアルの有無及び作成可能性）、判断の容易性（他主体との調整業務の有無、所管部門内での判断のみ、マニュアルどおりの判断のみ）などを分けて整理することで定型性を洗い出すことが可能となる。

　また、専門性の面からは、高度専門性（事務事業遂行に特別な資格の有無や政策判断の必要性など）、人材確保性（事務事業遂行が可能な人材を外部から

調達可能か否か)、難易度(主体的に事務事業遂行が可能となる経験年数など)が整理の視点として挙げられる。地方部では現在、人手不足が深刻化しており、とくに人材確保性という観点が今後大きな課題となり得る。情報通信技術や人工知能(Artificial Intelligence：AI)、ロボット技術などの利活用も含め、転換コストと移動コストを極小化する検討が求められる。これにより、事務事業全体の官民連携手法の活用可能性が検討可能となる。

⑥ 業務フロー

　以上は事務事業全体の可視化を行う上で必要な項目であるが、事務事業より詳細な業務レベルの可視化を行うためには業務プロセスを整理することが必要となる。この業務プロセスの可視化には様々な方法があるが、業務フローと呼ばれる業務の流れを明らかにするためのフォーマットが一般的に活用される。業務フローの単位は、大まかなものから細かなものまでどのように活用するかという方向性によって様々である。

　業務フローの項目としては、実際に実施する業務内容を流れの順に示した上で、正規職員・嘱託職員・臨時職員・外部機関(広域連携組織や民間事業者など)などの担い手、各担い手の従事工数(時間数もしくは全体工数の割合)、各業務プロセス単位での定型性・専門性の有無、業務を実施する上で活用する情報や業務で生成する情報及び情報システムとの関係などを整理する。これらを整理すれば事務事業全体を通じた概観業務手順書と同一の内容となる(個別業務の詳細内容は詳細業務手順書が別途必要な場合もあり)。業務プロセス単位で以上の情報を整理すると、個別業務プロセスでの官民連携の可能性が検討可能となる。

2 事務事業の標準化

　事務事業の可視化を行った後には、事務事業の標準化が求められる。事務事業の標準化を行う理由は、標準化を行わないと事務事業の差異が広域連携や官民連携、情報化の阻害要因となるためである。

　広域連携に関しては、独自性と共通性の分類軸を踏まえ、標準化することで各地方自治体における事務事業の差異がなくなり、事務事業が対象とする課題と組織単位の同一化による事務事業成果の向上や規模のメリットによる効率性の向上を図ることができる。また、官民連携に関しては、標準化することで各地方自治体間の事務事業の差異がなくなり、受け手である民間事業者やNPOなどの組織が他の地方自治体で実施している事務事業運営ノウハウを活用でき、

効率性の向上を図ることが可能になる。

　さらに、情報化の面でも、事務事業の標準化を行わなければ、情報システムの導入に際して、付加的な機能改修を行わなければならなくなり、開発・運用費用の増大が見込まれる。より効率的な情報システムの活用にあたっては、標準化を行うことで開発・運用経費の抑制を図ることができる。それ以外にも事務事業の標準化とともにデータの標準化を行うことで、各情報システム間の連携が容易になり、縦割りの情報生成を越えた新たな情報を生み出す基盤を形成することができる。標準化に向けた契機は以下のとおりである。

（1）事務事業単位の標準化

　事務事業の標準化のためには、標準化にあたっての基準の明確化がまず必要となる。その上で、基準に沿ったすり合わせによる事務事業の標準化を図る。

　具体的には、総合計画の事務事業単位、行政評価の事務事業単位、予算の事務事業単位が異なるという課題が挙げられる。事務事業単位が異なると、PDCAサイクルを回すための基礎情報の生成に極めて大きな負荷が毎回かかることになる。総合計画の事務事業単位と行政評価の事務事業単位が異なる場合、PlanからCheckの流れを形成することが困難になる。また、行政評価の事務事業単位と予算の事務事業単位が異なる場合、評価の基礎情報である事業予算情報を直接的に参照することも困難になる。

　このため、評価対象事務事業単位を総合計画・行政評価・予算の単位で統一化することは標準化の起点となる取組みである。PDCAサイクルの観点からいえば、総合計画の事務事業単位が基準となり、行政評価と予算の事務事業単位を可能な限り総合計画の事務事業単位に標準化することが必要である。事務事業単位が標準化されることで、総合計画における事務事業に対する行政評価の事務事業の単位が同質化し、評価の前提データとなる予算情報も組み替えなく直接的に参照可能となる。事務事業評価の導入・見直しにあたっては、これらの評価単位の標準化が起点となる。

（2）最良の事例（ベストプラクティス）観点の標準化

　相対的な標準化基準の明確化の方法として、同一・類似目的の事務事業や同一・同種内容の事務事業はグループ化して整理・分析を行うことで標準化課題を明確化する手法が挙げられる。地方自治体では、同一・類似目的の事務事業や同一・同種内容の事務事業を行っていても、各所管部門がそれぞれ事務事業

を実施しているため、横並びで比較し検証するための情報生成が行われていない。各事務事業の最良の事例（ベストプラクティス）を情報として共有し、事務事業を見直す取組みが極めて重要である。

たとえば、防災関連事業群は同一・類似目的の事務事業として位置づけられ、広報やシティプロモーション、地方議会広報に関する事業群、イベント・講演会に関連する事業群、維持管理に関連する事業群はそれぞれ同一・同種内容の事務事業として位置づけられる。同一・同種事務事業の比較例として広報分野を想定すると、実際に広報情報を既存の紙媒体で届けても閲読率の低い30代から40代の世代を中心的なターゲットとして、30代から40代の世代での活用が進んでいる実名制の情報共有ソーシャルメディアであるFacebookや、プッシュ型で情報通知が可能なLINEなどを活用し、広報活動に活用している所管部門がある。

この広報活動により30代から40代の広報閲読率が上昇している場合、事務事業の標準化基準となる。この情報を他の所管部門に共有する場を作ることで、同様の課題を有する事務事業所管部門に気づきを与え、ソーシャルメディアを広報に活用することが標準的な手法となるように促すことが可能となる。

（3）広域連携による標準化

広域連携による標準化とは、広域連携の導入にあたって行われる事務事業の共通化である。広域連携による具体的な標準化基準は、広域連携手法により異なる。

① 事務の委託と代替執行

たとえば、一方の地方自治体が他方の地方自治体に事務を委託する場合、地方自治法による機能的協力の方法として、「事務の委託」や「事務の代替執行」という手法がある。事務の委託とは、自治体間協議により規約を締結し、特定事務を執行委託する制度である。連絡会議などで受委託団体の事務の管理執行調整は実施される機会があるものの、受託団体の条例・規則などが適用され、委託団体の意向は反映されにくいため、サービス提供方法として不安定な仕組みとなりやすい。

事務の代替執行とは、地方自治体の事務の一部の管理・執行を当該地方自治体の名において他の地方自治体に行わせる制度である。当該事務についての法令上の責任は事務を任せた地方自治体に帰属したままであり、当該事務を管理執行する権限の委譲も伴わない。これらの広域連携手法を活用する場合は、委

託団体の意向は反映されるものの、基本的に事務を受託する地方自治体の事務事業への標準化が図られる。

② **施設の共同利用**

また、施設の共同利用を図る場合に活用可能な「公の施設の区域外設置と他の自治体の公の施設の利用」は、施設を自治体区域外に設置し、協議により当該施設を他自治体の住民が利用できるようにする制度である。高齢者の人口動向によってひっ迫施設と過剰施設が発生する場合、公共施設の広域利用は不可欠であり、制度の活用が望まれる。この場合、それぞれ他の団体における公の施設の利用のため、区域外に設置していたとしても設置者側の事務事業への標準化が基本となる。

③ **広域自治体からの権限委譲事務**

広域自治体からの権限委譲事務のうち、地方自治体間競争と関係ない独自性が必要とされない事務については、広域自治体で実施していた事務事業内容をそのまま広域連携組織で受託することで標準化を図ることが可能である。

④ **裁量性のある事務事業**

一方、その他の業務では、法定受託事務や行政法上の行政行為のうち裁量が認められない羈束行為は比較的容易に業務の標準化が可能であるが、法規内の裁量が認められる羈束裁量行為のような個別の地方自治体での裁量性が小さい事務事業であっても、具体的な裁量基準やその業務手順は各地方自治体で異なる場合がある。この場合、業務手順を合わせた上で、裁量基準を可能な限り統一化することが求められる。

統一を図らない場合でも裁量が異なるプロセスのみを各自治体の並行プロセスとして分けること、同一プロセス内であっても一定の範囲の裁量パターン分けを行えば、標準化することは可能である。具体的には事務系の業務の一例である建築基準行政などで、申請受付・形式審査・内容審査・決定・証明書交付などの業務プロセスがある場合、申請受付・形式審査までと決定・証明書交付は共通化し、具体的な内容審査が複雑であれば並行プロセスとして各自治体担当による審査を実施する。

一定の範囲の自治体ごとの裁量パターン分けを行うことができれば、同一の担当者により内容審査までを担うことも可能である。事務系の事務事業であればこのような手法を活用し、事務の標準化を行うことができる。なお、起案様式などが異なる形のまま事務事業の共通化を行っている広域連携組織もあるが、事務事業運営の専門性が高くなり、人材確保やローテーションの面で課題が発

生しやすい環境にある。裁量性のある事務事業を標準化することは、関与する自治体にとって極めて負荷がかかる取組みであり、それが一つの原因で広域連携が進展してこなかった。

具体的に事業系の裁量行為に位置づけられる都市交通分野のコミュニティバスの広域連携について整理すると、以下の要素を可能な限り標準化する必要がある。

- ・目的：交通空白地域の解消や地域発意による公共交通補完
- ・対象：各地方自治体間の交通空白地域及び住民移動ニーズの認識（境界付近など）
- ・手段：路線確定、法規制との整合、地域公共交通会議など機関調整、実施体制構築（連携組織のあり方など）、売上・費用按分方法、運賃・運行頻度・運行時間帯など

目的や対象はそれぞれの解釈により整合が取れる場合は標準化する必要はないが、具体的な手段になると、裁量基準の統一化による事務事業の標準化を行わなければ、事業系事務事業は共同で実施できない。

（4）官民連携による標準化
① 比較可能性による情報優位

官民連携による標準化とは、官民連携の導入にあたって行われる民間事業者側からの情報を活用した業務の見直しを指す。行政側が常に多くの正しい情報を保有する、すなわち情報優位にあるとすれば、官民連携による標準化は想定し得ない。従来の「官は指示する人、民は作業する人」の請負型協働の場合は、行政の情報優位を常に前提とする。

しかし、「共に考え共に行動する」創造型協働の場合、民間事業者は、行政側が保有していない事務事業運営ノウハウや様々な自治体の業務にかかわることで比較可能性を確保し、民間として情報優位性をもっていることへの認識を前提とする。当該地方自治体と他の地方自治体の事務事業運営方法と比較した上で、より良い事務事業運営方法を提案することは、当該自治体に対して事務事業の標準化基準を与えることにつながる。

前述したフランスでは、公共サービスの内容や簡素化に関して住民から新たな視点や企画の提示を可能とする「faire simple」などの仕組みがオンライン形式で導入されている。これはNPGの取組みにほかならない。faire simple同様に、ウェブ上で現在進行中のトピックの提供、ソリューション形成のための

対話と検証、解決策の形成を機能として組み込んだ仕組みを導入すれば、住民が担い手となる課題解決法も生み出すことが可能である。

② 官民連携方式の選択と契約者選定方式

このような比較可能性を確保した民間事業者の事務事業運営ノウハウを十分活用するには、官民連携方式の選択と契約者選定方式に十分留意する必要がある。

たとえば、最も行政側のガバナンスが必要とされる官民連携方式である業務委託方式は、地方自治体側が仕様を詳細に定め、その仕様に沿った業務を民間事業者などに委託する方式である。一般的な公共事業における建設・土木事業、調査委託などはおおむねこの方式が多く、民間事業者の創意工夫は仕様内での活用にとどまる。

創意工夫の必要性に応じて、契約者選定方式が使い分けられており、最低価格による評価を基本とする一般競争入札方式（物品購入など）・指名された事業者のうち最低価格による評価をする指名競争入札方式（土木など）・技術と価格を総合した評価を行う公募プロポーザル方式（建築、調査委託など）などがある。事務事業運営ノウハウを十分に活用したいのであれば、公募プロポーザル方式による調達が基本である。

ただし、民間事業者の創意工夫は仕様内での活用にとどまるため、仕様書作成の前段階で民間事業者に対し広く情報収集を行う情報提供招請（Request for Information：RFI）を行うことで、事務事業運営ノウハウがより活用できる体制が整う。

③ 業務手順書

現在、法令順守の観点から窓口などの業務委託では、最初に派遣契約を結び派遣職員を事務運営に活用した上で、精緻な業務手順書を整備し、請負契約へ移行するという流れが増加している。この手法自体は業務の見直しを前提とせず、アウトソーシングを行う場合には有効である。しかし、本来的に行政と民間事業者が「共に考え共に行動する」という観点からみた場合、具体的な運用レベルの精緻な業務手順書を作る前に事務事業の可視化を行い、民間事業者側からみた比較優位の業務プロセスを構築した上で、具体的な業務手順書を作成することが必要である。

④ 業務委託可能な範囲の定義

なお、業務委託可能な範囲の定義については、「地方自治体の適正な請負（委託）事業推進のための手引き」（平成24（2012）年1月、平成26（2014）年

3月一部改訂）に基づき整理すると、基本的に①交付決定などの「判断」は公務員が実施すること、②「判断」以外の付帯作業は業務委託可能であるが、請負契約の場合は公務員からの直接指示は禁止（業務責任者との定期打合せは可）とすること、③公務員と民間事業者従事者の交わりは限定することである。

また「市町村の出張所・連絡所等における窓口業務に関する官民競争入札又は民間競争入札等により民間事業者に委託することが可能な業務の範囲等について」（平成27（2015）年6月）などを基本的情報として、住民異動届の受付・端末入力・転出証明書の作成や戸籍の届出、国民健康保険・後期高齢者医療制度・介護保険関係の受付、証明書交付など、窓口関係業務25業務について委託可能な業務が定義されており、委託可否などの事務事業の標準化基準になり得る。

（5）情報化による標準化とデータの標準化

情報化による標準化とは、情報システムの導入にあたってパッケージやクラウドが想定する事務事業やプロセスを活用した事務事業の見直しを指す。

パッケージやクラウドによる情報システムには標準的事務事業プロセスがあり、その事務事業プロセス自体が標準化基準となる。これらは一定範囲のカスタマイズが可能であるが、カスタマイズを行えば行うほど情報システムは複雑化し、かつ開発・運用費用も増大する。個別自治体固有の特殊事情による例外処理が高頻度で発生する場合は、カスタマイズによる情報システムの作り込みで効率化効果もみられるが、個別自治体固有の特殊事情を整理できる場合や例外処理が低頻度の場合は、ノンカスタマイズによる情報システム導入が圧倒的に効率的であり、情報システム連携やデータ連携も容易になる。例外処理については表計算ソフトやデータベースソフトを活用したり、繰り返し同じ業務を定義できる業務プロセス自動化ソフトなどを活用したりすることで一定の省力化も可能である。

情報化による事務事業の標準化にとどまらず、事務事業単位を越えて情報をさらに横断的に有効活用するためには、共通語彙基盤・共通情報基盤を用いたデータの標準化が求められる。共通語彙基盤は情報を意味の単位でそろえる基盤で、たとえば「人間」・「人」・「ヒト」・「Person」などの文言を共通語彙としてとらえ、同一の意味内容として連携させる。これにより、一定のデータのばらつきがあったとしても、情報連携が可能になる。

また、個別データの項目と単位をそろえることもデータ連携のためには重要

な要素である。たとえば、「九都県市における避難所等の位置情報に関するオープンデータ化ガイドライン」では、以下のデータ項目が挙げられている。必須項目は、避難所の種別（指定緊急避難場所・指定避難所・収容避難場所・広域避難場所・一時避難場所など）、避難所等の定義（種別ごとの利用用途の定義）、施設などの名称（対象施設・場所の正式名称）、住所（対象となる施設・場所の所在地：都道府県名から番地まで区切りなく記載し、丁目以下は半角数字及びハイフンで接続）、緯度・経度（対象となる施設・場所などの緯度・経度：半角数字で記載し、小数点以下6桁以上の記載を原則）である。

さらに、任意項目（方書、郵便番号及び備蓄品の状況など）は、各都県市の判断で任意に追加できるが、国が展開している共通語彙基盤に準拠することを前提としている。このようにある情報を定義する際のデータ項目と単位をそろえることで、それぞれの項目の内容が検索キーとなり、横割りの情報生成が可能となる。

5　モニタリング機能の強化

　地方自治体が広域連携や官民連携による事務事業を行うと、それぞれ主体が異なる組織が連携し事務事業を実施するため、単独の地方自治体が直営で事務事業を行うよりも、各主体に事務事業情報が散逸することになる。この状況は連携実施・見直しを行う基礎情報をもたないことにつながり、連携時に最も重要となるモニタリング機能を弱めることにつながる。以下では、モニタリング機能の強化について整理する。

5-1　モニタリングの構成

　モニタリングとは、「ある主体が、対象の状態を定期的に観察・記録し、対象を継続的に監視し続けること」である。このため、モニタリングを構成する要素は、実施主体、対象、方法（情報収集方法・頻度など）となる。広域連携や官民連携の成果として、モニタリングの良否が事務事業運営の良否を決定的に左右するため、効率性に配慮しながら一定の事務工数をかけてモニタリングを行うことを前提に事務事業を組み立てることが重要である。

1 モニタリング実施主体

　モニタリングの実施主体となり得る中心的存在は、対象に事務事業実施の依頼を行った主体となる。具体的には、第一義的に地方自治体の所管部門である。その周辺に位置づけられる組織に関しては、モニタリング制度の設計次第ではあるが、行政改革部門や各部局単位での企画総務部門などが補助的にモニタリングを支援することがある。

　また、対象の事務事業実施の依頼を行った際に何らかの資源を提供している主体もモニタリング機能を担い、財政部門や監査部門は予算コントロール及び事後チェックという観点から実施状況の確認まで踏み込んで確認することがある。またPFI方式による資金の出し手の一つである金融機関はモニタリング実施主体となる。

　その他、客観性（比較可能性）を担保するための第三者もモニタリングの実施主体となる。第三者は具体的に地方自治体の所管部門や行政改革部門などから依頼を受け、大学研究者・教員・コンサルタント・公募住民などが委員として委嘱され、モニタリングを実施する。委員については、当該事務事業に直接的利害関係のない人材を確保することが前提として求められる。定期的なモニタリングの実施主体は以上のとおりであるが、実際に情報通信技術を活用すれば、随時あるいはより高頻度のモニタリングを事務事業の利用者である住民などが担うことも十分想定可能である。

　モニタリングで最も課題となるのは、事前管理型よりも事後監視型のチェックシステムのほうが事務事業実施の自由度は増すものの、モニタリング負荷（情報収集・分析負担）が上昇することである。おおむねモニタリングの基礎情報は対象となる広域連携主体や事業者などが収集するものの、広域連携主体や事業者からのみではなく、利用者などから情報を直接的に収集できる基盤を形成することが重要である。よりリアルタイムのモニタリングが可能となり、地方自治体の所管部門や広域連携主体・事業者がその情報を活用することで、事務事業の見直しへのフィードバックを迅速に行うことが可能になる。具体的なモニタリング方法は、後述する。

2 モニタリング指標

　モニタリングの対象は事務事業実施の依頼を受けた主体となる。その主体に対して、どのような事務事業の実施をどのような手法で依頼しているのかにより、モニタリングの具体的対象は異なる。

① モニタリング指標の類型

　事務事業のモニタリングのためには、事務事業の状況を明らかにするためのモニタリング指標が位置づけられる。モニタリング指標は全体の事務事業運営の安定性・継続性・改善に結びつく基準となるため、過不足なく指標を設けることが極めて重要である。モニタリング指標が多いとそれだけモニタリング負荷（情報収集・分析負担）が上昇する。たとえば、窓口に関する委託で、業務の処理ミス割合や処理期限達成率、標準処理時間、住民満足度、個人情報の漏えい・紛失事故件数、発注者・受注者双方の職員満足度、業務改善提案件数など、様々なモニタリング指標を設け、サービス水準を定めた上で、高頻度で指標を測定し評価を行っている場合があるが、運営の担い手側からすれば極めてモニタリング負荷が高くなる要因になる。これが委託料の増加を生じさせる。一方、モニタリング指標が少なすぎると、事務事業運営の良否を判断する基準とはなり得ないが、適切な包括的モニタリング指標があれば、指標は少なくても問題はない。

　モニタリング指標は極めて重要な要素であり、事務事業ごとのモニタリング指標の備蓄が求められる。モニタリング指標を考える起点として、地方自治体が実施する事務事業に設けられる活動指標と成果指標を活用する。これらの指標のうち、成果指標は政策の効果ラグがあるため、成果が発現するタイミングでの指標の測定・評価が求められる。一方、事業の安定性・継続性や改善に結びつけるためには、活動指標側をさらに細かく分解することで、安定性の懸念となる状況や改善が必要な状況を把握することが可能である。

　とくに、安定性の懸念が発生した場合、代替事業者選定に極めて多くの時間を要する危険性があるPFI方式や第三セクター方式、公有地信託方式などは経営体リスク情報もモニタリング指標として位置づける必要がある。たとえば、第三セクター方式では、出資法人の資本金を消費して営業収支が4年連続赤字となったとき、営業収支の赤字が2年連続して総売上の10％を超えたとき、営業収支の赤字が5年連続して総売上の5％を超えたときなどのリスクに対するモニタリング指標と出資回収時期を定めている例もある。

② 測定サイクルと指標の質

　測定サイクルは事務事業実施の状況にもよるが、日次で実施される事務事業であれば日次測定、継続的な状況を観察するものであれば、月単位や四半期単位、半年単位などが想定される。これらの測定結果を総合して、おおむね月単位や四半期単位で評価を行い対象や手段の部分的見直しが行われる。最終的に

年度単位では全体を総括したモニタリングが行われ、必要に応じて事務事業の大幅な見直しや廃止につなげる。

事務事業運営のより良いあり方を広域連携や官民連携で形成するとすれば、事務事業の担い手となる広域連携主体や事業者が企画提案の段階で最も優れたモニタリング指標を提案することが重要である。たとえば、給食センター業務の委託を考える場合、給食の献立を作成した上で食材などを購入し、食材を調理・運搬し、残飯を回収するという一連の流れがある。その中で食品の残飯率は、全体の流れを管理する上で包括的な指標として位置づけられる。需要に応じた調理量の調整による効率的な調理業務の推進や献立の良否による児童・生徒の満足度が合成された指標である。この指標を中心的管理指標として位置づけた上で、その他の指標を副次的モニタリング指標として位置づけることで、過度な負荷がかからないモニタリング体制が構築可能である。

このような提案に基づき、サービスを提供連携主体や事業者とその利用者の間で結ばれるサービスのレベル（定義・範囲・内容・達成目標など）に関する合意サービス水準として「サービス品質保証（Service Level Agreement：SLA）」を締結する。

3 モニタリング方法
① 自治体職員によるモニタリングと予定実績管理

モニタリングを適切に行うためには、予定実績管理を同時に行う必要がある。事務事業の運営当初に事務事業の担い手が業務提案書や仕様書、契約書を踏まえ業務計画書を作成する。業務計画書には、基本方針や業務目的、実施体制・人員計画（配置・研修計画）、事務事業実施手法（サービス向上・経費縮減・利用者満足度向上に向けた具体的取組み方法）、危機管理体制（日常対応・緊急対応）、収支予算、モニタリング指標の位置づけなど予定実績管理の基礎となる予定情報を整理する。

所管部門は、業務計画書に業務提案書や仕様書、契約書との整合性があるかどうかを確認し、モニタリングの基礎となる業務報告書（モニタリング指標管理を含む）の様式などにより、モニタリングが可能かを確認する。

その後、実際の事務事業運営を行い、おおむね月単位や四半期単位で担い手から業務報告（月単位・四半期単位）が行われる。請負契約の場合、地方自治体の職員から担い手の従事者に対する具体的直接指示は偽装請負となるため、業務の定期打合せの際に業務責任者と課題対応策を検討し、見直しを図ること

が求められる。月単位や四半期単位での業務報告書の内容としては、業務の履行状況（実施件数や時間、運営課題とその要因、活動指標として位置づけられているモニタリング指標の推移）や住民からの苦情や要望、簡易的な業務改善提案などである。事務事業運営に際してマニュアルの作成が行われている場合、マニュアルの見直しも同時に実施し、具体的直接指示を避ける努力が求められる。

月単位や四半期単位での評価結果を受け、所管部門は必要に応じて、定期打合せ以外にも担い手に対するヒアリングや実地調査、改善指示などを行う。契約期間により異なるものの、最終的に契約年度終了時には、担い手から年単位の業務報告が行われる。業務報告書（年単位）の内容は、年度を通じた業務履行状況（最終的な成果や成果指標を含むモニタリング指標）の取りまとめ結果や住民からの苦情や要望の取りまとめ結果、事務事業全体を通じた課題とその要因、課題に対応する業務改善提案などである。徹底的に課題とその発生要因を分析することで次の業務改善提案に結びつけることが可能となる。

この業務報告書（年単位）を受け、所管部門としてヒアリングや実地調査を実施し、担い手の評価書を作成する。評価結果を担い手に通知するとともに、今後の課題や見直しの方向性を協議し、次年度以降の事業計画や調達仕様書などに反映させる。ここでも課題の発生要因を正確に分析・議論し、次年度には発生要因を取り除く対応策を検討することが求められる。

② **第三者によるモニタリング**

以上は、地方自治体職員が主体となるモニタリングであるが、第三者によるモニタリングとして、指定管理者の第三者評価など、第三者を含めた様々な評価が実施される。

第三者評価のポイントの第1は、第三者であるがゆえに、当該事務事業の正確な状況を認識するための時間がかかることを前提に、当該事務事業に対する正確な情報把握ができる仕組みや場を整えることである。実際に、仕分けなどの手法を活用して、当該事務事業の正確な状況を認識しないまま第三者評価の場で30分程度の状況確認と評価を行い、見直しの方向性を示したとしても、結局見直しを行うのは所管部門であり、納得感のある指摘が求められる。前提となる情報を正確に把握するためには、第三者評価のテーマを定めた上で、具体的な対象の絞り込みを第三者に依頼することや現状把握のための事前質問や事前説明を行うこと、実際の現場ヒアリングを行うことなどが有用である。

ポイントの第2は、第三者評価結果に基づき第三者が蓄積した情報を、次の

事業者選定などに活用するため、事業者選定委員会委員と同一の委員構成として、連続性を担保することが重要である。第三者がせっかく課題やその発生要因を把握したにもかかわらず、評価のみにとどまることは情報を有効活用しているとはいえず、その情報を活用してより有効な取組みを提案する事業者の選定に活用することが情報マネジメントの観点からも極めて有効な取組みとなる。

その他、モニタリング負荷を下げる観点からは、以上の情報を加工可能な情報として利用できるよう、データとして提出を依頼することが大前提となる。加えて、手法ごとに必要となるモニタリング項目を統一する中で、後述する「外部化管理システム」により担い手からの入力を可能とすれば、情報収集や分析負荷は著しく下がることが想定される。

現状のモニタリング方法では、随時情報の把握は一定のタイムラグが発生するが、外部化管理システムを活用することで、地方自治体側と担い手側が共通の情報を把握し、「共に考え共に行動する」基盤が構築できる。一定の指標変化に対しては、警告を発することも可能であり、モニタリング指標の変化の兆候をより迅速かつ正確に把握することができる。

◼4 モニタリング負荷低減

また、モニタリング負荷低減という観点からは、利用者アンケートの見直しが想定できる。担い手はそれぞれ個別に利用者に対してアンケートを実施することで、モニタリングを行っている。これを共通のアンケートプラットフォームとして構築し、満足度や課題などを入力できる仕組みを設けることで、アンケート実施・集計までは自動的に実施することが可能になる。

たとえば、実際に千葉県千葉市では「ちばレポ」という仕組みを活用して、千葉市内で発生している様々な地域課題（道路の損傷、公園遊具の故障など）を、情報通信技術を活用して住民が報告する取組みを進めている。具体的に報告件数や優良な報告内容を公表することで、住民側のモニタリングインセンティブを高めている。さらに共通地域ポイントの付与などを行うことや、ゲーム仕立てとして報告件数が多い住民にはゲーム内で高い地位を得られるように工夫すれば、ゲーム感覚でモニタリング力を高めることが可能である。

さらに、生活保護受給者の生活扶助費の利用状況を把握し、生活改善に結びつけるため、大阪府大阪市で行われたプリペイドカードによる生活扶助費支給モデル事業も、データ収集・集計負担を下げる取組みとして位置づけられる。生活保護受給者の同意を前提に、いままで可視化されていなかった生活保護受

給者の利用時間・利用店舗・利用額などの情報も把握できるため、ケースワーカーと生活保護受給者とのやりとりを行う中で、根拠をもった生活改善の促進が可能になる。また様々な団体で行われているプレミアム商品券事業も、効果を算出するために改めてアンケートを行う必要があるが、プリペイドカードを活用すれば利用時間・利用店舗・利用額などの情報が集計されるため、収集・集計の負荷も劇的に減少する。これら情報通信技術を活用した住民からの直接的モニタリング情報の把握が、今後の大きな方向性となる。

以上で示した業務報告書や担い手評価書の結果は、本来広域連携や官民連携を統合的にガバナンスする組織（行政改革部門や各部局単位での企画総務部門など）によりチェックが行われ、具体的な今後の留意点やアドバイス、情報備蓄に結びつけることが重要である。

5-2　経営リスク情報を踏まえたモニタリング

広域連携による事務事業運営や官民連携による業務委託方式や指定管理者方式の場合は、以上のモニタリング方法で一定のモニタリングは可能である。しかし、経営リスク情報も踏まえる必要のある事務事業のモニタリングはより高度となる。

たとえば、第三セクター方式では、経営体の指標の推移に基づく基準シナリオ・悲観シナリオの需要の将来見通しに基づき、「プランA」・「プランB」の事業計画を作成することが求められる。また、需要が悲観シナリオに達しない場合など、経営悪化への対応策もあらかじめ検討する必要がある。具体的には、経営安定化後単年度営業赤字の場合は、経営改善に取り組む一方、3年連続営業赤字の場合は、事業撤退を基本とし、撤退しない場合は、その根拠を地方自治体や民間事業者に明示するなど、撤退基準を定めることが有効である。なおこの場合、経営指標管理が極めて重要になるため、会計監査や情報システム導入などにより経営指標の正確性を担保する必要がある。

しかし、3年間放置するのではなく、段階的に見直しの範囲を大きくするよう、見直し基準を定めておくことが必要となる。その際に、投資対象に行われるデューデリジェンスが参考となる。デューデリジェンスとは、「投資対象資産の価値・収益力・リスクなどを経営・財務・事業・法務などの観点から詳細に調査・分析すること」である。単年度営業赤字の場合には、主に事業の観点から見直しを行い、2年連続営業赤字の場合は、主に経営・財務・事業の観点

から見直しを行うことを定める。最終的に3年連続営業赤字となった場合には、経営・財務・事業・法務の観点を総動員し、損失の最小化に向けて事業撤退を行うことを基準として定めておくことなどである。

　また、地方自治体など関与する主体のモニタリングコストを減らすため、コベナンツ（誓約条項）を導入することが望まれる。コベナンツとは、銀行融資や社債発行による資金調達の際に、担保を提供する代わりに、契約の内容として、債務者の債務履行能力の維持を図るため当該債務者に一定の誓約事項を課すものである。コベナンツの内容は、財務制限条項（自己資本比率の維持や黒字の維持など財務指標の維持）や資産処分制限条項（第三者への担保提供や資産処分の制限）などがある。これらの誓約条項の導入で、第三セクターなどの一定範囲を越える動きに対して、関与する主体に対して警告を発出する仕組みとなる。こうした仕組みによって、事業を継続する条件、見直す条件、撤退する条件などを明確にした上で共有することが重要である。

6　情報備蓄とフィードバック

　事務事業の進化に向けては、これらの活用した情報や生成した情報を備蓄し、適時適切に事務事業の課題が発生した際にフィードバックし活用することが求められる。

　既存の文書管理システムでは、文書の収受・起案・電子決済・原本保管・検索・全文検索・引継・貸出管理・保存・廃棄の一連の流れを機能としてシステム化しているが、基本的には起案から決裁までの流れを中心とした文書管理である。文書管理対象は、起案に基づく何らかの政策決定が行われた文書を対象にしていることが多く、政策過程情報の蓄積の観点は乏しい。この場合、文書管理システムが新たな政策・施策・事務事業を形成する基盤として活用することは困難である。

6-1　観察データの備蓄

1　観察データの共有範囲

　政策形成の流れとして、まず地方自治体を取り巻く社会経済環境の変化を把握する前提データ（以下、前提データ）や地方自治体の変化を把握する概観データ（以下、概観データ）、地方自治体の個別施策・事務事業などを確認す

る詳細データ(以下、詳細データ)を活用しながら、取り巻く環境や対象課題、施策・事業課題を把握することが求められる。とくに、取り巻く環境や対象課題、施策・事業課題を把握するためには、まず概観データの観察結果を踏まえ、前提データを活用することが流れとして想定される。

　以上のような職員すべてが共通的に観察するデータは全庁で共有できるよう、共通のデータベースである「観察データ備蓄システム」に分類を行った上で、整理することが必要となる。様々なデータを何度も活用していれば、どのような場所にどのような情報が入っているかを理解できるようになるが、実際にそのようなデータの観察を日常的に実施している職員は少ない。そのため、具体的なデータの所在場所と実際の活用方法を合わせて提示することで、データ収集負荷が軽減する。

　詳細データについては、職員の多くが活用する場合は、全庁的に共通の「観察データ備蓄システム」に加える必要があるが、膨大なデータ数となるため、基本的には所管部門管理によるデータ管理が望ましい。詳細データについては、他の部門からでも部門秘密情報以外はキーワードや時期、文書種別などの横断検索可能な仕組みとすることで、横割りの情報活用が可能となる。横断検索をより有効に機能させるためには、共通語彙基盤・共通情報基盤を用いたデータの標準化が求められる。

2 ワリツケ方式・ツミアゲ方式

　なお、文書管理方法として、ワリツケ方式とツミアゲ方式がある(データも文書の一部)。ワリツケ方式は文書主管課が職務分析を行い、大分類・中分類・小分類と上から下へと仕事を分類し、コードの付与を行った上で文書分類表を作成する。その分類に基づき、個別文書にも分類番号を付与し、全庁的な文書階層構造を作る方法である。

　一方ツミアゲ方式は各保管単位がある文書に対し付番を行い、小分類・中分類・大分類と下から上へと文書を分類しフォルダ構成を作り、フォルダ構成表を整理する方式である。ワリツケ方式は分類法として整理されているが、実際の職務とはどうしても乖離が発生しがちである。電子化が進み、横断検索も可能となっているため、ツミアゲ方式による文書管理が望ましい。フォルダ構成表には紙媒体で管理される文書も対象として整理することで、紙媒体と電子媒体が並立する政策備蓄カタログが作成可能である。

6-2　事務事業可視化情報の備蓄・フィードバック

　事務事業の可視化により、事務事業を一定の構成要素に分解し、要素ごとに整理された事務事業情報が生成される。また標準化を行うことで、事務事業内容が見直された場合、改めて要素ごとに整理された事務事業情報の更新を行い、最新の事務事業運営情報が共通フォーマットにより可視化されている状態を作ることで、事務事業運営の基準情報が共通フォーマット上に蓄積される。これらの情報は、事務事業の引継ぎなどで活用するため、全庁で参照可能な状態にしておくことができる。

　前述のとおり、可視化・標準化情報を整理することで、事務事業全体を通じた概観業務手順書と同一の内容となる。事務事業の引継ぎという観点からは、個別のプロセスごとに詳細な業務手順書も参照可能なように蓄積しておくことが望ましい。詳細な業務手順書は、民間委託を継続的に繰り返し行えば自治体側のノウハウが民間事業者に移転し、ノウハウ維持・確保が困難となる課題にも一定程度対応する。形式的知識情報化された業務のノウハウは業務手順書に示されている。業務手順書には過去の業務ノウハウが詰まっており、受託者である事業者が作成しても、業務終了時には顧客である地方自治体への納入を契約上明記することが必要である。

　ただし、非形式的知識情報となるノウハウ維持・確保は困難である。非形式的知識情報を形式的知識情報にする努力を続けるのと同時に、非形式的知識情報を公務員が体得することも求められる。民間派遣会社が試行的に始めた取組みとして、公務員向けに戸籍業務などの研修を提供している事例がある。また、受託事業者に地方自治体から2週間程度職員を派遣することでノウハウ吸収の機会を作る事例もあり、有効な手法として引継ぎ事項に整理しておく必要がある。

　以上の要素をシステム化すれば、「事務事業可視化支援システム」として、すべての事務事業情報が可視化され、同種・類似の目的や手法による事務事業も、関連性を示すタグ付けを行うことで容易に比較可能になる。また事務事業の単位を他団体と一定程度統一化すれば、同一システムを導入している場合、事務事業の標準処理時間や標準処理工数、標準処理費用なども分析することができるようになる。標準処理時間よりも長いからといって直ちに問題になるわけではないが、比較基準をもつことで要因を明らかにする契機となる。

6-3　モニタリング情報の備蓄・フィードバック

　モニタリング情報は、モニタリング項目として、業務の履行状況（実施件数や時間、運営課題とその要因、活動指標・成果指標として位置づけられているモニタリング指標の推移）や住民からの苦情・要望、業務改善提案、担い手に対する所管部門評価結果、第三者評価結果などが含まれる。

　これらの情報は紙媒体ではなく電子媒体での提出を依頼することで、加工・分析可能な情報として位置づけられる。さらに手法ごとに必要となるモニタリング指標を統一すれば、「外部化管理システム」が構築可能となる。事務事業の担い手からの情報入力により、情報収集や分析負荷は著しく軽減し、報告に関するタイムラグも小さくなる。利用者アンケートも共通プラットフォームを用いれば、アンケート実施・集計を直接的に事務事業情報の備蓄につなげることが可能になる。

　モニタリング情報は、情報の階層として事務事業の可視化支援システムからも参照可能とすれば、広域連携や官民連携も含めた包括的な情報備蓄の仕組みを構築できる。一方、外部化分野を対象とした見直しを図る場合には、外部化管理システムを活用すれば、一元的に外部化課題を明らかにできる。

7　事務事業進化を支える仕組み

7-1　情報システム基盤

　以上で整理したように、事務事業進化を支える情報基盤として、観察情報の備蓄システムである「観察データ備蓄システム」や事務事業の可視化・標準化情報の備蓄システムである「事務事業可視化支援システム」、モニタリング情報の備蓄システムである「外部化管理システム」を位置づけた（図表5-10参照）。これにより、観察から事務事業の可視化・標準化、外部化も含めた事務事業全体のライフサイクルを通じた情報形成と蓄積・フィードバックが可能な仕組みが構築できる。これらの情報化を通じて、統合的な事務事業のガバナンス構造の基盤情報が生成される。

　加えて、「観察データ備蓄システム」へのデータ元として人口推計情報があるが、住民記録システムから個人情報を秘匿処理した上で、男女別・年齢別人口や転入者数・転出者数に基づく純移動数、出生数に基づく女性の年齢別出生

■ 図表 5-10　情報システム基盤・備蓄情報とガバナンス主体

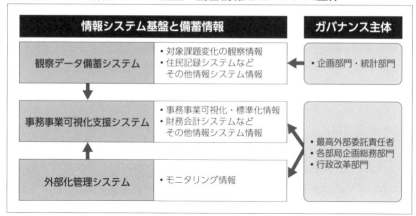

率、出生性比などをパラメータとして位置づけ、その他人口推計で必要となる国立社会保障・人口問題研究所の将来生残率などのデータセットを設定すれば、大規模開発・撤退などの特殊人口増加・減少要因を除いた人口推計はリアルタイムで行うことが可能となる（大規模開発や撤退などの特殊人口増減は、別途設定を行い移動数から加除する必要があるため）。

　また、転入・転出時に主な「転入理由」と「転出理由」を選択式で確認し、住民記録システムに入力すれば、転入の要因や転出の要因の傾向もリアルタイムで把握することが可能となる。地方創生に基づく人口ビジョンの策定時には人口推計や転入要因や転出要因の把握に半年～1年の期間をかけて分析を行っていたが、簡易的な調査であればシステムの拡張を行うことで十分にリアルタイム情報として整理することが可能である。

　さらに、「事務事業可視化支援システム」へのデータ元として、フルコストを算出するためには、正規職員・嘱託職員・臨時職員などの人件費単価に職員種別ごとの工数を掛け合わせた事業別人件費も合計して、事業にかかる費用を認識することが重要であることを指摘した。その他、共通経費と位置づけられる施設の減価償却費や退職給付引当なども財務会計システムとの連動を図ることで、各事業単位に費用を分配し、より正確なフルコストを認識することで、事務事業の費用対効果を明らかにする基盤を整えることにつながる。

　このように「観察データ備蓄システム」や「事務事業可視化支援システム」、「外部化管理システム」をより有効かつ効率的に機能させるためには、既存の

情報システムの拡張により新たなデータ生成を行うことが求められる。

7-2　組織・人材体制

　事務事業は広域連携や官民連携などの新しい要素を加えた取組みを進めても、所管部門のみが取組み状況を確認し、所管部門の判断によりマネジメントが進められてきた。管理職の部局マネジメントが肝になることは間違いない。しかし、広域連携も官民連携も異なる行動原理の集団が共有するガバナンス構造を構築する点に視点が及ばない限り、広域連携や官民連携を通じたより良い公共空間を生み出すことは困難である。

　とくに、官民連携分野では異なる行動原理の集団が共有するガバナンス構造を構築していないがために、事務事業ノウハウの維持・確保が困難となっている事例は多くみられる。事務事業ノウハウの維持・確保が困難となった場合、実際に官民連携を行っていた事業者に継続的に頼らざるを得なくなり、高額な委託料が請求されるなど、地方自治体の効率的な事務事業運営に支障を生じさせている。

　そのため、事務事業進化を支えるためには、これら異なる行動原理の集団が共有するガバナンス構造を形成する地方自治体側の統合的ガバナンス機能を設ける必要がある。この機能は、以上で整理した事務事業進化の取組みを進めるにあたっても重要な要素となる。

　地方自治体の情報システム分野では、一般的な業務委託より先に業務委託が広範に取り入れられており、ガバナンスの確保は極めて重要な課題となっている。とくに中央集権的なホストコンピュータ全盛の時代であれば、業務システムを情報政策部門が一元的に管理し、その中で情報システム部門に長く在籍する職員が業務ノウハウの蓄積を図り、委託先のガバナンスを形成する取組みが進められていた。しかし、個別業務のシステム化が進むにつれ、各所管部門管理の情報システムが多くなり、全体構造を情報システム部門が管理できない構造となった。そのため、最高情報責任者（Chief Information Officer：CIO）やCIO補佐などの人材を確保し、情報システムに関するPDCAサイクルを確立する取組みを進めている。その中で全体的な情報システムを可視化し、効率化を図る情報システム最適化の取組みなどが行われた。情報システム分野以外でも、他の主体が関与し、異なる行動原理の集団が共有するガバナンス構造が必要となる広域連携・官民連携でも同様の仕組みを検討することが求められる。

民間企業では、情報システム分野以外の外部委託を管理する責任者として、最高外部委託責任者（Chief Outsourcing Officer：COO）などを設置する取組みもある。地方自治体でもCOOやCOO補佐の設置を検討するとともに、大規模自治体では各部局の企画総務部門、中小規模自治体では行政改革部門などに、民間委託のPDCAサイクルを管理する機能が必要となる。地方自治体側のノウハウ維持・確保のためにも、広域連携・官民連携に関する情報の統合管理部門が不可欠である。この部門が、先に整理した「事務事業可視化支援システム」により可視化・標準化情報の備蓄に責任をもつとともに、「外部化管理システム」によりモニタリング情報の備蓄に責任をもつガバナンス構造を形成することで、事務事業ノウハウの維持・確保を図ることが可能となる。所管部門の事務事業進化に向けては、統合管理部門によるチェックや支援を受けながら、担い手最適化の取組みを進めることが重要である。

　また、広域連携・官民連携にかかわらず、政策・施策・事務事業立案の基礎情報となる観察情報の備蓄システムである「観察データ備蓄システム」は企画部門・統計部門などの共同管理により、情報の備蓄に責任をもつガバナンス構造を形成する。所管部門が総合計画策定時の実施計画策定や事務事業進化の取組みを進める際には、観察データ備蓄システムの情報や企画・統計部門の支援を受けながら、データ起点の事務事業進化の取組みを進めることが重要である。

（若生幸也）

【参考文献】
今井照（2006）『自治体のアウトソーシング』学陽書房
大住荘四郎（2010）『行政マネジメント　BASIC公共政策学7』ミネルヴァ書房
大谷信介編著（2002）『これでいいのか市民意識調査　大阪府44市町村の実態が語る課題と展望』ミネルヴァ書房
小原隆治・長野県地方自治研究センター編（2007）『平成大合併と広域連合―長野県広域行政の実証分析』公人社
財団法人自治総合センター（2014）「第三セクター等の資金調達のあり方等に関する調査研究会報告書」
野田遊（2013）『市民満足度の研究』日本評論社
真山達志編著（2012）『ローカル・ガバメント論―地方行政のルネサンス』ミネルヴァ書房
宮脇淳・若生幸也（2016）『地域を創る！「政策思考力」入門編』ぎょうせい

索　引

A〜Z

NPG　　77, 195, 198
NPM　　50, 52, 58, 70
NPS　　77, 195
PDCAサイクル　　90, 115, 118, 189, 227
PPP　　72, 74

ア　行

安曇野菜園事件　　64, 67
アソシエーション　　196, 221
移動コスト　　209
請負型官民連携　　195
エビデンス　　206
オープンデータ　　210

カ　行

外部化管理システム　　243, 244, 246
可視化　　5, 198, 223, 238, 242
課題指標　　109, 123, 124, 126, 217
活動指標　　109, 217, 235, 243
簡易食堂事業　　134
観察データ備蓄システム　　241, 243, 244, 246
観察力　　37
管理志向型　　45, 46, 51, 54
基本構想　　83
逆機能　　9, 59
供給原価　　160
共通語彙基盤　　232, 241
共通定型業務　　221
共通非定型業務　　221
業務手順書　　231, 242
業務フロー　　226
繰出金　　148, 165, 184
グローカル化　　30
グローバル化　　3, 30, 33, 54
経済性発揮の原則　　143, 147, 159, 165, 188
形式的知識情報　　242
健全性を測るストック指標　　154
健全性を測るフロー指標　　152
広域事務　　201
公営企業会計　　166
公営企業債　　145
公会計改革　　4, 12
公共性の原則　　143, 144, 147, 171, 188
公共選択アプローチ　　70, 194
工数　　225
厚生経済アプローチ　　70, 194
構造的対立　　39, 84

247

行動志向型　　　45, 46, 51, 55, 76
合理的形成　　　59, 62
固定資産台帳　　168
コーディネート機能　　19, 74, 192
個別事業計画　　87
コベナンツ　　240
小牧市　　101, 102
ゴミ箱モデル　　94, 96
コミュニティ　　196, 221

サ　行

最高外部委託責任者　　246
最高情報責任者　　245
財政規律堅持の視点に基づく基準　　106
最低水準　　198
最良の事例　　228
サービス品質保証　　236
自覚的フィードバック　　8, 16, 55, 57
施策評価　　118, 120
持続性　　7, 15
自治体経営　　13, 14
実効性　　16, 86, 98, 115, 224
実行性　　16, 86, 98, 116, 224
指定管理者制度　　75, 182
事務事業可視化支援システム　　242, 244, 246
事務事業の標準化　　202
重点化の視点　　106
需要対応型供給処理計画　　87
消極的自由　　91
情報化　　3, 22, 27, 30, 34, 202, 205, 227

情報提供招請　　231
ストリート・レベルの行政職員理論　　193
成果指標　　109, 122, 124, 217, 235, 243
性急な一般化　　24, 27
政策企画型計画　　87, 104
政策企画能力　　105
政策思考　　35, 36, 64
政策のラグ　　13, 45, 81
政策分野別行政計画　　110, 112
政策ポートフォリオ　　89, 107
セグメント分析　　124
積極的自由　　91, 101
全体最適　　89, 100, 111, 118
選択と集中　　84, 98, 106, 116, 127
専門定型業務　　222
戦略と戦術　　104
創意工夫型官民連携　　195
創造的批判　　15, 16, 106
創造力　　37, 38
増分主義　　27, 29, 51, 55, 198
測定サイクル　　235
組織的形成　　61, 62
組織力の形成　　48
ソフト系事業　　107
損失補償　　174
損失補償契約　　63, 66, 69

タ　行

第三者評価　　237
第三セクター　　173, 240

大衆情報化社会　20, 23, 24, 39
ダムの決壊　27
単純定型業務　222
単純非定型業務　223
地方公営企業法　140, 166, 190
地方財政健全化法　138, 142, 149, 173, 188
地方財政法　141, 166
直観力　37, 38
伝える力　37, 38
ツミアゲ方式　241
適正性・非代替性　136, 139, 170
データセット　216
デューデリジェンス　239
転換コスト　209
投機的自治体経営　23
独立採算の原則　142, 148, 162, 172, 185, 188
豊田市　101, 103

ナ 行

納得水準　197

ハ 行

排他性と競合性　136
ハード系整備事業　107
パートナーシップ　72, 75, 78
パブリック・インボルブメント　85
引出し型経営　28, 45

非形式的知識情報　242
非合理な意思決定　10
否定的批判　86, 106
部分最適　89
文書管理システム　240
分析力　37, 38
法的思考　35, 51

マ 行

マネジメント・サイクル　54, 56, 57
満足水準　197
見えない非効率　8, 10, 59
見える化　5, 198
メッシュ情報　18, 32, 207
持ち寄り事務　201, 203
モニタリング機能　74, 76, 192, 233
モニタリング指標　235, 236
モニタリング負荷　238
物語の暴走　26, 31

ラ 行

リージョナル化　30, 33
リスク管理型経営　13
リスク管理型計画　13, 82
老朽化状況を測る指標　157

ワ 行

ワリツケ方式　241
悪いポピュリズム　85

執筆者紹介

宮脇　淳（みやわき・あつし：全体編集責任および第1章、第2章担当）
北海道大学法学研究科・公共政策大学院教授
1956年東京都生まれ。日本大学法学部卒業、1979年に参議院事務局参事、1989年株式会社日本総合研究所副主任研究員、1990年同研究所主任研究員、1998年同研究所主席研究員、同年10月北海道大学法学研究科教授、2005年同大公共政策大学院院長、2007年内閣府本府参与・地方分権改革推進委員会事務局長兼務、2011年北海道大学公共政策大学院院長、2013年同大法学研究科教授、国土交通省国土審議会委員、文部科学省中央審議会専門部会委員、総務省下水道事業研究会座長、国・地方自治体審議会・研究会座長・委員など多数、著書に『財政投融資の改革』（東洋経済新報社）、『創造的政策としての地方分権―第二次分権改革と持続的発展』（岩波書店）、『「政策思考力」基礎講座』（ぎょうせい）など多数。

佐々木　央（ささき・あきら：第3章）
株式会社富士通総研公共事業部プリンシパルコンサルタント
1965年青森県生まれ。中央大学法学部卒業、1991年に株式会社日本能率協会総合研究所に入社し、都市政策・地域政策に関するコンサルティングに従事。1999年に株式会社富士通総研に入社し、主に地方自治体及び中央省庁の行政評価・行政改革・総合計画策定などの行政経営改革、都市政策・地域政策に関するコンサルティングに従事。また、財団法人全国市町村研修財団市町村職員中央研修所（市町村アカデミー）における行政経営改革に関する研修講師など、地方自治体職員を対象とする研修講師も多数実施。

東　宣行（ひがし・のぶゆき：第4章）
総務省大臣官房秘書課課長補佐
1980年和歌山県生まれ。2003年東京大学法学部卒業後、同年総務省入省。2012年中国清華大学公共管理学院修了。山形県総務部財政課、総務省自治財政局財務調査課、和歌山市財政局長、総務省自治財政局公営企業課準公営企業室課長補佐などを経て、現在、同大臣官房秘書課課長補佐。主要論文に「解説　地方公共団体の財政の健全化に関する法律について」（『会計・監査ジャーナル』、第一法規、2007年10月号）「『下水道財政のあり方に関する研究会』報告書について」（『地方財政』、地方財務協会、2015年11月号）。

若生幸也（わかお・たつや：第5章）
株式会社富士通総研公共事業部シニアコンサルタント

1983年岐阜県生まれ。金沢大学法学部卒業、東北大学公共政策大学院修了。2008年に株式会社富士通総研に入社し、総合計画策定・行政評価導入・見直し支援、事務事業改革支援などの自治体経営改革支援や国・地方自治体の地域政策・政策評価制度などの受託調査に取り組む。2011年～2013年北海道大学公共政策大学院に専任講師として出向。2013年より現職。北海道大学公共政策大学院研究員、富山市まちづくりアドバイザー、岐阜県関市まちづくり市民会議アドバイザー、北海道芽室町議会サポーターなどを兼務。著書に『地域を創る！「政策思考力」入門編』（共著、ぎょうせい）。

自治体経営リスクと政策再生
2017年4月27日発行

編著者	宮脇　淳
著　者	佐々木 央／東　宣行／若生幸也
発行者	山縣裕一郎
発行所	東洋経済新報社

　　　　　〒103-8345　東京都中央区日本橋本石町1-2-1
　　　　　電話＝東洋経済コールセンター　03(5605)7021
　　　　　http://toyokeizai.net/

装　丁	橋爪朋世
本文レイアウト・DTP	森の印刷屋
編集協力	岡　博恵
印刷・製本	丸井工文社
編集担当	伊東桃子

Printed in Japan　　ISBN 978-4-492-21231-8

　本書のコピー、スキャン、デジタル化等の無断複製は、著作権法上での例外である私的利用を除き禁じられています。本書を代行業者等の第三者に依頼してコピー、スキャンやデジタル化することは、たとえ個人や家庭内での利用であっても一切認められておりません。

　落丁・乱丁本はお取替えいたします。